权威·前沿·原创

皮书系列为
"十二五""十三五"国家重点图书出版规划项目

中国社会科学院创新工程学术出版资助项目

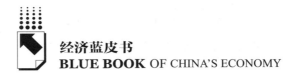

经济蓝皮书
BLUE BOOK OF CHINA'S ECONOMY

2021年中国经济形势分析与预测

ANALYSIS AND FORECAST OF CHINA'S ECONOMIC SITUATION (2021)

主　编／谢伏瞻

副主编／蔡　昉

李雪松

社会科学文献出版社
SOCIAL SCIENCES ACADEMIC PRESS (CHINA)

图书在版编目(CIP)数据

2021年中国经济形势分析与预测 / 谢伏瞻主编. --
北京：社会科学文献出版社，2021.1
（经济蓝皮书）
ISBN 978-7-5201-7410-7

Ⅰ. ①2… Ⅱ. ①谢… Ⅲ. ①中国经济–经济分析–
2021②中国经济–经济预测–2021 Ⅳ. ①F123.2

中国版本图书馆CIP数据核字（2020）第226575号

经济蓝皮书

2021年中国经济形势分析与预测

主　　编 / 谢伏瞻
副 主 编 / 蔡　昉
　　　　　　李雪松

出 版 人 / 王利民
组稿编辑 / 邓泳红
责任编辑 / 吴　敏

出　　　版 / 社会科学文献出版社·皮书出版分社（010）59367127
　　　　　　地址：北京市北三环中路甲29号院华龙大厦　邮编：100029
　　　　　　网址：www.ssap.com.cn
发　　　行 / 市场营销中心（010）59367081　59367083
印　　　装 / 天津千鹤文化传播有限公司

规　　　格 / 开　本：787mm×1092mm　1/16
　　　　　　印　张：23　字　数：344千字
版　　　次 / 2021年1月第1版　2021年1月第1次印刷
书　　　号 / ISBN 978-7-5201-7410-7
定　　　价 / 128.00元

本书如有印装质量问题，请与读者服务中心（010-59367028）联系

经济蓝皮书编委会

主要编撰者简介

谢伏瞻 中国社会科学院院长、党组书记，学部委员，学部主席团主席，研究员，博士生导师。历任国务院发展研究中心副主任、国家统计局局长、国务院研究室主任、河南省人民政府省长、河南省委书记；曾任中国人民银行货币政策委员会委员。1991年、2001年两次获孙冶方经济科学奖；1996年获国家科技进步二等奖。1991~1992年美国普林斯顿大学访问学者。

主要研究领域为宏观经济政策、公共政策、区域发展政策等。先后主持完成"东亚金融危机跟踪研究""国有企业改革与发展政策研究""经济全球化与政府作用的研究""金融风险与金融安全研究""完善社会主义市场经济体制研究""中国中长期发展的重要问题研究""不动产税制改革研究"等重大课题。

蔡　昉 中国社会科学院副院长、党组成员，学部委员，研究员，博士生导师。先后毕业于中国人民大学、中国社会科学院研究生院，经济学博士。第十三届全国人民代表大会常务委员会委员、农业与农村委员会副主任委员，"十四五"国家发展规划专家委员会委员。

长期从事中国经济问题研究，主要研究领域包括劳动经济学、人口经济学、中国经济改革与经济增长、收入分配和贫困，以及"三农"问题的理论和政策等。著有《读懂中国经济》《从人口红利到改革红利》《四十不惑：中国改革开放发展经验分享》等，发表学术论文和理论文章数百篇。获国家出版图书奖、孙冶方经济科学奖、中华人口奖、中国发展百人奖、中国农村发展研究奖等。

李雪松 中国社会科学院工业经济研究所党委书记、副所长，中国社会科学院宏观经济研究中心主任，研究员，博士生导师。兼任工业和信息化部工业经济分析专家咨询委员会成员、中国数量经济学会副会长。曾任中国社会科学院数量经济与技术经济研究所副所长，财经战略研究院副院长，重庆市长寿区常委、副区长（挂职）。

长期从事中国宏观经济及经济政策评价等方面的研究，发表论文百余篇，获孙冶方经济科学奖，入选新世纪百千万人才工程国家级人选，享受国务院政府特殊津贴，多次获中国社会科学院优秀对策信息一等奖。主持完成"我国经济发展走势和宏观调控政策研究""我国经济增长潜力及周期规律研究""经济预测与经济政策评价"等重要课题。

摘　要

2020 年新冠肺炎疫情全球大流行使世界经济遭遇历史性衰退，中国率先在全球范围内取得了疫情防控和经济社会发展的双胜利。2021 年全球经济有望迎来普遍的恢复性增长，但疫情影响广泛深远，外部环境依然复杂多变。做好 2021 年的经济工作，要紧扣"十四五"规划目标任务，着力推动改革创新，加快构建新发展格局。积极的财政政策要提质增效，更加注重可持续性；稳健的货币政策要灵活适度，更加注重前瞻性、精准性和时效性；坚持就业优先政策，做到稳存量、扩增量和提质量有机结合。2021 年要做好如下几项重点工作：畅通国民经济循环，加快构建新发展格局；大力促进科技创新，持续推动产业升级；推动重大改革举措落实落地，激发市场主体发展活力；推进更高水平对外开放，打造国际合作和竞争新优势；促进形成优势互补、高质量发展的区域经济布局，推动城乡融合发展；巩固脱贫攻坚成果，加强保障和改善民生。

关键词： 宏观经济　改革创新　新发展格局

目 录

Ⅰ 总报告

Ⅱ 宏观形势与政策展望篇

Ⅵ　投资、消费与对外贸易篇

Ⅶ　就业形势与收入分配篇

皮书数据库阅读**使用指南**

加快构建"双循环"新发展格局 努力实现"十四五"良好开局

谢伏瞻*

2020 年，面对错综复杂的国际形势、艰巨繁重的国内改革发展稳定任务，特别是新冠肺炎疫情的严重冲击，以习近平同志为核心的党中央团结带领全党全国各族人民砥砺前行、开拓创新，各项事业取得新的重大成就。2021 年是实施"十四五"规划的开局之年，也是开启基本实现社会主义现代化新征程的开局之年，做好经济工作至关重要。要加快构建以国内大循环为主体、国内国际双循环相互促进的新发展格局，努力实现"十四五"时期经济社会发展的良好开局。

一 中国疫情防控和经济社会发展取得新的重大成就

2020 年，面对新冠肺炎疫情的严重冲击，党中央、国务院统筹新冠肺炎疫情防控和经济社会发展工作，把人民生命安全和身体健康放在第一位，加大宏观政策应对力度，扎实做好"六稳"工作、全面落实"六保"任务，疫情防控工作取得重大战略成果，三大攻坚战扎实推进，经济增长好于预期，人民生活得到有力保障，社会大局保持稳定。

这次新冠肺炎疫情，是新中国成立以来遭遇的传播速度最快、感染范围最广、防控难度最大的重大突发公共卫生事件。面对突如其来的严重疫情，党中央坚持统筹兼顾和协调推进的原则，一手抓疫情防控，一手抓经济

---

* 谢伏瞻，中国社会科学院院长、党组书记，学部委员，学部主席团主席，主要研究方向为宏观经济政策、公共政策、区域发展政策等。

社会恢复发展，中国率先在全球范围内取得了疫情防控和经济社会发展的双胜利。

在疫情防控方面，党中央以果断的决策力迅速在全国范围内打响了疫情防控人民战争、总体战、阻击战，仅用一个多月时间就初步遏制住了疫情蔓延势头，用两个月左右时间将本土每日新增病例控制在个位数，最大限度保护了人民生命安全，为经济社会恢复和大局稳定奠定了基础。与此同时，积极履行国际义务，及时分享疫情信息和诊疗防控方案，先后多次向150多个国家和世界卫生组织援助或出口抗疫物资，有力地支持了全球疫情防控。

在经济社会发展方面，中国在准确把握疫情形势变化的前提下，推动分区分级精准复工复产、复商复市，同时显著加大宏观政策应对力度，围绕"六稳"和"六保"先后出台了一系列纾困救助措施和促进供需恢复政策。国内生产总值同比增速在第二季度由负转正，第三季度进一步加速恢复，前三季度累计实现了0.7%的增长。在国际货币基金组织发布的预测报告中，中国将成为2020年全球唯一能够实现正增长的主要经济体，GDP增速将超出世界平均水平6.3个百分点。其他主要经济指标也持续恢复向好：产业链供应链基本稳定，产品和行业增长面扩大，新经济动能加速成长，物价走势总体平稳，稳就业保民生举措成效明显，城镇新增就业将提前达到年初预期目标。在疫情冲击下，扶贫产业和贫困劳动力务工就业受到更大程度的重视和优先支持，全面脱贫目标将圆满完成，全面建成小康社会胜利在望。

二 加快构建"双循环"新发展格局

"十四五"时期是中国全面建成小康社会、实现第一个百年奋斗目标之后，乘势而上开启全面建设社会主义现代化国家新征程、向第二个百年奋斗目标进军的第一个五年，中国将进入新发展阶段。我们要辩证认识和把握国内外大势，统筹中华民族伟大复兴战略全局和世界百年未有之大变局，深刻认识中国社会主要矛盾发展变化带来的新特征新要求，深刻认识错综复杂的国际环境带来的新矛盾新挑战，加快构建以国内大循环为主体、国内国际双循环相互促进的新发展格局。

第一，畅通和壮大国民经济循环，实现国内国际双循环相互促进。畅通和壮大国民经济循环是一项系统工程，需要从生产、分配、流通、消费等国民经济运行的各个环节全面诊断和统筹改善。

一是在生产环节，要着力增强创新能力。加快补齐核心关键技术的"卡脖子"短板，提高产业链和创新链各环节之间衔接效率，提升增加值创造能力，不断巩固中国在全球产业分工中的优势地位，确保供应链安全。及时根据需求结构的变化相应调整生产结构，在供需再平衡中释放经济增长动能，提高各类资源配置效率。加快土地、资本、劳动、技术、数据等要素市场化配置改革，为供给结构转型升级创造高效的要素配置环境。当前尤其是要完善技术要素市场，形成产学研相衔接的创新链，优化科技成果收益分享机制，激发企业和科研人员创新活力。

二是在分配环节，要着力优化收入分配结构。在初次分配环节，应引导劳动报酬占 GDP 比重适度提升，确保城乡居民人均可支配收入增速与经济增长同步，逐步壮大中等收入人群规模。要扩大人力资本投入，使更多普通劳动者通过自身努力进入中等收入群体。在二次分配环节，要综合采用税收、转移支付、社会保险等措施加以调节，稳步缩小贫富差距，推动城乡之间、区域之间逐步实现基本公共服务均等化。确保机会平等，增强社会流动性，防止阶层板结固化。

三是在流通环节，要着力提高流通效率。新旧基础设施并重，全面提升仓储管理和交通运输能力和效率，系统性降低流通环节费用在国民经济运行中的占比。一方面，要加强优化仓库、货运、商品集散、物流配送等传统基础设施；另一方面，要加快推广工业互联网、大数据、云计算、人工智能、物联网在流通环节的产业化运用。

四是在消费环节，要着力扩大内需。把扩大内需作为构建新发展格局的战略基点，围绕人民美好生活需要，满足人民群众对个性化、多样化、高品质消费的需求。推动线下消费加速"触网"，加快培育消费新产品新业态新模式，提升供给品质，释放消费潜力。进一步放开放宽城市落户限制，增加医疗、养老、教育、城乡社会治理等公共服务品供给,建立基本公共服务与常住人口挂钩机制。注重平衡好消费和投资的关系,以"两新一重"为主要发力点布局投资建设,保持固定资产投资增速合理稳定。

在畅通和壮大国内经济循环的同时,还应重视协调好国内经济循环和国际经济循环的关系,引导国内循环和国际循环相互促进,加快形成新发展格局。发展壮大国内经济循环,并不意味着不重视国际经济循环。当前及未来一段时期,中国仍要积极扩大开放,全面提高对外开放水平,建设更高水平开放型经济新体制,更好地利用国内国外两个市场、两种资源,形成国际合作和竞争新优势。

第二,坚持创新引领,实现科技自立自强。加快科技创新是构建新发展格局的关键,畅通国内国际双循环需要科技实力保障供应链安全稳定。要坚持创新在中国现代化建设全局中的核心地位,把科技自立自强作为国家发展的战略支撑,采取多项措施,完善国家创新体系,加快建设科技强国。

一是发挥新型举国体制优势,着力攻坚"卡脖子"技术。积极应对个别发达国家在原材料、关键零部件、核心设备、基础软件等领域对中国"卡脖子"以及网络攻击的风险,对技术路线较为确定的关键"卡脖子"技术,充分发挥中国社会主义制度能够集中力量办大事的显著优势,打好关键核心技术攻坚战。充分利用中国大规模需求优势,支持国产化自主工业元器件、高端设备、计算机芯片、软件系统等产品的发展。进一步改进优化国产新产品市场投放程序,打破行业内部技术壁垒,对于全球供应体系依赖程度较小的行业,鼓励自主研发的技术和产品加快投放市场,向国内上下游配套企业推广应用。

二是坚持开放式创新,实施互惠共享的国际科技合作战略。应坚决舍弃"闭门造车"式的封闭式创新,坚持"双循环"模式下的开放式创新。聚焦医疗卫生、气候变化、环境保护等人类共性问题,同全球顶尖科学家、国际科技组织一道,加强重大科学问题合作研究,破解共性科学技术难题,加深重点战略科学项目协作。鼓励企业和高校科研院所整合国际创新资源,积极拓展国际研发资源边界,加大高端科创人才引进力度,与国外顶级研发团队联合开展研发攻关，加紧突破"卡脖子"的核心技术和关键原材料零部件。加强与世界创新强国、有关国际组织在知识产权保护领域的国际协调，多渠道宣传中国知识产权保护的积极进展和成果，营造良好的国际科技合作环境。

三是建设高水平新型基础设施，为大国科技创新强基赋能。加大 5G 基站、千兆固网、数据中心、国家实验室等新型基础设施投资力度，创新新型基础设施运营和管理模式，全面提升实体部门智能软硬件水平，自上而下进一步凝聚加快数字转型的共识，为科技创新提供完善的硬件保障，创造良好的社会氛围。吸引各类资本参与，扩大创新要素供给，打通传统产业与新兴产业之间、供应链各环节之间的数字端口，推进政府数据与社会数据的开放共享，统筹各地区各部门各领域数字化智能化发展进程，强化各领域数据协同，为实体部门科技创新提供数据支撑。探索建立新型基础设施建设运营的技术标准和市场规范，引领相关领域国际规则制定，积极培育数字时代国际科技合作与竞争新优势。

第三，发挥好改革的突破和先导作用，依靠改革开拓新局。在新发展阶段，必须发挥改革的先导作用，依靠改革应对变局、开拓新局。要把完善产权制度和要素市场化配置作为经济体制改革的重点，畅通要素自由流动，减少资源配置扭曲，形成促进发展和创新的正向激励机制。

一是深化国资国企改革，着力提高国有企业活力和效率。坚持有进有退、有所为有所不为，推动国有资本向关系国家安全、国民经济命脉的重要行业和关键领域集中。积极稳妥深化混合所有制改革，提高国有企业股份划拨社保基金比例，形成以管资本为主的国有资产监管体制。促进国有资本进入新的前瞻性战略性产业，发展规模性数字经济。以创新为突破口，进行大胆充分的激励，在关键核心技术攻关、高端人才引进、科研成果转化应用等方面实现更大作为，在稳定产业链供应链水平上发挥引领作用。

二是鼓励支持引导非公有制经济发展，激发市场主体发展活力。全面实施内外资统一的市场准入负面清单制度，清理废除妨碍统一市场和公平竞争的各种规定和做法，营造各种所有制主体依法平等使用资源要素、公开公平公正参与竞争、同等受到法律保护的市场环境，充分调动非公有制经济的积极性。完善财产权、知识产权保护制度，深化商事制度改革，打破行政性垄断，防止市场垄断，健全支持民营经济、外商投资企业发展的法治环境，完善构建亲清政商关系的政策体系，健全支持中小企业发展制度，促进非公有制经济健康发展。

三是深化科技体制及技术和资本要素市场化配置改革，加快形成创新激励机制。构建社会主义市场经济条件下关键核心技术攻关新型举国体制。加大基础研究投入，健全鼓励支持基础研究、原始创新的体制机制。赋予高校、科研机构更大自主权，给予创新人才更大技术路线决定权和经费使用权。改革科研经费管理办法，大幅提高"人头费"比重。创新科技成果转化机制，发挥企业主体作用和政府统筹作用，促进资金、技术、应用、市场等要素对接，打通产学研创新链、价值链。促进技术要素与资本要素有机融合，激发企业和科研人员创新活力，形成创新促进强大激励机制。对股票发行全面实施注册制，提高上市公司质量。积极探索通过天使投资、创业投资、知识产权证券化、科技保险等方式推动科技成果资本化。

四是推进土地和劳动力要素市场化配置改革，促进以人为核心的新型城镇化发展。加快土地要素市场化配置改革，促进都市圈与城市群发展。建立健全城乡统一的建设用地市场，全面推开农村土地征收制度改革，扩大国有土地有偿使用范围；鼓励盘活存量建设用地，深化农村宅基地制度改革试点，完善城乡建设用地增减挂钩政策；加快探索建立全国性的建设用地、补充耕地指标跨区域交易机制。加快农业转移人口市民化进程，深化户籍制度改革，推动超大、特大城市调整完善积分落户政策。放开放宽除个别超大城市外的城市落户限制，建立城镇教育、就业创业、医疗卫生等基本公共服务与常住人口挂钩机制，推动公共资源按常住人口规模配置；畅通劳动力和人才社会性流动渠道，形成全国城乡统一的劳动力市场。

第四，构建更高水平对外开放体系，增创国际竞争新优势。坚持实施更大范围、更宽领域、更深层次对外开放，促进全球产业链、创新链、价值链协同发力，兼顾扩大对外开放与主动防范风险，建设更高水平的开放型经济新体制。

一是加快培育国际竞争新优势。依托中国大市场优势，提升全球产业链、创新链、价值链地位，积极围绕产业链布局创新链，构建开放、协同、高效的技术研发平台，推动物联网、大数据、人工智能、工业互联网等赋能制造业，积极融入全球创新网络。鼓励龙头企业在全球范围内配置要素资源、布局市场网络，支持隐形冠军深耕主业，加快构建开放平台型竞争新模式。推动更高水平"引进来""走出去"相结合，鼓励外资积极投资战略性新兴产业和未来产业，持续推进境内企业高水平"走出去"，深化国际产能和装备制造合作，带动技术、标准、认证和服务"走出去"。提升数字经济国际化水平，加快推动开放经济数字化、网络化、智能化发展，抢占全球数字经济制高点。

二是积极推动国际合作新体系。深化"一带一路"沿线国家经贸合作，不断拓宽合作领域，推动农产品、制成品和服务贸易进出口，强化中欧班列、海上丝绸之路等陆海新通道互联互通，加强贸易和投资领域规则标准的共商共建，促进区域贸易投资自由化便利化，为区域贸易投资制度体系构建提供中国倡议、中国方案，实现互利共赢。维护以世界贸易组织为核心的多边贸易体制，抓紧做好《区域全面经济伙伴关系协定》（RCEP）落地工作，力争《中欧投资协定》尽早签署，加快《中日韩自贸协定》谈判，积极考虑加入《全面与进步跨太平洋伙伴关系协定》（CPTPP），积极参与全球经济治理体系改革。加快构建立足周边、辐射"一带一路"沿线、覆盖全球的高标准自由贸易区网络，全面提升对外开放水平。

三是着力打造内外联动开放新格局。更高水平建设自由贸易试验区，优化中国特色自由贸易港功能，推动以规则等制度开放为核心，以法治化、国际化、便利化、国际化为方向的体制机制创新，促进自由贸易试验区建设与城市群都市圈功能相结合，构建差别化、特色化和首创性的国内开放高地，推动高端要素与商品自由流动，打造国内国际大循环重要枢纽。加快跨境电子商务综合试验区建设，积极复制推广前期成熟经验做法，全面推广电子世界贸易平台（eWTP），强化中国在全球数字经济、数字贸易领域中规则、技术、标准等领先地位，创建国内国际数字经济大循环中心点。

四是有效防范对外开放风险。促进贸易投资市场多元化，强化二十国集团、金砖国家、亚太经济合作组织等多边和区域合作机制，鼓励和支持外向型企业拓展海外市场。增强企业自主创新能力，依托国内外产学研用体系构筑平台型创新能力，加快突破关键领域和核心环节"卡脖子"技术，兼顾全球产业链、创新链、价值链效率与安全。建立健全服务业开放风险防控体系，依托负面清单和 WTO 相关规则指引，渐进有序开放服务业相关领域与经营范围，优化事前、事中、事后综合风险评估，守住不发生系统性经济风险底线。优化实施《外商投资法》《出口管制法》等涉外法律法规，建立健全国家安全审查和监管的制度和机制，积极维护国家安全和利益。

三 2021 年的宏观政策选择

做好 2021 年的经济工作，要以习近平新时代中国特色社会主义思想为指导，全面贯彻党的十九大和十九届二中、三中、四中、五中全会精神，坚定不移贯彻新发展理念，坚持稳中求进工作总基调，以推动高质量发展为主题，以深化供给侧结构性改革为主线，以改革创新为根本动力，以满足人民日益增长的美好生活需要为根本目的，统筹发展和安全，加快建设现代化经济体系，加快构建以国内大循环为主体、国内国际双循环相互促进的新发展格局，推进国家治理体系和治理能力现代化，紧扣"十四五"规划目标任务，统筹做好稳增长、促改革、调结构、惠民生、防风险、保稳定工作，扎实做好"六稳"工作，全面落实"六保"任务，努力实现更高质量、更有效率、更加公平、更可持续、更为安全的发展，努力实现"十四五"时期经济社会发展的良好开局。

第一，积极的财政政策要提质增效，更加注重可持续性。2021 年要继续实施积极的财政政策，仍需保持必要的财政支出规模，以支持扩大国内有效需求、调整经济结构，促进高质量发展。一是在有效控制疫情的前提下，仍需保持一定的财政赤字规模，继续发行专项债券，不再发行抗疫特别国债。二是积极的财政政策要更加注重提质增效。显著增加基础研究投入，加强对"卡脖子"项目的有效支持。综合运用税收优惠等方式，提升产业链水平，推动制造业高质量发展，引导资本、资源向战略关键领域聚焦，鼓励金融机构加大对民营企业和中小企业的支持力度。细化疫情期间财政直达资金分配管理办法，提高财政资金使用绩效。三是继续优化财政支出结构，优化投资方向和结构，提高投资效益，防止项目资金过于分散造成资金闲置，支持"两新一重"建设，支持扩大教育、文化、体育、养老、医疗等服务供给，支持新能源汽车产业发展，支持扩大农村消费，培育新的消费增长点。四是推动基本公共服务均等化，提高与民生相关的教育、社会保障和就业、城乡社区、医疗卫生、住房保障、节能环保、文化体育与传媒等重点支出占总支出比重，推动完善地方政府专项债券相关领域的支出政策和机制设计，提高保障和改善民生水平。

第二，稳健的货币政策要灵活适度，更加注重前瞻性、精准性和时效性。当前，海外疫情仍在蔓延，国内外经济形势依然复杂多变。货币政策既要立足国内、以我为主，也要加强国际宏观政策协调。一是随着国内疫情防控形势基本稳定、经济社会发展较快恢复，货币政策应适时逐步退出疫情期间稳健偏宽松的状态，回归稳健中性，实现广义货币量和社会融资规模增长速度与名义 GDP 增速基本同步。二是中国经济在 2021 年第一、二季度大概率将出现疫后恢复性反弹，与此同时疫情冲击导致的基期翘尾效应还会进一步放大主要经济指标的反弹力度，对此货币政策当局要前瞻性地预判和甄别，警惕基期翘尾效应导致的误判。三是有效发挥结构性货币政策工具的精准滴灌作用，做到流动性有收有放、结构优化。落实好直达货币政策工具，适度增加普惠性再贷款再贴现额度，加大对小微企业和个体工商户的信贷支持力度。四是在 LPR 报价利率和贷款平均利率降低的基础上，增强利率定价弹性，通过价格机制引导信贷资源配置结构走向优化。五是及时研判国际收支变化，警惕资本项目下的资本流出，避免人民币汇率短期内急剧波动。密切关注美欧等主要发达国家央行货币政策调整，防止内外利差和流动性松紧差大幅变动对中国经济金融体系造成负面冲击。

第三，坚持就业优先政策，做到稳存量、扩增量和提质量有机结合。一是进一步减轻企业负担、增强各类市场主体运转活力。协助暂时性经营困难

企业加快夯实自身发展能力，纾解中小民营企业获得金融和优质人力资源等要素的困难，促进初创企业健康壮大，完善灵活就业和新业态就业支持体系，确保就业机会得到持续创造。二是紧密关注重点群体就业，提供多元化、针对性的公共服务。建立高校毕业生就业服务实名清单，重在畅通毕业生与用人方之间的信息流和增加匹配机会，利用线上线下两种通道，增加毕业生专场招聘场次，面向基层和相对落后地区提供更多公共就业岗位，强化对低收入家庭毕业生的就业帮扶。畅通高校毕业生继续深造、参军入伍、自主创业等通道。保障外出农民工公平享受就业服务，全面清理部分城市对于灵活就业人员的不合理限制，降低农民工在务工地的住房、医疗、子女照料等方面的成本，加大力度完善返乡入乡农民工就业创业的帮扶政策。以鼓励市场化就业为主、定向招录为辅，妥善解决退役军人就业，鼓励职业院校扩大对军转、农民工、失业群体的招生。用足用好失业保险基金，确保失业人群基本民生，完善再就业服务。三是加大职业技能提升力度。重点针对农民工、产业结构调整溢出的非熟练工人、就业困难群体等劳动力群体，实施大规模的公共就业培训，确保技能培训有成效，确保年底实现技能劳动者占就业人群比重达到四分之一以上，鼓励企业实施师带徒技能提升模式。四是促进市场性人力资源服务行业发展，将其作为现代服务业的重要领域，给予必要的政策性支持，推动人工智能、大数据、云计算等现代技术在人力资源服务业中的应用，以此推动就业匹配质量提升。

实现巩固拓展脱贫攻坚成果同乡村振兴有效衔接

蔡　昉[*]

在改革开放 40 余年的时间里，中国实施的扶贫战略使数亿农村人口摆脱绝对贫困，对全球减贫的贡献超过 76%。党的十九大作出 2020 年农村贫困人口按现行标准实现全部脱贫的战略部署，是全面建成小康社会的标志性任务和核心目标。党的十九届四中全会要求，坚决打赢脱贫攻坚战，巩固脱贫攻坚成果，建立解决相对贫困的长效机制。2019 年 12 月召开的中央经济工作会议特别强调，要建立机制，及时做好返贫人口和新发生贫困人口的监测和帮扶。第十三届全国人民代表大会第三次会议审议通过的《政府工作报告》，把脱贫作为全面建成小康社会必须完成的硬任务，对确保剩余贫困人口全部脱贫和巩固脱贫成果作出了部署。在防控新冠肺炎疫情取得决定性胜利后，我们正处在实现这一重大目标任务的决战决胜时刻。

习近平总书记在关于《中共中央关于制定国民经济和社会发展第十四个五年规划和二〇三五年远景目标的建议》的说明中特别强调，中共中央建议稿在到 2035 年基本实现社会主义现代化远景目标中提出"全体人民共同富裕取得更为明显的实质性进展"，在改善人民生活品质部分突出强调了"扎实推动共同富裕"，提出了一些重要要求和重大举措。中共中央建议提出实现巩固拓展脱贫攻坚成果同乡村振兴有效衔接，就是其中一项重要要求和举措。

---

* 蔡昉，中国社会科学院副院长、党组成员，学部委员，主要研究方向为人口与劳动经济学、发展经济学等。

一 实现按现行标准全部脱贫目标

党的十八大以来，中国脱贫攻坚工作取得了历史性成就。在2012~2019年共有9348万农村贫困人口脱贫，平均每年脱贫人口超过1300万。截至2019年底，全国仅剩551万农村贫困人口，贫困发生率降至0.6%，94%的贫困县实现摘帽，区域性整体贫困基本得到解决。这意味着我们距离完成在中国大地上消除绝对贫困现象只有一步之遥，并且为"最后一公里"脱贫难度加大，甚至应对突发事件造成返贫以及新发生贫困现象留出了必要的余地。

2020年春节以来暴发了新中国成立以来传播速度最快、感染范围最广、防控难度最大的新冠肺炎疫情，造成一段时间的经济活动停摆，随后全球疫情的大流行，造成供应链中断等经济冲击和经济复苏困难。第一季度，中国经济收缩了6.8%，城乡居民人均可支配收入分别下降了3.9%和4.7%。在以习近平同志为核心的党中央坚强领导下，坚持把人民生命安全和身体健康放在第一位，中国取得了疫情防控的重大战略成果，随后复工复产和复市复业也在有效推进。第二季度经济增长即达到3.2%，第三季度增长4.9%，前三季度增长0.7%。

2020年《政府工作报告》未对全年经济增长速度提出具体目标，这是多年来的第一次，却是针对全球疫情和经济贸易形势不确定性做出的实事求是的适当调整。与此同时，报告重申坚决打赢脱贫攻坚战，努力实现全面建成小康社会目标任务。坚持以人民为中心的发展思想，以不断造福人民为经济社会发展根本目标，把确保完成决战决胜脱贫攻坚目标任务作为全面建成小康社会的最核心目标，是2020年不变的硬任务，也是对全面建成小康社会的最本质定义。党中央、国务院作出这一重大决策具有历史性的意义。

首先，彰显中国特色社会主义制度的优越性。在2015年联合国制定2030年可持续发展议程的17项目标中，在全球范围消除所有类型的贫困位列第一。中国农村脱贫的现行标准为按2011年不变价计算的2300元，到2020年大约为现价4000元，具体表现为不愁吃穿以及义务教育、基本医疗和住房安全有保障。这是一个显著高于国际通行的每人每天 1.9 美元（2011 年购买力平价）的绝对贫困定义和扶贫脱贫标准。按照这个高标准实现近一亿人的脱贫，标志着提前 10 年实现联合国可持续发展目标，是中国对世界减贫和人类发展事业的重大贡献。

其次，打赢脱贫攻坚战和保障民生就意味着经济社会发展目标的完成。2020 年面临的脱贫攻坚任务包括帮扶 551 万贫困人口脱贫、52 个贫困县摘帽和 2707 个贫困村出列，是打赢脱贫攻坚战的关键一役。聚焦剩余贫困人口和贫困县村的特别脱贫困难，针对新冠肺炎疫情造成的经济冲击，坚持精准扶贫脱贫的各种行之有效的手段，保证脱贫前后扶持政策不变、扶助措施力度不减，不仅能够保证全面小康一个不掉队，也直接有助于农村居民可支配收入的增长，实现保障和改善民生的目标。按照 2010 年不变价格，2019 年中国居民人均可支配收入已达 24582 元，2020 年基于脱贫攻坚和稳定民生的努力，确保居民收入保持与 GDP 增长同步，只要达到 1.9% 的增速（世界银行预测中国 2020 年 GDP 增长可达 1.9%），即可实现翻一番的目标。

最后，实现脱贫目标有助于在更高的民生起点上开启全面建设社会主义现代化国家的新征程。以改善民生福祉为根本出发点和落脚点的两个"一百年"奋斗目标，在时间上是继起的，目标任务和实现手段是相互衔接的。以 2020 年和 2021 年为历史交汇点，实现第一个"一百年"目标和开启为第二个"一百年"目标奋斗的新征程。打赢脱贫攻坚战，按照现行标准实现农村贫困人口全部脱贫、贫困县全部摘帽和区域性整体贫困基本解决，完成符合中国所处发展阶段的目标任务，同时为全面建设社会主义现代化国家的新阶段确立恰当的起点，确定并提出下一个奋斗目标。

二　完善返贫和新发生贫困帮扶措施

中国农村贫困人口脱贫攻坚战决战决胜在望，游荡在中国土地上数千年的绝对贫困幽灵行将就木。实际上，2019 年底有 17 个省份贫困发生率已经低于 0.5%。然而，从以人民为中心的发展思想出发，这个在统计意义上已经不

具有显著性的数据，代表的是最后要脱贫的人口，也是实现全面建成小康社会"一个也不能少"要求的关键点和难点所在。针对"贫困中的贫困"这一难度最大群体的帮扶工作手段和力度，不仅事关脱贫目标任务的完成，也事关脱贫成果的巩固，以及防止返贫和新发生贫困现象。因此，要把这部分群众置于脱贫攻坚工作的最核心位置，作为当前脱贫攻坚战决战决胜的帮扶重点。同时，"最后一公里"的脱贫攻坚工作，也是圆满完成"十三五"各项目标与贯彻落实"十四五"各项部署紧密衔接的关键，为巩固脱贫成果提供宝贵的经验借鉴。

首先，针对最后的贫中之贫、困中之困，需要高度聚焦和精准施策，提高扶贫工作的科学性和有效性。越是到脱贫攻坚战的决战决胜阶段，越是需要踏下心来把工作做细，防止大而化之、大水漫灌，要通过建立健全监测系统，运用滴灌式的精细手段逐一帮扶。对未脱贫的情形和易于返贫和新发生贫困的可能性，要采取因地制宜和因人制宜的帮扶措施，并具体落实到家庭和个人层面，针对特定的致贫因素和返贫原因，走好打赢脱贫攻坚的"最后一公里"。

其次，结合新冠肺炎疫情的冲击特点，把促进贫困地区和贫困家庭的劳动力就业作为帮扶重点。扩大非农就业始终是农村脱贫的一条重要途径。通过劳动力市场，促进农村剩余劳动力外出务工，提高劳动参与率和增加工资性收入，大幅度增加农户收入。把转移就业作为实现特定贫困群体脱贫的手段，同时也是一种政府帮扶手段，要超越劳动力市场功能本身。特别是在新冠肺炎疫情冲击下，经济活动一度停摆，贫困地区农民工外出就业遇到较大的困难，劳动力市场出现一定程度的失灵。这要求把促进劳动力外出务工作为脱贫攻坚的任务，输出地和输入地政府协同配合，优先安排贫困地区和贫困家庭劳动力就业。

再次，探讨形成社会政策兜底与扶贫措施的合理边界，实现两者之间的无缝衔接。有一部分贫困群众，因家庭人口结构和身体健康等原因，处于劳动力和就业能力不足的状态，暂时或永久性地无法靠自己的力量实现脱贫，需要用标准恰当的最低生活保障等社会保障制度进行托底。应该按照弱有所扶的民生保障要求和现行扶贫标准，准确识别保障对象和合理确定社会政策托底的保障水平，并把相应的做法确定为完成脱贫攻坚任务后，解决相对贫困问题长效机制的重要组成部分。

最后，把 2020 年实现脱贫目标、形成解决相对贫困问题的长效机制以及防止返贫和新发生贫困的帮扶措施有机协同，与推进乡村振兴战略有效衔接，扩大和巩固脱贫成效。坚持脱贫攻坚的各项政策措施稳定不变、帮扶力度不减，及时出台解决相对贫困问题的新举措和长效机制，并针对最后的贫困人口、易于返贫人口和可能新发生贫困人口，制定和出台更有针对性的大力度举措，确保脱贫工作不停顿、不断档、机制接续、效果延续。在这方面，中共中央建议稿已经做出了战略性部署。

三　形成解决相对贫困的长效机制

保障和改善民生没有终点，只有连续不断的新起点。脱贫攻坚也是如此，既没有终点也不是一劳永逸的。就作为发展中国家所处的经济发展阶段而言，以显著高于世界银行推荐的标准，在中国农村五亿多人口中不再有贫困现象，这是人类历史上罕见的成就，也为人类反贫困事业作出了巨大的贡献。然而，2020 年按照现行标准实现农村贫困人口全部脱贫这个任务目标，并不意味着全社会和农村的扶贫脱贫任务就完成了。

2019 年中国人均国内生产总值（GDP）达到 10000 美元，超过中等偏上收入国家平均水平，但是尚未达到世界银行分组中的高收入国家门槛（12000 美元），意味着中国在实现了全面建成小康社会这第一个"一百年目标"、开启全面建设社会主义现代化国家新征途后，第一个直接目标就是跨入高收入国家的行列。因此，解决相对贫困是按照现行标准脱贫战略的自然延伸。贫困现象本身就具有绝对和相对两个特性。一方面，解决绝对贫困是为了保障所有群体的基本生活；另一方面，基本生活水平的标准也随发展阶段的变化和整体人均收入的提高而变化。相应地，在不同的发展阶段上，贫困现象具有阶段性特点。

从发展阶段特征出发，可以从贫困标准的两种确定方式来认识下一步脱

贫任务。在经济发展与合作组织国家，通常以占居民收入中位数 50%~60% 的水平作为相对贫困标准。就这个比例来说，2019 年中国农村处于最低收入组的 20% 住户，人均可支配收入的平均水平仅相当于全国农村住户平均水平的约 27%。此外，世界银行从 2017 年开始尝试为收入分组中的低收入国家（人均 GDP 处于 1000 美元以下）、中等偏下收入国家（人均 GDP 处于 1000~4000 美元）、中等偏上收入国家（人均 GDP 处于 4000~12000 美元）和高收入国家（人均 GDP 超过 12000 美元）制定并推荐了依次提高的贫困标准。参照以上情况，我们应该在理解相对贫困性质的基础上确定新的脱贫标准。

如果说以现行标准定义的绝对贫困是特定发展阶段的现象的话，相对贫困现象将是长期存在的，因此需要建立健全解决这个长期问题的长效机制。改革开放以来特别是党的十八大以来，中国在脱贫攻坚的实践中形成了一系列行之有效的做法，应该提升和常态化为相对稳定和规范的机制。面对新的发展阶段的相对贫困现象的新特点，应该将脱贫工作及其机制与时俱进地提升到新阶段，根据贫困问题新特征赋予扶贫脱贫工作崭新面貌。

首先，密切关注和积极应对人口老龄化带来的新致贫风险。中国正在进入人口加速老龄化的阶段，2019 年，65 岁及以上人口占全部人口的比重已经高达 12.6%，而由于农村青壮年劳动力大规模外出务工，在统计意义上成为城镇常住人口，农村老龄化程度显著高于城市。根据 2015 年 1% 人口抽样调查数据，农村老龄化率比城市高出 31.2%。随着老龄化程度的加深，农村高龄老年人口和失能人口的规模将呈现扩大的趋势，造成的家庭劳动力短缺问题将成为新发生贫困现象的重要诱因。因此，今后的脱贫政策手段应该同积极应对人口老龄化的措施密切结合起来。

其次，防范和应对各种风险冲击型致贫因素。2019 年，在农民家庭可支配收入构成中，工资性收入占 41.1%，经营净收入占 36.0%，合计占到全部可支配收入的 77.1%。在发生不可抗外力导致冲击性事件的情况下，无论是市场因素还是自然因素，对这两个收入组成部分的冲击都会严重影响农户收入和基本生活。这次的新冠肺炎疫情就属于这种冲击型风险，既有灰犀牛事件那样长期中终究要发生的大概率特点，也有黑天鹅事件那样难以预见和不确定性质，必然造成对处于相对脆弱地位的农村地区、低收入农户和人口的冲击。这也提示我们，解决相对贫困问题的长效机制，需要把这种风险因素充分考虑在内，形成及时反应的预警系统和应对机制，以及有效应对的政策手段。

总 报 告
General Report

B.1
2021年中国经济形势分析与预测

中国社会科学院宏观经济研究中心课题组[*]

摘　要：2020年新冠肺炎疫情全球大流行使世界经济遭遇历史性衰退，中国率先在全球范围内取得了疫情防控和经济社会发展的双胜利。2021年全球经济有望迎来普遍的恢复性增长，但疫情影响广泛深

* 课题组组长：谢伏瞻，中国社会科学院院长、党组书记，学部委员，学部主席团主席，主要研究方向为宏观经济政策、公共政策、区域发展政策等；副组长：蔡昉，中国社会科学院副院长、党组成员，学部委员，主要研究方向为人口与劳动经济学、发展经济学等；执笔人：李雪松，中国社会科学院工业经济研究所党委书记、副所长、研究员，主要研究方向为宏观经济、经济政策评价等；汪红驹，中国社会科学院财经战略研究院经济发展战略研究室主任、研究员，主要研究方向为宏观经济监测、货币金融政策等；冯明，中国社会科学院财经战略研究院经济发展战略研究室副主任、副研究员，主要研究方向为宏观经济、国际金融、货币财税政策分析等；李双双，中国社会科学院财经战略研究院助理研究员，主要研究方向为开放宏观经济、国际贸易等；张彬斌，中国社会科学院财经战略研究院助理研究员，主要研究方向为发展经济学、劳动经济学等。

远，外部环境依然复杂多变。做好 2021 年的经济工作，要紧扣"十四五"规划目标任务，着力推动改革创新，加快构建新发展格局。积极的财政政策要提质增效，更加注重可持续性；稳健的货币政策要灵活适度，更加注重前瞻性、精准性和时效性；坚持就业优先政策，做到稳存量、扩增量和提质量有机结合。2021 年要做好如下几项重点工作：畅通国民经济循环，加快构建新发展格局；大力促进科技创新，持续推动产业升级；推动重大改革举措落实落地，激发市场主体发展活力；推进更高水平对外开放，打造国际合作和竞争新优势；促进形成优势互补、高质量发展的区域经济布局，推动城乡融合发展；巩固脱贫攻坚成果，加强保障和改善民生。

关键词：宏观经济　改革创新　新发展格局

2020 年，面对新冠肺炎疫情严重冲击，党中央、国务院坚持把人民生命安全和身体健康放在第一位，加大宏观政策应对力度，科学统筹疫情防控和经济社会发展工作，"六稳"工作扎实推进，"六保"任务全面展开，经济运行稳定恢复，生产需求持续回升，就业物价总体稳定，脱贫攻坚有力推进，经济增长新动能显著增强，改革开放步伐明显加快，发展活力持续提升。2021 年是实施"十四五"规划的开局之年，外部环境依然复杂多变，要加快构建以国内大循环为主体、国内国际双循环相互促进的新发展格局，努力实现"十四五"时期经济社会发展的良好开局。

一　经济发展的国际环境和基本走势

2020 年，新冠肺炎疫情全球大流行使世界经济遭遇历史性衰退。展望2021 年，如果安全有效的疫苗能够在 2021 年初投放市场，使疫情得到有效控制，则全球经济有望迎来普遍的恢复性增长。

（一）全球经济有望走出衰退，但完全恢复到疫情前的总量水平需要更长时间

全球经济正在从深度衰退中复苏，预计 2021 年全球经济增速将会转正，实现恢复性增长。IMF 预测 2021 年全球经济将增长 5.2%，但是大多数发达经济体的经济总量到 2021 年底依然会低于甚至显著低于 2019 年的水平。WTO 预测 2021 年全球货物贸易增速将达 7.2%，但贸易量仍低于疫情暴发前的趋势水平。复苏之路充满高度不确定性，完全恢复到疫情前的总量水平需要更长时间，复苏进程将取决于疫情发展态势、社会封锁程度、疫苗推广使用进展以及各国经济政策支持力度等多方面情况。即使乐观预计未来疫情仅在局部地区复发，防控因此从全面封锁转向局部控制，且到 2021 年夏季疫苗有望实现大规模接种，全球经济复苏依然高度依赖于政府政策支持的力度。

（二）不同国家和地区有望同步复苏，但复苏程度将很不平衡

由于不同经济体疫情发展情况以及应对疫情的政策反应差异较大，全球经济将面临不平衡的复苏进程。2021 年发达经济体有望整体复苏。美国新一轮财政刺激计划可能在大选之后推出，将对美国经济复苏起到支撑作用。2021 年欧盟将继续放松对成员国的财政预算规则约束，以支持各国经济恢复，预计欧盟将在 2021 年迎来稳定复苏。日本经济预计也将在放松防控、新任领导人上台以及补办奥运会等利好情况下，出现恢复性增长。新兴经济体有望集体走出衰退困境，但是复苏程度存在显著差异。金砖国家将同步实现恢复性增长，其中印度、俄罗斯恢复相对显著，巴西和南非则相对较弱，尤其是南非，或将成为新兴经济体中 2021 年 GDP 与 2019 年相比缺口最大的经济体。分区域看，亚洲将是复苏最为强劲的地区；欧洲新兴国家和中东石油输出国预计也将走出困境，增速出现较大幅度回升；非洲和南美洲预计将呈现相对弱复苏态势。

（三）疫情影响广泛深远，外部环境依然复杂多变

虽然全球经济有望在 2021 年出现较大幅度反弹，但是疫情大流行的负面影

响广泛深远，叠加世界经济政治格局中原有多重调整性因素，外部环境将呈现多方面风险并存的形势。一是为应对新冠肺炎疫情，各国债务水平被推至历史新高。忽视债务边界或将导致经济基本面脆弱和面临借入新债能力约束的国家陷入新一轮债务危机，丧失多年经济发展成果。二是通过单边或联合行动，保护主义的威胁依然存在。三是科技领域竞争更加激烈，可能进一步损害国家间的经贸关系。四是各国更加重视经济安全，大国之间竞争性和对抗性增强，全球治理体系重建困难重重。五是疫情造成大量人口返贫和社会矛盾激化，甚至引爆潜藏多年的地缘政治冲突，对国际经济社会稳定发展造成新的冲击。六是美国等发达国家呈现"K"字形复苏的特征，收入差距进一步拉大，民粹主义压力加大。

二　经济发展的国内环境和基本走势

（一）主要经济指标持续恢复，产品和行业增长面扩大

2020年，中国出台的一系列逆周期调控政策取得了明显成效，经济主要指标持续恢复，工业生产增长加快，服务业生产指数增速逐渐提高，产品和行业增长面继续扩大。消费恢复中伴随着结构升级，汽车销售明显回暖，金银珠宝、化妆品、通信器材、体育娱乐用品和文化用品等代表消费升级方向的商品类别增长较快。线上消费增长旺盛。投资稳步恢复，高技术产业投资、民生投资和房地产投资增速较快。出口增长持续超预期，贸易顺差加快积累。

（二）保护市场主体政策取得预期成效，产业链供应链基本稳定

2020年，中国继续推进减税降费，有效降低了企业特别是中小微企业的生产经营负担，保障了市场主体稳定运行。金融部门降低存款准备金率，加大创业担保贷款贴息支持力度，创新授信模式和信贷产品，全力支持重点群体创业就业，着力保持企业资金链和现金流稳定。各级政府采取了激发消费需求、催生新的消费热点、提升消费活力等一系列积极措施，加快旅游、餐饮、健康等行业复工复产，有效释放了被疫情压制的消费需求和内需潜力，稳定了企业发展的市场环境。通过优先保障产业链核心企业恢复生产，带动

上下游中小企业发展。强化重点产业链的薄弱环节，在强链控链中推动产业链向高端跃升，产业链协同复工复产进展良好，越来越多的企业不断提升产业链供应链稳定性、竞争力和现代化水平，为高质量发展注入新动能。

（三）脱贫攻坚整体进展较好，全面脱贫目标将圆满完成

2020 年，中央针对尚未摘帽的贫困县和重点贫困村采取了挂牌督战的重点攻克方式，在解决存量贫困问题方面取得了显著成效。尽管一季度疫情全面防控导致劳动力外出受阻、驻村帮扶等工作延缓，然而进入常态化疫情防控阶段以来，在中央和地方出台更强和更具针对性的政策、加大资金投入力度、实时跟踪进度等多重措施的综合作用下，52 个未摘帽贫困县在项目开工和资金到位方面得到更好保障，医疗保障、义务教育、住房和饮水安全等领域的存量问题全部得以解决，易地扶贫搬迁任务基本完成。挂牌县贫困家庭劳动力输出总规模超过上年同期，就业脱贫效果整体较好。多部门组织消费扶贫活动顺利开展，扶贫产品销路得到拓宽，消费扶贫收效良好。

（四）稳就业保民生举措成效明显，城镇新增就业达到预期水平

2020 年，中国对劳动需求方采取减、免、缓、补、奖等数十项措施，较大程度减轻企业三项社保缴费和纳税负担，有力纾解了企业经营困难，对保护市场主体和就业岗位发挥了重要作用。对劳动力供给方采取以训代补、直接奖补、提供针对性服务、鼓励创业、扩大院校招生规模等方式，充分利用线上和现场两种渠道，较大程度缓解了疫情对就业的冲击。二季度以来，就业形势在整体上逐月好转，失业率得到明显控制，劳动力需求逐渐升温。农村外出务工劳动力规模较上年有所减少，但未摘帽贫困县劳务输出好于往年，返乡留乡农民工就地就近就业规模扩大、门路持续拓宽，2020 年以来新增返乡留乡农民工就地就近就业规模明显超出往年同期水平。

（五）新旧动能转换加快，经济增长新动能显著增强

加快推动新旧动能转换是推动经济结构转型升级的必由之路，着力点是以

技术创新为引领，以新技术、新产业、新业态、新模式为核心，以知识、技术、信息、数据等新生产要素为支撑培育新动能。2020年，中国传统产业高端化、智能化改造步伐加快，"四新"经济呈现较强发展态势。在制造业方面，2020年中国高技术制造业同比增长较快，明显快于规模以上工业的增长，服务机器人、智能手表、工业机器人、新能源汽车等产量增长较快。在服务业方面，电子商务等无接触经济逆势快速增长，不仅国内电子商务快速发展，跨境网购也十分活跃。

（六）改革开放步伐明显加快，发展活力持续提升

2020年，面对国内外复杂严峻的风险挑战，叠加疫情巨大冲击，中国改革开放步伐明显加快，出台了一系列重要文件。在加快改革方面，中央发布了《关于新时代加快完善社会主义市场经济体制的意见》《关于构建更加完善的要素市场化配置体制机制的意见》两份重要文件。中央深改委审议通过了《国企改革三年行动方案（2020—2022年）》《深化农村宅基地制度改革试点方案》《深化新时代教育评价改革总体方案》《关于深化新一代信息技术与制造业融合发展的指导意见》等文件。国务院印发了《关于进一步提高上市公司质量的意见》，中共中央办公厅、国务院办公厅印发了《深圳建设中国特色社会主义先行示范区综合改革试点方案》。放管服改革持续深化，政务服务"省内通办"取得积极进展，"跨省通办"开始推进。市场准入持续放宽，民营企业发展环境得到改善。新型城镇化、服务贸易、财政资金直达、教师资格认证、医学教育、金融控股公司监管等领域的改革与发展步伐加快。在对外开放方面，2020年中国落实《优化营商环境条例》，推出《新时代西部大开发新格局指导意见》《海南自由贸易港建设总体方案》《2020年版自由贸易试验区外商投资准入特别管理措施负面清单》《2020年版外商投资准入负面清单》等重要文件，加快打造市场化、法治化、国际化营商环境。举办中国（北京）国际服务贸易交易会，提升服务业开放合作水平。与此同时，中国新设北京、湖南、安徽三个自由贸易试验区，并对浙江自贸区进行扩展，加快完善对外开放发展新格局。

同时也要看到，当前疫情影响仍在持续，中国经济发展仍面临不少困难：

需求端恢复仍滞后于生产端，国内有效需求有待释放；部分企业经营仍较为困难，创新链短板亟待补强；重点群体就业压力仍较突出，结构性失业制约民生改善；地方财力艰难支撑地方事权，保基本民生、保工资、保基层运转压力仍然较大。

进入新发展阶段，国内外环境的深刻变化既带来一系列新机遇，也带来一系列新挑战。但中国制度优势显著，治理效能提升，经济长期向好，物质基础雄厚，人力资源丰富，市场空间广阔，发展韧性强劲，社会大局稳定，继续发展具有多方面优势和条件。只要坚持改革创新，转变发展方式，增强发展动力，中国的发展必将长期向好。

三 2021 年经济工作的基本思路和主要预期目标

（一）2021 年经济工作的基本思路

2021 年是实施"十四五"规划的开局之年，也是开启基本实现社会主义现代化新征程的开局之年，要以习近平新时代中国特色社会主义思想为指导，全面贯彻党的十九大和十九届二中、三中、四中、五中全会精神，坚定不移贯彻新发展理念，坚持稳中求进工作总基调，以推动高质量发展为主题，以深化供给侧结构性改革为主线，以改革创新为根本动力，以满足人民日益增长的美好生活需要为根本目的，统筹发展和安全，加快建设现代化经济体系，加快构建以国内大循环为主体、国内国际双循环相互促进的新发展格局，推进国家治理体系和治理能力现代化，紧扣"十四五"规划目标任务，统筹做好稳增长、促改革、调结构、惠民生、防风险、保稳定工作，扎实做好"六稳"工作，全面落实"六保"任务，努力实现更高质量、更有效率、更加公平、更可持续、更为安全的发展，努力实现"十四五"时期经济社会发展的良好开局。

（二）2021 年经济发展的主要预期目标

基于当前经济发展的国内外环境和基本走势综合研判，对 2021 年经济

工作主要预期目标考虑如下：一是效仿 2020 年，可不设定 2021 年经济增速具体目标。2021 年，中国要加快推动高质量发展，加快构建新发展格局。受疫情冲击导致的基数影响，2020~2022 年中国年度经济增速将呈波动较大特点，预计 2020 年经济增速为 2%~3%，2021 年可达 7%~8%，2022 年将有明显回落。经济增长大幅波动，不确定性风险大，设定 2021 年经济增速的具体目标对今后几年经济增长的参考价值不大，因此可不设定 2021 年经济增速具体目标。二是突出就业优先和民生保障目标。2021 年，要优先稳就业保民生，使居民收入增长与经济增长基本同步，进一步巩固脱贫攻坚成果，推动养老医疗等社会保障全国统筹，加大公立幼儿园、基础教育投入力度。城镇新增就业 1000 万人以上，城镇调查失业率 5.5% 左右，城镇登记失业率 5% 以下；坚决落实"房住不炒"，加大政策性住房投入力度，增加保障房供给，健全房地产长期稳定调控机制。三是突出宏观稳定目标。居民消费价格涨幅 3% 左右；进出口促稳提质，国际收支基本平衡；宏观杠杆率保持总体稳定，重大金融风险有效防控。四是突出经济高质量发展和可持续发展目标。提高研发投入强度和基础研究投入在总研发投入中的占比，单位国内生产总值能耗和主要污染物排放量继续下降，为完成"十四五"规划目标任务开好局、起好步。

四　做好 2021 年经济工作的政策建议

（一）坚持常态化精准防控和局部应急处置有机结合，推动经济持续复苏

当前，疫情仍在全球蔓延，国内零星散发病例和局部暴发疫情的风险仍然存在。一是做好外防输入、内防反弹工作，坚持常态化精准防控和局部应急处置有机结合，当前一些地方的经济社会发展急需"回血"，一些企业商家亟待消费"回暖"，更多人渴望生活"恢复"，要提高精准防控能力，加快复工复产、复商复市，不搞一刀切。二是加大疫苗和药品科研攻关及国际合作力度，做好加快有效疫苗产能提升的前期准备，深化新冠药物研发国际合作，

提升科学防控能力。三是抓紧补短板、堵漏洞、强弱项，加快完善各方面体制机制，提高应对重大突发公共卫生事件的能力和水平。四是构筑强大的公共卫生体系，完善疾病预防控制体系，建设平战结合的重大疫情防控救治体系，强化公共卫生法治保障和科技支撑，提升应急物资储备和保障能力，夯实联防联控、群防群控的基层基础。

（二）积极的财政政策要提质增效，更加注重可持续性

2021 年要继续实施积极的财政政策，仍需保持必要的财政支出规模，以支持扩大国内有效需求、调整经济结构，促进高质量发展。一是若疫情能够得到有效控制，建议财政赤字率按照 3% 左右安排，继续发行专项债券，不再发行抗疫特别国债。二是积极的财政政策要更加注重提质增效。显著增加基础研究投入，加强对"卡脖子"项目的有效支持。综合运用税收优惠等方式，提升产业链水平，推动制造业高质量发展，引导资本、资源向战略关键领域聚焦，鼓励金融机构加大对民营企业和中小企业的支持力度。细化疫情期间财政直达资金分配管理办法，提高财政资金使用绩效。三是继续优化财政支出结构，优化投资方向和结构，提高投资效益，防止项目资金过于分散造成资金闲置，支持"两新一重"建设，支持扩大教育、文化、体育、养老、医疗等服务供给，支持新能源汽车产业发展，支持扩大农村消费，培育新的消费增长点。四是推动基本公共服务均等化，提高与民生相关的教育、社会保障和就业、城乡社区、医疗卫生、住房保障、节能环保、文化体育与传媒等重点支出占总支出的比重，推动完善地方政府专项债券相关领域的支出政策和机制设计，提高保障和改善民生水平。

（三）稳健的货币政策要灵活适度，更加注重前瞻性、精准性和时效性

当前，海外疫情仍在蔓延，国内外经济形势依然复杂多变。货币政策既要立足国内、以我为主，也要加强国际宏观政策协调。一是随着国内疫情防控形势基本稳定、经济社会发展较快恢复，货币政策应适时逐步退出疫情期间稳健偏宽松的状态，回归稳健中性，实现广义货币量和社会融资规模增长速度与名义 GDP 增速基本同步。二是中国经济在 2021 年一、二季度大概率将出现疫后恢复性反弹，与此同时疫情冲击导致的基期翘尾效应还会进一步放大主要经济指标的反弹力度，对此货币政策当局要前瞻性地预判和甄别，警惕基期翘尾效应导致的误判。三是有效发挥结构性货币政策工具的精准滴灌作用，做到流动性有收有放、结构优化。落实好直达货币政策工具，适度增加普惠性再贷款再贴现额度，加大对小微企业和个体工商户的信贷支持力度。四是在 LPR 报价利率和贷款平均利率降低的基础上，增强利率定价弹性，通过价格机制引导信贷资源配置结构走向优化。五是及时研判国际收支变化，警惕资本项目下的资本流出，避免人民币汇率短期内急剧波动。密切关注美欧等主要发达国家央行货币政策调整，防止内外利差和流动性松紧差大幅变动对中国经济金融体系造成负面冲击。

（四）坚持就业优先政策，做到稳存量、扩增量和提质量有机结合

一是进一步减轻企业负担、增强各类市场主体运转活力。协助暂时性经营困难企业加快夯实自身发展能力，纾解中小民营企业获得金融和优质人力资源等要素的困难，促进初创企业健康壮大，完善灵活就业和新业态就业支持体系，确保就业机会得到持续创造。二是紧密关注重点群体就业，提供多元化、针对性的公共服务。建立高校毕业生就业服务实名清单，重在畅通毕业生与用人方之间的信息流和增加匹配机会，利用线上线下两种通道，增加毕业生专场招聘场次，面向基层和相对落后地区提供更多公共就业岗位，强化对低收入家庭毕业生的就业帮扶。畅通高校毕业生继续深造、参军入伍、自主创业等通道。保障外出农民工公平享受就业服务，全面清理部分城市对于灵活就业人员的不合理限制，降低农民工在务工地的住房、医疗、子女照料等方面的成本，加大力度完善返乡入乡农民工就业创业的帮扶政策。以鼓励市场化就业为主、定向招录为辅，妥善解决退役军人就业，鼓励职业院校扩大对军转、农民工、失业群体的招生。用足用好失业保险基金，确保失业人群基本民生，完善再就业服务。三是加大职业技能提升力度。重点针对农民工、产业结构调整溢出的非熟练工人、就业困难群体等劳动

力群体，实施大规模的公共就业培训，确保技能培训有成效，确保年底实现技能劳动者占就业人群比重达到四分之一以上，鼓励企业实施师带徒技能提升模式。四是促进市场性人力资源服务行业发展，将其作为现代服务业的重要领域，给予必要的政策性支持，推动人工智能、大数据、云计算等现代技术在人力资源服务业中的应用，以此推动就业匹配质量提升。

（五）完善宏观调控跨周期设计和调节，把握好稳增长和防风险之间的平衡

当前宏观调控应改变以往仅着眼于短期的视角，兼顾短期与中长期，统筹做好跨周期设计和调节。一是根据经济恢复进度，适时适度调整逆周期调控政策力度，增强政策的前瞻性。在需求端恢复滞后的情况下，仍应维持一定力度的积极财政政策；未来根据供需平衡动态变化适时调整财政货币政策力度。二是千方百计做好"六保"。"六保"是疫后经济政策的重要抓手，是底线和生命线。当前，"六保"中挑战最突出的是保市场主体和保基层运转。要防止旅游住宿、长租公寓、健身房、室内娱乐等服务业市场主体因日常经营长期中断而出现大面积破产倒闭。对于保运转、保工资、保基本民生出现困难的基层政府，应适度加大转移支付力度，在全国范围内加快完善县级财政库款监测机制，加强监测监督，及时发现风险和解决问题。三是注重货币政策的灵活性，主动加强流动性管理。引导和支持银行补充资本金，主动应对不良率上升，防止风险积聚和蔓延。四是加强政策协调配合，促进财政货币政策同就业、产业、区域等政策形成集成效应。力求同向发力，避免相互掣肘，防止政策对私人部门经济活动产生挤出效应。

五　2021 年经济工作的重点任务

（一）畅通国民经济循环，加快构建新发展格局

把满足国内需求作为发展的出发点和落脚点，加快构建完整的内需体系，大力推进科技创新及其他各方面创新，加快推进数字经济、智能制造、生命

健康、新材料等战略性新兴产业，形成更多新的增长点、增长极，着力打通生产、分配、流通、消费各个环节，以畅通国民经济循环为主，加快构建以国内经济大循环为主体、国内国际双循环相互促进的新发展格局。一是在生产环节，要增强技术创新能力，加快补齐核心关键技术的"卡脖子"短板。增强产业链各环节之间衔接效率，确保供应链安全，提升增加值创造能力，不断巩固中国在全球产业分工中的优势地位。根据需求变化规律相应调整生产结构，在供需再平衡中释放经济增长动能、提高各类资源配置效率。二是在分配环节，要继续提高劳动报酬在 GDP 中的占比，提高人均可支配收入水平，壮大中等收入人群规模，要扩大人力资本投入，使更多普通劳动者通过自身努力进入中等收入群体，增强社会流动性。三是在流通环节，在继续强化优化交通、物流、通信等传统基础设施的基础上，要加快推广大数据、云计算、人工智能、物联网在物流领域的产业化运用，新旧基础设施并重，降低流通环节成本。四是在消费环节，要着力扩大内需，平衡好消费和投资的关系，既要积极扩大消费，也要防止投资增速过快下滑。

（二）大力促进科技创新，持续推动产业升级

全面加大科技创新和进口替代力度，既是深化供给侧结构性改革的重点，也是实现高质量发展的关键。一是加强基础研究，对关键"卡脖子"技术，发挥新型举国体制优势，推动重要领域关键核心技术攻关。促进技术突破与重大需求有机结合，加强应用基础研究，突出关键共性技术、前沿引领技术、现代工程技术、颠覆性技术创新，推动产业绿色化、智能化、定制化发展，为建设质量强国、网络强国、数字中国、智慧社会提供有力支撑。二是加强政产学研用金对接，布局国家级和省级创新中心建设，建立以应用为导向的创新成果提升机制。围绕重大工程实施，建设若干具有国内先进水平的工程化平台，发展一批产业创新联盟。要创新科技成果转化机制，发挥企业主体作用和政府统筹作用，促进资金、技术、应用、市场等要素对接，努力解决基础研究"最先一公里"和成果转化、市场应用"最后一公里"有机衔接问题，打通产学研创新链、价值链。三是充分发挥完备产业配套条件的优势，

着力提升制造业竞争力，加强制造业创新体系建设，推进产业强基再造工程，强化产业链和供应链保障和安全，加快推动制造业转型升级和高质量发展。四是顺应新一轮科技革命和产业变革趋势，以智能制造为主攻方向，加快工业互联网创新发展，加快制造业生产方式和企业形态根本性变革，夯实融合发展的基础支撑，健全法律法规，提升制造业智能化、网络化、绿色化发展水平。五是抓住机遇引进国际人才。采用一事一议政策，针对"卡脖子"技术攻关项目重点引进核心人才，组建实验室团队，培养后续梯队。对一般的基础研究和科技人才，实施普惠性人才激励政策，通过所得税减免、股权激励、提高薪酬待遇、建立国际人才社区等政策为国际人才提供发展平台和优质生活环境。

（三）推动重大改革举措落实落地，激发市场主体发展活力

促进经济持续健康发展，要用好深化改革这个根本动力，推进重大改革举措落实落地。一是把完善产权制度和要素市场化配置作为经济体制改革的重点。深化国资国企改革，强化关键技术创新，实现结构性动态调整；支持非公经济发展，优化营商环境，激发创新创业潜能；畅通要素自由流动，推动更多事项"跨省通办"，加快形成全国统一大市场。二是加快土地要素市场化配置，促进都市圈与城市群发展。建立健全城乡统一的建设用地市场，盘活农村存量集体建设用地；建立全国性的建设用地、补充耕地指标跨区域交易机制。三是加快农业转移人口市民化进程，畅通社会流动渠道，提高居民收入。推动超大、特大城市调整完善积分落户政策；建立城镇教育、就业创业、医疗卫生等基本公共服务与常住人口挂钩机制，推动公共资源按常住人口规模配置；畅通劳动力和人才社会性流动渠道，形成全国城乡统一的劳动力市场。四是加快完善资本要素市场化配置，改革完善股票市场发行、交易、退市等制度，对公司信用类债券实行发行注册管理制。五是加快完善技术要素市场化配置，激发企业和科研人员创新活力。建立健全职务科技成果产权制度；培育发展技术转移机构和技术经理人。六是加快完善数据要素市场化配置。根据数据性质完善产权性质；制定数据隐私保护制度和安全审查制度；

推进政府数据开放共享；提升社会数据资源价值；培育数字经济新产业、新业态和新模式。

（四）推进更高水平对外开放，打造国际合作和竞争新优势

要全面提高对外开放水平，建设更高水平开放型经济新体制，形成国际合作和竞争新优势。一是努力构建国际合作新优势。加快推进海南自由贸易港、《外商投资法》及配套法规、《国务院关于推进贸易高质量发展的指导意见》等政策落地，推进贸易高质量发展"五个优化"和"三项建设"。继续缩减市场准入负面清单，降低进口关税。高质量建设"一带一路"、服务业扩大开放综合试点。维护以世界贸易组织为核心的多边贸易体制，抓紧做好《区域全面经济伙伴关系协定》（RCEP）落地工作，力争《中欧投资协定》尽早签署，加快《中日韩自贸协定》谈判，主动对接《全面与进步跨太平洋伙伴关系协定》（CPTPP），积极参与全球经济治理体系改革，扩大多边和双边合作范围，促进贸易和投资便利化，推进规则标准等制度型开放。二是继续打造国际竞争新优势。扩大先进技术、关键设备及零部件进口，鼓励、支持、引导外资更多投向高新技术、先进制造、现代服务行业，助力经济高质量发展。进一步推动跨境电商等贸易新业态新模式发展。三是更加重视开放安全。拓展多元化进出口市场，构建外贸稳定安全网。增强自主创新能力，同时最大限度用好国际创新资源，突破关键技术瓶颈。保障产业链供应链安全，防范产业空心化风险。健全外资国家安全审查、反垄断审查、不可靠实体清单等管理制度，构建外资合法合规经营的市场环境。实施好《出口管制法》，构建出口合规体系。健全国内产业安全和海外资产保障机制，维护国内产业安全与发展利益，保护海外重大项目和人员安全。

（五）促进形成优势互补、高质量发展的区域经济布局，推动城乡融合发展

一是按照客观经济规律调整完善区域政策体系，发挥各地区比较优势，促进各类要素合理流动和高效集聚，增强创新发展动力，加快构建高质量发

展的动力系统，增强中心城市和城市群等经济发展优势区域的经济和人口承载能力，增强其他地区在保障粮食安全、生态安全、边疆安全等方面的功能，形成优势互补、高质量发展的区域经济布局。要推动城市组团式发展，形成多中心、多层级、多节点的网络型城市群结构。二是以推进城乡基本公共服务均等化为目标，实施基础设施一体化规划和管理、基本公共服务普惠共享，加快城乡一体化发展步伐，加快推进土地和劳动力要素市场化配置，高质量推进新型城镇化和乡村振兴，搭建农村产权保护交易制度框架，为实现"十四五"时期城镇化目标打下扎实的基础。

（六）巩固脱贫攻坚成果，加强保障和改善民生

一是巩固脱贫攻坚成果，完善对脱贫人口返贫防范和跟踪帮扶机制，建立统筹城乡的相对贫困治理机制，坚持将就业视为最大的民生，公共就业政策和服务要提高对重点人群的针对性，着力强化稳就业对于巩固脱贫攻坚成果的作用。二是完善住房保障体系，坚持"房住不炒"定位，大力发展租赁住房市场，租购并举，完善多渠道多主体供给，更好满足基本住房需求和改善性住房需求。三是坚持生命至上，深入推进医疗卫生领域改革，夯实传染病防治能力和基本医疗服务能力，加快实施分级诊疗，严格食品药品监管。再将一批救命救急药品纳入医保报销范围，合理提高报销比例。四是切实降低生育和婴幼儿照料的各类显/隐性成本，着力提升家庭生育意愿和养育能力，让更多家庭获得天伦之乐。五是持续推进基本养老保险制度改革，保障基本养老金足额发放，适当提高农村养老保险待遇，加快推进基本养老保险全国统筹。加快完善养老照护体系，全面放开养老市场并鼓励更多民间资本和境外资本进入养老服务业。

六　2021 年中国经济主要指标预测

目前中国的新冠肺炎疫情防控已取得阶段性成效，但从全球范围来看，疫情形势并没有得到缓解，疫情的发展形势仍存在较大的不确定性。

控制疫情全球大流行最根本的措施是尽早研制出安全可靠的有效疫苗。目前已有部分疫苗通过了Ⅲ期临床试验，并将逐步投放市场。但疫情在不同国家仍会起起落落，世界可能在一段时期内仍存在疫情局部热点地区。

假如今冬明春中国疫情只有局部零星散发且都能得到有效处置，预计2020年中国经济增长2.2%左右。主要经济指标预测结果见表1。

展望2021年，受2020年经济增长基数较低影响，考虑到宏观调控的跨周期设计与调节，预计2021年中国经济增长7.8%左右。

需要说明的是，上述对2021年的预测，可能因为2021年疫情发展态势的超预期变化而存在调整的风险。

表1　2020~2021年中国经济主要指标预测

单位：%

主要经济指标	2019年统计值	2020年预测值	2021年预测值
GDP实际增长率	6.1	2.2	7.8
工业增加值实际增长率	5.7	2.4	7.7
服务业生产指数实际增长率	6.9	2.0	7.9
社会消费品零售总额名义增长率	8.0	-4.5	9.0
全国固定资产投资累计名义增长率	5.4	2.6	7.5
基建投资（不含电力）累计名义增长率	3.8	1.5	5.0
制造业投资累计名义增长率	3.1	-4.0	6.5
房地产投资累计名义增长率	9.9	7.8	8.0
出口总额名义增长率（以美元计）	0.5	3.0	6.0
进口总额名义增长率（以美元计）	-2.7	-3.5	5.0
居民消费价格（CPI）上涨率	2.9	2.7	1.5
生产者出厂价格（PPI）上涨率	-0.3	-1.9	1.0
M2余额增长率	8.7	10.3	9.0

参考文献

蔡昉主编《"大流行"经济学：应对疫情冲击与恢复经济增长》，中国社会科学出版社，2020。

谢伏瞻主编《迈上新征程的中国经济社会发展》，中国社会科学出版社，2020。

中国社会科学院宏观经济研究中心课题组：《未来 15 年中国经济增长潜力与"十四五"时期经济社会发展主要目标及指标研究》，《中国工业经济》2020 年第 4 期。

中国社会科学院宏观经济研究中心课题组：《注重宏观调控跨期配置 畅通国民经济内外循环》，《财经智库》2020 年第 5 期。

中国社会科学院宏观经济研究中心课题组：《疫情常态化防控下精准加力扩大内需》，《财经智库》2020 年第 4 期。

中国社会科学院宏观经济研究中心课题组：《应对疫情全球大流行冲击 实施一揽子纾困救助计划》，《财经智库》2020 年第 2 期。

World Trade Organization, "Goods Barometer Confirms Steep Drop in Trade But Hints at Nascent Recovery," 19 August 2020, https://www.wto.org/english/news_e/news20_e/wtoi_19aug20_e.htm.

International Monetary Fund, "World Economic Outlook: A Long and Difficult Ascent," October 2020, https://www.imf.org/en/Publications/WEO/Issues/2020/09/30/world-economic-outlook-october-2020.

宏观形势与政策展望篇

Macroeconomic Situation and Policy Outlook

B.2
中国经济展望："双循环"
与宏观资源配置体制改革

张　平 *

摘　要： 中国在全球新冠肺炎疫情冲击下"先进先出"，经济全面复苏。
2020 年经济增长预计 2.1%，展望 2021 年中国经济增长预计到 9%，
两年平均在 5.5%，经济恢复到潜在增长水平。但全球因疫情冲击
经济收缩，供应链调整，中国为应对全球经济变化提出了"双循
环"的新的发展战略思路。新的战略转型阶段性趋势特征已经显
现，但与之配套的宏观资源配置体制改革则仍未全面展开。中国

---

* 张平，中国社会科学院经济研究所研究员，主要研究方向为中国经济增长、宏观政策和上
市公司等。

宏观资源配置体制是基于出口导向的国际"大循环"战略而建立的，因此推动基于"双循环"发展的宏观资源配置体制调整成为最重要的改革领域。只有基于新的发展阶段和"双循环"战略目标下的宏观资源配置体制再建设和对原有体制进行改革，才能从机制层面上推动中国战略转型取得成功。

关键词："双循环"　宏观经济　资源配置

　　2020 年受疫情冲击，全球经济收缩，这次由自然灾害导致的全球经济冲击不同于以往的全球化危机，是继全球经济危机、金融危机后的第三种类型的全球危机冲击，即自然危机冲击。1929~1933 年全球发生的经济危机，2008 年由美国房屋贷款问题引发的全球金融危机，都来自经济体内部的失调。经济危机被定义为有效需求不足的危机。马克思认为，资本主义的周期波动源于"私人占有与社会大生产的矛盾"，私人占有导致的消费不足和资本追逐利润导致的无限性社会扩大再生产的矛盾，即资本剥削劳动导致的供需内生矛盾。经济危机内生问题一直困扰着资本主义生产方式。为了解决经济危机，西方采用了改良主义思路，以凯恩斯为代表的经济学家与政治家强调通过刺激"有效需求"来平缓经济危机冲击，短期靠财政政策和货币政策来平缓波动，长期通过建立社保体系、增加教育投入等公共支出改善社会福利，进行要素收入再分配调整等政策，扩张有效需求，平抑周期。然而公共福利扩张降低了效率，增加了负债。20 世纪 70 年代受石油危机冲击出现了"滞涨"，为此，提出"减税"与技术创新推动新周期，所谓真实周期理论，希望供给创造需求，而后遭受互联网泡沫危机，西方一直未能消除有效需求不足的内生矛盾。

　　21 世纪以来发达国家为刺激需求进行负债性扩张，开始持续降息，通过提高住房信贷规模来扩大需求，并推动经济转向以房地产和金融为基础的所谓财富阶段。低利率和财富效应推动了需求增加，经济进入"大缓和"。但由低利率和负债推动的需求增加是不可持续的，2008 年爆发美国次贷危

机，引发全球金融危机，2010年爆发欧债危机，其鲜明特征是高负债与流动性的危机，靠负债来平衡需求的方式再次遭到了打击。政府通过国家信用进行"量化宽松""扭转交易"等方法缓解流动性矛盾，并靠降低利率来缓解资产负债表恶化，但危机仍没有被克服只是被延缓了，债务累积越来越高。人类从有效需求不足的单一实体危机转向负债提升引起的"金融危机"，金融危机可进一步演化为全球货币体系危机。

2020年突如其来的新冠肺炎疫情引起的全球经济衰退，应该归因于自然危机冲击。全球气候变暖导致的自然灾害不断"涌现"，引起了全球产业链因自然危机冲击而出现断链的情况时有发生。2020年疫情暴发进而引起全球"自然危机"，直接导致全球分工体系下的产业链供给大面积中断，引爆了短暂的"金融危机"和全球经济衰退，全球经济与经济危机、金融危机、自然危机三种危机相伴而生。"自然危机"最大的问题是其很多变化是人类无法预测的，原有很多线性思维是错误的，特别是全球产业链安全问题、全球经济合作问题被更为关注。自然危机不可预测和非均衡性冲击的特征，可能导致原有的"毕其功于一役"的短期总量救助政策出现较大的纰漏。疫情直接冲击了全球脆弱的经济体系和协调机制。自然危机的传递方式、持续时间、冲击不均衡等都具有不确定性，明显带有改变现实经济结构的长期效应。这次由疫情引起的全球经济衰退是不同寻常的，引发了对疫情—医疗救助、社会福利、全球协调与分工体系、政策救助方式、全球可持续发展等多个议题的全面讨论。

中国在此疫情冲击下，"先进先出"为全球抗疫和保持全球产业链供给提供了重要的经验，但本身也受到很大的冲击，出现了单季度经济负增长，全年经济增长预计2.1%，低于原有的潜在增长均值线。展望2021年，全球经济将逐步复苏，但会出现再平衡，中国为应对全球经济变化提出"双循环"的新的发展战略思路，对中国经济长期增长具有深远的影响。本文结合危机冲击带来的直接影响进行分析和展望，并希望能从当前趋势与发展战略转型两个角度进一步讨论"双循环"战略转型的阶段性趋势特征和与之配套的宏观资源配置体制的改革方向和方式，从机制层面上探索推动中国战略转型之路。

一　中国经济全面复苏

受疫情冲击，IMF 预测 2020 年全球经济收缩 4.4%，而 WTO 估计全球贸易保守估计收缩 19%~34%，这是全球经济最严重的一次收缩，超过了 2008 年全球金融危机。在这一冲击下，各国采取了不同的抗疫和经济激励政策。按照第一财经研究院根据多维指标的排名，中国在全球防疫和经济复苏的评估中排名第一，抗疫后经济复苏也最快，而且付出的经济激励最少。

中国政府把抗疫作为政策优先目标推动了中国抗疫"先进先出"，最先走出疫情，经济率先恢复，成为 2020 年全球经济唯一正增长的经济体，给各国面对自然危机冲击提供了最重要的经验。发达国家明显希望通过经济刺激政策来平稳疫情—金融和经济的收缩，经济激励效果很强，但抗疫效果不理想，直接导致抗疫—经济复苏效果不尽如人意。但其对居民的直接补贴稳定了消费也是重要的经验。当前疫情仍存在不确定性，特别是疫情反复，导致经济复苏不稳定，而政策激励成本上升过快，危及经济的长期稳定性和未来政策操作空间。

疫情冲击下，全球原有的分工体系虽未被破坏，但各国家和区域采取了封国封城的措施（lock down），全球经济活动明显下降，全球分工和供应链体系中断，全球贸易的巨大收缩拖累了全球经济发展，全球供应链调整在这次冲击下会加速。根据麦肯锡 2020 年 8 月的报告，全球价值链因自然冲击中断的风险不断上升，尤其是这次疫情的冲击最为严重，很多国家和企业认为的"安全"因素，即适当分散供应链供给，在医药和服装方面（包括口罩、医护服装等）体现得尤为明显。全球价值链方面，仅以单一低成本为基准的供应链分工准则发生变化，快速满足市场需求和安全供给等成为新的重要的考量因素，全球价值链追求的单一效率基准，被"安全"因素、即需即供（AI 供给模式）和消费市场规模等新因素所矫正，全球供应链面临加速调整。

在疫情冲击下，基于杰出的抗疫部署、完整的生产体系和快速复工的政策支持，中国经济增长率先转正，2020 年一季度为 -6.8%，二季度转正为 3.2%，三季度进一步复苏至 4.9% 的水平，前三个季度 GDP 增长 0.7%，GDP

增长转正，四季度预计达到 5.5% 的水平，全年预计为 2.1% 的增长水平，2021 年进一步复苏至 9% 左右的水平，两年平均大致在 5.5% 的水平，迅速恢复到中国潜在增长率的均线水平。中国成为全球疫情冲击下最快恢复长期增长趋势的国家。

中国的经济增长依然遇到多方面的挑战，这是由疫情冲击的非均衡特征所决定的，更多地表现为中小企业抗风险能力弱，导致失业—消费不足的冲击。中美贸易摩擦与全球产业链调整带来了出口企业发展的不确定性等问题。在区域上则表现为各个区域在社会保障安全覆盖方面依然不足，地方财政收入下降、负债提高与地方中小银行坏账上升等。在宏观上表现为：①国内消费复苏迟缓，扩大内需压力很大；②国际出口韧性强，出口带动明显，但全球经济和贸易收缩对出口的持续性带来挑战；③资产负债率持续扩张和高利率下的资产负债表有恶化趋势，民间投资前三季度依然为负增长，投资意愿弱，国内货币政策一方面大幅度增加了货币供给，另一方面保持了较高利率，对高负债率的资产负债表形成直接的压力，资产负债表恶化影响了所有部门的支出意愿；④财政收入与财政支出水平的不匹配加剧，积极财政政策出现疲态；⑤国内通缩趋势没有得到缓解，9 月 CPI 为 1.7%，PPI 重新归于 −2.1%，低于市场预期，通缩压力依然较大。

中国总体经济向好趋势不变，但在全球疫情依然肆虐的条件下也面临挑战，以下我们依据 2020 年前三季度数据，展望 2020~2021 年中国经济发展形势。

（一）中国经济增长

预计中国 2020 年经济增长 2.1%，2021 年经济增长达到 9% 左右。从三季度中国经济增长情况看，消费没能达到复苏水平，第三产业也低于预期，四季度随着国内疫情防控形势进一步好转，消费和服务业将进一步复苏，环比增长可能保持 2.2% 的较高水平，预计 2020 年四季度经济增长 5.5%，全年经济增长达到 2.1%，IMF 预测中国 2020 年经济增长为 1.9%，是全球唯一经济保持正增长的国家。展望 2021 年，在没有新的疫情冲击下，中国经济仍然保持增长态势，假设 2021 年按正常 2019 年的环比计算，2021 年一季度经济增长 19.5%（这是由 2020 年一季度经济增长 -6.8% 造成的），而后逐季度正常化，2021 年预计经济增长 9.4%，略微偏高，主要是没有对 2019 年后经济趋势性放缓做环比修正，特别是未对疫情后全球经济收缩做相应调整，且统计局对 2019 年经济环比数据调整幅度比较大，略高估，外加一定的季节性偏差，我们主要模拟增长趋势。IMF 预计中国 2021 年经济增长 8.2%。表 1 中季度对比方面，彭博预测值略高，但趋势相同。按预测值 2020 年经济增长 2.1% 和 2021 年经济增长 9.4%，两年平均增长 5.7% 的水平，恢复至潜在增长水平。疫情冲击将使中国经济增长从 2019 年的 6.1% 放缓至 2020~2021 年 5.7% 的平均水平，增长依然是很强劲的。

表 1　2020 年预测与 2021 年模拟预测

单位：%

时间	GDP 当季环比（预测）	GDP 当季同比（预测）	GDP 累计值同比（预测）	GDP 当季同比（彭博预测）
2020 年 12 月	2.2	5.5	2.1	6.1
2021 年 3 月	1.9	19.5	19.5	16.3
2021 年 6 月	1.3	8.3	13.3	7.7
2021 年 9 月	1	6.6	10.8	5.8
2021 年 12 月	1.6	5.9	9.4	5.3

资料来源：国家统计局网站，Wind。

（二）中国经济结构继续向好，消费仍未完全恢复

中国经济增长动能转化方面，从上半年主要靠投资和出口拉动转向三季度比较均衡的结构，消费拉动了 1.71 个百分点，投资拉动了 2.55 个百分点，出口拉动了 0.64 个百分点，可以看出投资与 2019 年全年的水平相当，出口较 2019 年三季度水平略弱，而消费则不及正常年景的一半，未来提升空间主要在重振消费需求上（见表 2）。

中国的消费仍处在逐步恢复中，未来阻碍消费复苏的主要因素是：城市失

业率为 5.4%，虽然不断降低，但三季度末，农村外出务工劳动力总量 17952 万人，比上年同期减少 384 万人，同比下降 2.1%，劳动力市场没有较快的恢复，相应消费者收入增长放缓。城市内的交通拥挤达到了疫情前的水平，但城际间的航空客运仍然不到疫情前的八成，服务业三季度增长 2.2%，生产服务指数 −2.6，服务业仍在恢复中。此外家庭负债率进一步上升，未来将影响消费支出。

表 2 中国经济增长动能转换			
			单位：个百分点
时间	最终消费支出	资本形成总额	货物和服务净出口
2019 年 9 月	3.53	1.62	0.85
2019 年 12 月	3.47	2.66	−0.1
2020 年 3 月	−4.4	−1.5	−1
2020 年 6 月	−2.4	5.01	0.53
2020 年 9 月	1.71	2.55	0.64

资料来源：国家统计局网站。

（三）负债率上升与利率较高的压力

2020 年上半年杠杆率由上年末的 245.4% 上升到 266.4%，后两个季度预计仍会增加（见图 1）。从负债率增幅看，一季度增幅攀升，二季度增幅为 7.1%，随着经济的进一步复苏，负债率增幅平稳，下半年为 5%，2020 年全年按平稳增幅 8% 计算，2020 年杠杆率达到 275% 的水平。居民部门负债率从 55.8% 上升到 59.7%，上半年居民部门还短借长，消费信贷增长 −10%，而中长期住房贷款和经营贷款增长 15%。企业部门负债率从 2019 年的 151% 上升到 2020 年上半年的 164%，二季度增幅下降，主要是信托等融资下降较快，直接融资增幅大，有效地抑制了非金融部门的负债扩张，是"比较友好"的负债结构调整。2020 年一、二季度，政府部门杠杆率分别上升了 2.2 个和 1.8 个百分点，上半年共上升了 4.0 个百分点，由上年末的 38.3% 上升到 42.3%。政府逐步成为最重要的融资市场主体之一，2005~2014 年政府主要是融出部门，到 2015 年由于地方政府一般债券、专项债规模发行，加上城投债等广义政府融资，政府融资在新增融资中占比超过 30%，成为新的融资主体，也体现了政府债务水平不断上升。

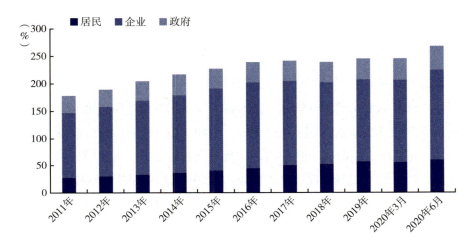

图 1　中国资产负债表

资料来源：国家金融与发展实验室网站。

负债率不断上升，一方面要解决流动性压力，倒逼央行不断释放流动性进行节点性缓解，另一方面对利率高度敏感。如 2020 年上半年，由于居民经营贷款利率低于房地产抵押贷款利率，经营贷款进入房地产，而后在政府政策干预下这一趋势才得到遏制。地方政府通过地方专项债的低利率对原有影子银行负债进行替换等缓解了一定压力。总体来讲，中国的利率保持在较高的水平，负债滚动越来越困难。以上市公司的净资产（ROE）回报率看，上市公司的 ROE 水平 2015 年以来一直低于负债率水平，公司很难通过经营收入对负债成本进行覆盖，企业会不断滚动其负债。政府也面临同样的问题，税收收入不断下降，导致税收覆盖利率能力下降。居民收入 2020 年增速放缓，未来也会遇到负债压力。中国利率保持在较高的水平上，一年期 LPR 为 3.85，五年期为 4.65，这是用于指导国内住房信贷及其他贷款利率水平。而市场决定的十年期国债 10 月 9 日保持在 3.16 的水平，相对于美国的十年期国债 0.76，

二者相差 240 个 BP, 比中、美利差一般的均值在 80~120BP 的合理利差区间的上限高了一倍, 欧、日等发达国家和地区则处于负利率区间。全球发达国家低利率资金不断流入中国债券市场进行套利活动, 获取较高的安全收益率, 但较高的利率对于国内资产负债表改善是没有帮助的。

(四) 财政收支匹配度进一步下降, 狭义赤字、广义赤字均提高

2020 年 1~9 月累计, 全国一般公共预算收入 141002 亿元, 同比下降 6.4%。全国税收收入 118876 亿元, 同比下降 6.4%。其中国内增值税同比下降 13.5%, 国内消费同比下降 5%。关税 1653 亿元, 同比下降 11.6%, 出口退税同比下降 12%, 企业所得税同比下降 4.9%。实现正增长的是, 个人所得税同比增长 7.3%, 印花税 2271 亿元, 同比增长 30.3%。其中, 证券交易印花税 1644 亿元, 同比增长 53.4%, 烟草、车船税同比增长 2.9%。非税收入 22126 亿元, 同比下降 6.7%。从税收可以看出, 企业生产缓慢恢复, 个人和金融投资活跃度大幅提高。1~9 月累计, 全国一般公共预算支出 175185 亿元, 同比下降 1.9%。为了抗击疫情, 中央政府扩大赤字, 发行特别国债, 增加地方专项债, 但地方财政收支赤字扩大。1~9 月政府收入的另一个弥补就是国有土地使用权出让收入 49360 亿元, 同比增长 10%。

财政收入下降和持续的公共服务支出刚性扩张成为当期比较突出的困局, 表现在: ①产业收税能力不断下降与公共服务支出不断扩大的不匹配, 需要调整税收结构; ②向个人征收高税收与享受公共服务不匹配, 需要调整公共服务与纳税之间的关系; ③中央与地方收支不匹配, 靠转移支付与基于城市的本地化服务难以应对; ④依靠土地基金的持续性在短期仍然有效, 但长期与"房住不炒"的战略方针是冲突的, 住房价格高企不利于社会福利的提高。

疫情冲击下中国的福利安全体系仍不完善, 公共支出持续上涨是必然趋势, 现在主要靠公共举债来完成, 特别是财政困难的地方政府大举举债, 地方财政与地方城商行、农信社等地方金融一体化, 地方金融风险也因政府财政收入支出赤字的扩大而不断累积。中国中小银行的风险水平不断提高。

中国政府财政收入包括税收收入、非税收入、政府性基金收入、土地出

让金、社会保障缴费收入、国有资本经营收入等。严格按 IMF 的政府财政收入统计口径计算 2018 年政府财政收入占 GDP 的比重为 28%，高于美国的 24.3%，接近于日本的 30%，低于欧洲如德国的 35%，中国在人均 1 万美元的情况下已经和发达国家的宏观税负水平相当，而福利支出低于发达国家，中国 2018 年福利支出占 GDP 的比重为 13%，低于美国的 18.7%、日本的 21.9% 和德国的 25.1%，特别是中国福利支出不均等，40% 的农村人口覆盖不足，仍需持续提高福利支出水平，一方面要大幅度调整政府财政收入结构和来源，进行税收改革；另一方面要大力发展民间的补充社会服务，如商业保险、相互社会保障等品种的供给，通过免税等方法激励其发展，弥补公共福利支出不足。

表3　IMF口径的中国政府财政收入占 GDP 比重			
			单位：亿元，%
年份	IMF 口径的政府财政收入	国内生产总值	占国内生产总值的比重
2007	63643	270092.3	23.6
2008	77622	319244.6	24.3
2009	87313	348517.7	25.1
2010	105742	412119.3	25.7
2011	132986	487940.2	27.3
2012	152224	538580.0	28.3
2013	169952	592963.2	28.7
2014	185211	643563.1	28.8
2015	200174	688858.2	29.1
2016	210065	746395.1	28.1
2017	230540	832035.9	27.7
2018	257770	919281.1	28.0

资料来源：《2007-2018 年 IMF 口径的我国政府收入占 GDP 比重》，财税思想馆公众号，2020 年 7 月 25 日。

（五）全球经济收缩冲击进一步调整中国的外循环体系

2020 年疫情冲击下全球经济进一步收缩，按 IMF10 月的预测，全球经

济收缩 -4.4%, 2021 年全球经济将有所恢复, 但两年相应加权数都低于原有的全球经济增长 3% 的轨道, 欧美等国家疫情二次暴发, 2021 年上半年经济形势依然不乐观, 特别是全球封国封城"lock down"的情况仍然没有放松, 2021 年一季度经济恢复仍然会很慢, 特别是全球贸易增长将更为缓慢。中国疫情防控形势向好, 全球对中国价值链依赖较大, 中国 2020 年出口取得了可喜的成就, 但外部冲击的持续和因疫情导致的全球价值链重新调整不可避免, 加上中美贸易摩擦, 中国出口面临挑战, 预计 2021 年下半年出口将出现疲态。

中国经济从 2020 年四季度到 2021 年一季度会加速恢复, 2021 年二季度后逐步恢复为常态增长, 中国经济将全面复苏, 也迎来了开启"双循环"发展路径的逐步切换过程, 这一转换的关键就是宏观要素配置体制改革, 只有建立新的激励体制, 才能促进战略转换, 而不会因原有体制而锁定路径。

二 中国经济"双循环"战略的必然与资源配置体制改革滞后的挑战

全球疫情冲击加快了中国从出口导向工业化的国际"大循环"战略向基于城市化和工业化新的"双循环"战略转换。中国出口导向的国际"大循环"战略早在 2012 年就达到了顶峰, 2013~2015 年进入过渡期, 2016 年以来中国实质上已经进入"双循环"阶段。2020 年随着疫情对全球经济的重塑, 中国的"双循环"战略转换已经是必然的选择了。然而任何一个战略转变, 并不是必然就能顺利完成的, 而是需要资源配置体制的改革。

(一)中国经济与资金循环转变的经验事实

中国经济与资金循环的体系是在 1994 年后逐步形成的基于出口导向工业化的资金循环体系, 根据国际收支平衡表, 持续的贸易盈余, 加上 FDI 双顺差流入, 央行再把大量的外汇储备投向储备货币国家的债券市场, 形成央行资产负债表的外汇资产, 发行货币。这套资金环流机制非常有利于出口导向型经济的发展, 因为它是基于外汇资产抵押的货币发行, 币值稳定, 2013 年我国外汇资产占央行总资产的83%，达到顶峰。这也克服了多年来仅凭政府信用进行货币发行导致通货膨胀的问题。之后，中国出口贸易盈余不断减少，占GDP的比重不断下降。特别是2015年以来，中国进行了汇率的市场化改革，2016年人民币加入SDR，汇率双向波动和资金双向流动。2015年外汇资产大幅下降到56%，为此，原有的资金循环体系受到了挑战，尽管2020年预计贸易盈余、FDI和证券资金流入，但依据"双循环"的阶段性发展特征，这也不是一个可持续的过程。央行现在实施积极的金融开放，逐步改变这一资金环流情况，但基于出口导向的资金环流模式确实需要改革了。

从图2可以详细分析其特征：①贸易盈余占GDP的比重不断上升，2007年达到顶峰，国际贸易净额占GDP的比重在2007年一度达到8.7%，而后开始下降。②外商直接投资持续保持高位，直接投资净额占GDP的比重在1993~2007年基本保持在4%~5%的较高水平，2007年开始逐步下降。2019年中国国际贸易净额占GDP的比重已降至1.1%，直接投资净额占GDP的比重也降至0.4%。③央行主导下将累积的外汇资产用金融投资的方式购买美国、欧洲、日本等储备货币国债券。中国通过出口和吸引外资，不断累积外汇储备，大量外汇主要作为储备投资到美国国债等储备货币国的资本市场，一部分汇回海外投资者，这样就可以看到大量的金融投资净额为负。④海外收入净额为负，即近年来ODI及大量私人外汇流出也没有获得海外收入净额为正，相对日本海外收入占GDP3%~4%的水平，德国、美国也为正，即通过获得海外要素投资的正回报弥补国内投资回报不足。

从2019年资金环流的改变看，外商直接投资为1103亿美元，而中国对外直接投资为1006亿美元，二者大抵相等。中国2016年加入SDR以来，资本与金融账户开放加快，证券投资组合中直接投资中国的资金不断涌入，2020年中国相应地取消了QFII的投资限制，发放了外资金融牌照，加快了金融对外开放，证券投资组合的投资2020年预计会创新高，进而改变资金流程。

通过商品和资金循环可以看出，中国的出口导向工业化进程由加速已转为趋于平衡，中国经济出口导向的国际"大循环"战略必然要让位于"双循

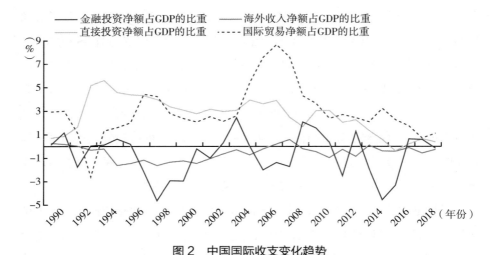

图2　中国国际收支变化趋势

资料来源：基于中国外汇管理局网站的国际收支平衡表，由中国宏观经济研究院陆江源博士计算而得。

环"战略。然而战略转变并不是一蹴而就的，必然要伴随着资源配置体制的转变，若没有资源配置体制的转变，战略转变会与资源配置体制发生冲突。

（二）中国经济"双循环"战略转型下的资源配置体制改革滞后的挑战

回顾中国出口导向战略转变与资源配置体制转变的历史，可以更加清晰地理解资源配置体制转变的重要性。中国1988年提出了国际"大循环"的战略思维，而后受到1988年价格闯关等一系列波动冲击，直到邓小平南方谈话后，市场化改革和对外开放才被重启，开放激活了微观企业，但未形成所谓的出口导向，反而出现了走私进口和海南房地产热的新泡沫，经济过热导致1993年通货膨胀出现，1994年通货膨胀高达24%，中国再次进入了"一放就乱"，为此进行了全方位的宏观调控，特别是宏观资源配置体制的全面改革，包括：①税收体制改革，1994年1月开始实施以工业部门增值税为主体的中央与地方分税制体制。②货币发行体制改革，央行货币供应以外汇储备为基础资产，央行独立性显现，保证了央行币值稳定的基本目标。③金融体制改革，1995年商业银行法出台，银行商业化改革成功，银行上市，改善了银行的治理体系，完成了银行的商业化转型。④国际汇率定价体系完成并轨，1994 年通过汇率并轨，从 1 美元按较低的官方汇率和市场交易汇率进行并轨，人民币并轨，1 美元换 8.7 元人民币，人民币的重新定价充分发挥了中国比较优势，开启了出口导向的工业化进程。1994 年至今中国出口贸易盈余，外商直接投资（FDI）持续流入。⑤产业政策上通过大力兴建特区、开发区等方式吸引全球产业链向中国转移，加快农民工转移就业和推动产业集聚，形成了要素投入的综合比较优势，走上了出口导向工业化道路。⑥贸易政策上通过经常项目贸易自由化，改革国有垄断的外贸体制出口体制，通过出口退税等方式加大激励出口导向政策的支持力度。⑦初步建立社保体系，保证劳动供给的稳定。⑧参与全球化制度体系的改革，中国为了加入 WTO，融入全球贸易规则体系，做了很多的体制改革和调整，包括放松管制、拆分中国电信等行业垄断巨头、改革产业纵向行政管理体系、降级冶金部等多部委为局、国企进行了"砸三铁"等改革，积极发挥市场经济在资源配置中的作用，激发了市场自由竞争，2001 年中国加入 WTO，奠定了中国出口导向的市场化制度基础。基于出口导向工业化战略的中国宏观资源配置体制逐步形成，全力支持出口导向工业化战略。财政分税制改革后，各地为发展经济而展开竞争，为此，大量的学者进行了分析，并用"锦标赛"、地方"联邦主义"、地方良性竞争的"竞争中性"等理论加以概括，本质就是全国各地通过全方位"招商引资"，鼓励外商企业独资和合资，加速中国经济的开放步伐。中国加入 WTO 后，出口导向工业化在制度上更为成熟，中国出口占全球出口总额的比重于 2015 年达到顶峰，中国大陆出口占全球出口总额的 13.79%，加上中国香港的 3.1%，中国出口占全球出口总额的比重高达 16.89%，而后该份额有所下降，2020 年疫情冲击下，该份额依然保持高位，并有可能创历史新高，但其对中国经济的拉动作用明显下降。随着全球产业链的再调整，该份额进一步提升的空间不大，会适当下降。

中国出口导向工业化的高速发展形成的国际"大循环"不仅是战略的选择，更是基于宏观资源配置体制的改革。没有宏观资源配置体制导向的改革和市场化的激励，一个好的战略是难以实施的。2020 年中国面对世界未有之

大变局，提出的"双循环"战略转型顺应了经济发展的趋势，但在转型中针对资源配置体制需要做巨大的努力，否则依赖于出口导向的资源配置体制会锁定原有发展路径，战略意图与配置体制激励不相容，将会造成新的扭曲，为此，宏观资源配置体制改革已经时不我待。

三 "双循环"战略下的资源配置体制的调整与改革

中国"双循环"战略需要对原有的基于出口导向的资源配置体制进行调整与改革。资源配置体制从促进出口导向工业化"大循环"调整为符合以工业化与城市化为基准的国内国外"双循环"。从 GDP 单一经济绩效目标转向包含经济创新增长与人的发展的社会综合福利目标。基于工业化和城市化以创新和人的发展为导向的转型需要建立新的资源配置体制，包括财税体制、金融体制、政府治理体制、市场制度和相关激励导向。当期转型的难度是巨大的，主要是：①经济增长减速和土地城市化后，累积了大量的风险，又同时要转型，需要协调好处置风险和改变增长路径的平衡问题；②激励兼容性，中国基于出口推动工业化进而实现 GDP 高速增长的激励逻辑、目标相容性强，因此经济因素自身形成了"正反馈"机制，增长替代所有，而现在需要在经济创新—效率目标中加入大量的非经济因素，使文化、政治、法律、社会、绿色等积极转型因素与经济转型因素协调一致，其中平衡是关键；③人民参与式改革是转型的重点，让更多的人广泛参与转型，并让其受惠，普惠性的福利体制和国家治理转型都包含在其中，只有这样才能改变原有路径依赖，推动国家战略转为"双循环"发展，进入中国经济高质量发展路径。

中国财政、金融、政府治理等宏观资源配置体制改革的当务之急就是，一方面要完善国家防范系统性风险和激励经济转型的新宏观资源配置体制，保障中国经济高质量发展的平稳；另一方面基于国家现代化目标完善国家治理体系，从全球增长的一般规律看，只要中国名义 GDP 增速保持高于发达国家的均值（3%），名义 GDP 增速维持在 4% 以上，保持汇率的稳定，中国与发达国家人均 GDP 的差距就会不断收敛，并成功跨进高收入国家行列。保持

"稳中求进"，在宏观稳定的同时，进行适应发展阶段的体制改革，激励国家向高质量现代化国家转型。

（一）要素配置体制的改革，形成消费—创新的新循环

出口导向工业化的一个鲜明特征就是通过压低劳动要素价格、提高资本回报率的方式进行更高水平的资本积累和更多的剩余劳动转移。这是该发展阶段最为重要的特征，在宏观上表现为高增长、高投资、高出口和低消费。在货币政策上则表现为贬值和以外汇占款为基准的货币稳定供给。货币供给方面，是以贸易盈余和外商直接投资获得的外汇资产作为货币发行的基础。税收政策方面，也是在资本积累和提高资本回报上给予很大的支持。压低劳动要素价格本身是中国存在大量剩余劳动力的必然结果，同时也符合促进出口导向工业化的资源配置体制政策，适应当时的经济发展阶段，对中国经济高速增长、突破贫困陷阱起到了积极的作用。中国 2019 年城市化率突破 60%，人均 GDP 突破 10000 美元，未来几年将成功跨越"中等收入陷阱"，进入高收入国家行列，这是一个重大发展阶段的转折期，"十四五"时期是这一转折的关键期。经济目标从物质化生产转向以人民为中心的高质量发展是这一阶段最为重要的战略转型。其中要素配置体制改革是关键。

改革资源配置体制最好就是从财政入手，首先，改革基于工业化建构的财政体系，特别是如何提高劳动者的分配份额，并扩大知识、数据等新生产要素在要素分配中的份额。通过再分配调整收入差距，形成新的经济循环，即通过普惠化地提高"广义人力资本"，如教育、科学、医疗、体育、娱乐、数字化服务等的比重，促进知识经济的扩展，获得创新效率的提高，逐步使经济增长从投资驱动转向消费—创新效率提升的循环。通过扩大居民"广义人力资本"消费驱动创新效率提高而获得新循环的正反馈。

其次，加大基于效率提高的公共服务体系转型力度。一方面提高再分配对包容性目标实现的促进作用，加大公共支出，增加城乡居民的覆盖服务；另一方面在公共服务领域为引入私人投资活动提供相应激励，如对私人部门提供准公共服务产品，给予适当免税，从而增加市场化的服务供给，满足公

共服务中差异化的需求。

从现阶段的财政体制转型看，首先是完善财权和事权相匹配的财政税收体系。这种匹配不仅仅表现为财政收入和公共支出的匹配，更应该体现为城市居民享受服务与纳税责任、中央与地方事权财权的匹配，否则会造成财税资源配置扭曲，影响财政的可持续发展。

公共财政制度改革的方向应是：①税收体制改革。从以流转税为主导的税收体制转向以直接税和间接税为双支柱的混合型税收体制，直接税可以为地方财政提供主税种，让地方能够更好地将本地纳税与服务直接匹配，逐步形成纳税人与享受公共福利相匹配的格局。②消费税作为价外增值税与以流转税为基础的价内增值税形成双支柱。要从流转税征收环节入手，从生产环节和消费环节征收增值税，即从生产环节继续向企业征收税收，税率应该下降到9%，降低企业的增值税负担，提升企业竞争力，同时从消费环节开征价外消费型增值税，税率从1%以内的水平开征，征收的税收大部分归地方，减轻地方对土地财政的过度依赖，同时强化税收与服务满意度的匹配，只有好的服务、聚集人流的消费，才能获得税收收入。③强化政府预算和负债硬约束，这需要立法层面和政府监督层面的改革，当然这一改革也需要做债务的技术型处理，因为大量地方债务是因弥补财政缺口而累积的，属于中央—地方收支不匹配的产物，需要纠正过来。④中央与地方事权和财权的匹配。中央与地方事权的匹配经过多年磨合已有很多技术性讨论成果，但改革一直没有落实，地方公共服务支出比重不断加大，而相应的税收权力却没有同步增加，需要全国统筹的事权，如保障劳动要素全国统一市场形成的全国统一社保问题解决缓慢，中央和地方关系的相关技术分析有中国历史上积累的经验，也有大量国际经验可借鉴，需要更为技术性、系统性地解决问题。⑤纳入包容性和绿色发展理念进行再分配调整和绿色发展激励。⑥公共服务普惠性与市场化服务提供相结合，重点在于对科教文卫体、娱乐、数字化服务等大量公共服务领域进行放松管制的改革，涉及事业单位体制的改革，促进国内服务业升级。

中国当前面临着宏观税赋已经比较高而公共服务支出要求更高的矛盾，

因此，一方面通过税收改革，平衡纳税主体负担，另一方面积极做好税收与服务的匹配，更重要的是引入市场因素以提升相应的服务质量、效率和弥补普惠性公共服务的不足。

（二）资金环流的改革

从国际资金环流来看，出口导向的资金环流是中国出口获得贸易盈余和外商直接投资获得经常贸易项目和资本项目双顺差，央行再以外汇储备投资储蓄国家证券资产，形成资金贸易环流。2015年中国加入SDR以来，汇率市场化双向波动加剧，出现了不同于以往的资金循环情景和改革方向。①原有的国际资金循环受阻，需要央行做出调整和改革。中国资金外流加速，2015年外汇储备从接近4万亿美元下降到3万亿美元，外汇流出急剧增加，外汇储备资产下降导致央行资产负债表收缩。2016年央行依靠"其他金融机构借款项目"——以其他金融机构的国债等抵押物发行各类短期、中期便利等，大幅度创造资产，新的资产带来的货币创造占比上升并逐步弥补外汇占比的下降，通过不断降准提高货币乘数，以扩大M2的供给。贸易盈余和外商直接投资增长缓慢，靠金融市场吸引证券市场投资无疑是一个方向，但这不会有效地增加外汇储备资产，并且证券投资波动较大，新的货币供给体系依靠什么资产来支撑成为争论的焦点。美国的货币供给基于国债，而贸易竞争力较强的日本、欧洲则是由国债和外汇资产双重资产支撑，中国显然更适合走后者的道路，靠外汇资产主导的央行货币供给模式需要转变，积极探索现代化中央银行体制。②获得海外要素回报是促进内外循环的重要方面。大量ODI投资和资金流出如何有效地获得更高的海外要素收入是中国当前资金双向流动情况下面临的新课题。中国对外直接投资的主要官方路径是通过"一带一路"建设推进，随着中国产业链加快海外布局，中国海外要素收入循环和海外资产保护等机制需要逐步建立。日本通过贸易顺差，形成对海外产业投资的低息贷款，鼓励资金流出，该雁阵分工战略成功通过产业海外布局获取要素收入，这值得中国借鉴。③改革国内资金在房地产和金融机构的内部循环体系，适当调整银行主导的配置方式，积极推进资本市场改革已经是必然的选择。金融服务地产和金融间交易增长过快也影响了金融服务实体经济的战略选择。国内金融结构正在发生变化，应积极调整银行的业务结构，增加中间业务，推进资本市场改革，不断强化股票市场为创新服务。但银行依然是中国资金分配的主渠道，通过资产抵押和增加杠杆来获得利差的方式决定了其资金分配偏向房地产与金融机构的交易特征，改革这种工业化时期以银行为主导的资金配置渠道同样是打通国内金融循环的重要战略选择。④改革金融资源向政府集中的机制，发展民间信用。政府融资快速提升，其市场份额预计到2020年接近40%。地方中小银行基本由地方政府控股并用于融资，地方财政和金融一体化加快，这种偏向于政府的金融服务也是近年来国内资金循环的一大特征，而相应的民间信用没有形成，民营经济融资能力下降，这种资金内循环模式强化了政府的配置职能，与市场化机制改革相去甚远。建立民间信用体系，同样是改革的重点领域。⑤利率和汇率市场化改革。利率和汇率成为重要的国内外资金循环的价格信号引导者。在经济增速放缓和负债率上升较快的情况下，各个部门的资产负债表对利率的敏感度快速提高，利率成为资金流动的导引者。灵活的利率政策和利率传递机制需要进一步改革，我们没有建立起由市场决定的国债收益率曲线，仍然以央行控制的LPR为基准，对市场的反应和传递速度迟缓。相对高的利率和坚挺的汇率对国际资金投资中国债券市场的吸引力大，引发全球资金来中国债券市场套利，一方面说明人民币资产内生质量高；但另一方面也与汇率逆调节因子对汇率的扭曲和利率较高的制度性定价有关，没能按更接近市场机制的方式定价，从而引发套利行为。而国内利率偏高引起资产负债表进一步恶化，降低国内各个部门支出水平，不利于中国经济的持续恢复。

　货币供给体系和金融资源配置体系的改革有赖于财政体制的改革，特别是政府软约束的改革。只有建立现代政府治理和公共财政体系，才能推动中国的货币供给体系和利率市场化改革。货币发行的基础发生了变化，现在通过银行的债券作为抵押再贷款属于过渡模式，应逐步完善以公债和外汇占款为资产主体的大国央行体系。国债作为新的资产来源将逐步登堂入室。国债收益率成为利率市场化和货币政策的导引才是未来的发展方向。政府治理现代化是货币转向大国模型的前提。

（三）产业政策主导的资源配置方式积极转向竞争性政策，激励创新

中国出口导向工业化成功的重要经验之一就是政府通过产业政策进行资源配置的有为干预，加速了以开发区为依托的产业集聚，通过土地、税收优惠和金融支持等多种方式招商引资，并配以提高国产化率的政策，形成区域增长极，快速形成产业集群，推进全球产业链向中国转移。中央、部委与地方政府以产业政策为基准形成了出口导向工业化的纵向资源配置体制，形成了一组激励相容的中央和地方大力发展工业化的特征，并取得了突出的赶超效率。但工业化见顶后，产能过剩、开发区土地套利、过度污染和负债等问题慢慢暴露，中央提出的供给侧结构性改革，就是针对这些问题的改革举措。未来发展要靠创新、提高出口附加价值等效率导向战略，但相应的激励机制和资源配置体制并没有跟进，政府继续沿用传统资源配置体制予以推进，各区域当前最重要的任务依然是招商引资，基于产业链延伸发展的思路，扩大工业制造产能是各地工作的重点，在需求难以扩张的条件下，存量博弈、产能扩张会造成极大的资源浪费。

中国政府从干预资源配置的产业政策转向激励竞争和创新的"创造环境"的资源配置的产业政策依然任重道远。产业政策在发达国家属于重要的功能性干预工具，注重产业和创新成长条件的改变、创新环境的塑造是这种干预的本质。发达国家产业政策致力于对小企业的扶持，但多集中于改善环境、降低风险方面，而不是直接采用补贴的方式。城市化后，创新和就业都需要中小企业的大发展，产业政策重点也从干预产业发展转向为中小企业发展、企业创新创造条件，改善基础设施、金融设施、社会公共服务设施等，通过经营环境改善激励企业发展等。

转变政府职能，一方面要推动立法层面放松行政化的管制，干预资源分配；另一方面提高监管水平，不断优化营商环境，增加竞争性政策比重，按市场方式激励竞争，迎接规则层面的治理参与并与国际规则对接，探索中国

与世界的融合之道。

中国已经开启了"双循环"发展战略,只有改变宏观资源配置体制,进行要素价格市场化改革,才能促使这一战略的成功实施。

参考文献

第一财经研究院:《全球疫情应对和经济复苏综合评估报告》(执行摘要),第一财经研究院公众号,2020年9月25日。

麦肯锡:《全球价值链中的风险、弹性和再平衡》(原文题目"Risk, Resilience, and Rebalancing in Global Value Chains"),清大智库,摘编于2020年8月8日。

魏加宁:《如何实现国家治理现代化:对改革基本问题的思考》,中国发展出版社,2017。

张平:《货币供给机制变化与经济稳定化政策的选择》,《经济学动态》2017年第7期。

张平、张自然、袁富华:《高质量增长与增强经济韧性的国际比较和体制安排》,《社会科学战线》2019年第8期。

B.3
2021年中国经济展望和政策建议

祝宝良 *

摘　要：2020年，面对新冠肺炎疫情的巨大冲击和复杂严峻的国内外经济发展环境，中国科学统筹疫情防控和经济社会发展，实施积极的财政政策和稳健的货币政策，大力深化改革、扩大开放，扎实做好"六稳"工作，全面落实"六保"任务，国民经济呈现稳定恢复态势，全年经济预计增长2.1%左右。考虑到基数原因，2021年，中国经济预计增长8%左右，把2020年和2021年合起来看，实际经济增速仍低于潜在经济增速，失业率仍然较高，企业经营仍然面临困难，出现宏观数据好、微观感受差的现象。我们既要关注宏观经济，也要关注微观经济；既要注重经济增长，也要注重就业和民生；既要看同比增速，也要看环比增速；既要增强经济发展的动力和活力，又要防范和化解经济风险。要继续实施积极的财政政策和稳健的货币政策，保持宏观调控政策的连续性和有效性，继续深化改革扩大开放，促进国民经济恢复平稳健康发展。

关键词：经济形势　经济困难　经济政策

一　2020年中国经济形势分析

新冠肺炎疫情全球蔓延，世界经济陷入第二次世界大战以来最严重的衰

---

* 祝宝良，国家信息中心首席经济师、研究员，主要研究方向：数量经济。

退。中国实施了一揽子扩支减税财政政策，总量达 11.5 万亿元，占经济总量的比重达到 11% 以上，加大了货币信贷投放量，全年新增贷款达到 20 万亿元以上，社会融资总量达到 35 万亿元左右。在一系列政策的引导和作用下，2020 年前三季度，中国疫情防控形势向好，经济率先恢复增长。

一是生产明显改善。在一季度经济急剧收缩后，中国经济开始稳步恢复，一季度 GDP 同比下降 6.8%，二季度 GDP 同比增长 3.2%，三季度 GDP 同比增长 4.9%，预计四季度 GDP 同比增长 6% 左右，全年 GDP 同比增长 2.1% 左右，中国成为世界主要经济体中经济唯一实现正增长的国家。工业生产到三季度基本恢复至正常水平，1~9 月，规模以上工业增加值同比增长 1.2%，其中，一季度下降 8.4%，二季度增长 4.4%，三季度增长 5.8%。装备制造业和高技术制造业保持较快增长。工业产能利用率不断回升，三季度全国工业产能利用率为 76.7%，已恢复到近年较高水平。服务业生产形势向好，全国服务业生产指数当月增速已连续 5 个月保持增长，1~9 月，服务业生产指数同比下降 2.6%。信息传输、软件和信息技术服务业，房地产业，金融业快速增长，货运增长基本恢复。接触性、聚集性服务业如住宿和餐饮业、文化体育娱乐业等恢复缓慢。

二是消费需求相对低迷。疫情得到控制后，虽然中国的消费潜力逐步释放，新消费习惯和消费模式得到延续，但消费需求仍然低迷，居民消费倾向减弱。1~9 月，社会消费品零售总额同比下降 7.2%。从家计调查包括服务消费看，前三季度，全国居民人均可支配收入 23781 元，比上年同期名义增长 3.9%，全国居民人均消费支出 14923 元，比上年同期名义下降 3.5%，居民的边际消费倾向下降。

三是投资恢复较快。2020 年前三季度，全国固定资产投资同比增长 0.8%，其中，一季度下降 16.1%，二季度增长 3.8%，三季度增长 8.8%，三季度增长速度已明显高于过去 4 年的年度水平。房地产投资从 3 月开始率先恢复增长并保持较快增速，前三季度房地产开发投资同比增长 5.6%，其中三季度增速达到 11.8%，是过去 6 年的最高增速。基础设施投资自 4 月以来恢复增长，增速相对平稳，前三季度包括电力投资的基建投资同比增长 2.4%，但增速略低于各方面预期，符合地方政府专项债发行条件的项目不多是主要原因。制造业投资相对低迷，1~9月制造业投资同比下降6.5%，电子及通信设备、计算机及办公设备、医药和医疗仪器设备、仪器仪表制造等高技术制造业和疫情受益行业投资表现较好。投资先行指标继续向好，前三季度，新开工项目计划总投资同比增长14.6%，投资到位资金增长4.8%，其中，国家预算资金增速高达29.3%。

四是出口明显好于预期，进口降幅收窄。新冠肺炎疫情全球蔓延，我们一度担心进出口增速会出现较大幅度下降。从实际结果看，按美元计算，一季度中国出口下降13.3%，二季度增长0.1%，三季度增长8.8%，1~9月出口仅下降0.8%，明显好于预期，也大大高于世界贸易量下降8%左右的水平。究其原因：首先，防疫物资出口保持强势，疫情改变生产生活方式，电动自行车和电子产品等出行和办公相关产品出口明显增长。其次，疫情使世界各国的生产和出口受到影响，中国率先控制住疫情、复工复产，替代了出口结构与中国类似的国家的出口。最后，美国、欧盟等发达国家或地区主要采取收入补贴等纾解企业和家庭困难、拉动需求的政策来应对疫情冲击，其生产恢复相对滞后于需求恢复，短期内拉动了中国出口增长。随着国内经济恢复增长，中国的进口降幅不断收窄，1~9月进口下降3.1%。

五是物价涨幅有所回落。猪肉等食品价格回落带动消费价格涨幅回落，服务业需求恢复慢、就业压力大导致服务价格涨幅收窄，2020年5月以来，居民消费价格指数同比涨幅回落到3%以内，9月回落到2%以内，1~9月居民消费价格指数上涨3.3%，不包括食品和能源的核心通胀仅增长0.9%。受疫情影响，国际大宗商品价格2月开始下跌并在低位徘徊，国内需求相对不足，工业品价格走低，1~9月，工业生产者价格指数下降2%。房地产市场相对活跃，房地产价格不断上升，1~9月，住宅销售价格上涨7.3%。

六是就业压力有所缓解。2020年以来，全面强化就业优先政策，大力援企稳岗，保持了就业形势的总体稳定。自4月以来，调查失业率不断下降，9月，全国城镇调查失业率为5.4%。1~9月，全国城镇新增就业898万人，已

基本完成全年就业目标。三季度末，农村外出务工劳动力达到17952万人，比二季度末增加200万人。

二　中国经济发展面临的主要问题

进入秋冬季后，新冠肺炎疫情再次在一些国家反弹，对世界经济和中国经济的影响尚难预料。叠加中国长期存在的一些结构性和体制性问题、科技创新能力相对不足问题、城乡区域个人收入差距扩大问题，中国经济发展面临的形势依然较为严峻。

一是企业特别是中小微企业和个体工商户经营面临困难。保持社交距离，接触性、聚集性消费需求难以完全恢复，2020年以来限额以上单位的销售恢复快于限额以下单位，说明小微商业企业和个体商户的经营仍然面临困难。减税降费、免减缓缴社保、资金成本下降和原材料价格下跌等因素使企业利润开始恢复正增长，但2020年企业利润总体上仍然是下降的。2021年社保基金恢复缴纳、4万亿元普惠贷款还本付息延期结束等，会增加企业的成本。一些关键设备和零部件进口出现中断，产业链和供应链安全受到威胁，影响了企业的运营。此外，近几年，地方政府累计拖欠企业的增征税留抵税款（增值税征收过程中，进项税额大于销项税额时，出现的留抵税额）和新能源生产补贴数额较大，也增加了企业的财务负担。

二是结构性失业压力较大。大学生、个体工商户和农民工就业压力较大并影响收入和消费。随着工业、建筑业等部门生产基本恢复正常水平，这些行业的就业也会相应恢复正常；一些应对疫情冲击出现的新业态，如网上会议、办公、学习、生活等产业会创造就业机会。但接触性和聚居性消费和生产行业，如餐饮、旅游、娱乐、家政服务等行业仍有大量人员失业，突出表现为这些领域的农民工、个体工商户、小微企业职工就业困难。2021年，大学生毕业数量仍然接近900万人，再加上2020年未就业的大学毕业生，就业压力仍然很大。企业经营面临困难和失业率高，居民收入增速难以提高。

三是金融风险仍在积累。中小微企业4万亿元普惠贷款还本付息政策和其他贷款应延尽延政策结束后，一些银行的不良贷款问题会暴露。利润下降，使企业违约风险增加，部分家庭按揭贷款也可能出现拖欠现象，银行的资产质量会有所下降。银行特别是中小银行的资本将严重不足。信托、债市等资本市场的金融风险会进一步暴露。

四是世界经济出现弱复苏。尽管疫情对世界经济的影响低于 2020 年 4 月各世界机构的预期，但在全球经济处于低增长、低通胀、低利率、高债务、高泡沫、高收入差距的背景下，疫情严重冲击了各国经济，穷国愈穷，穷人愈穷。各国扩张性货币政策和财政政策易放难收，世界经济恢复势头不会太强。根据世界主要机构的预测，2020 年世界经济下降 4.4% 左右，贸易量下降 8% 左右。2021 年，由于基数原因，世界经济增长恢复到 5.2% 左右。总的来看，世界经济仍处于金融危机后的深度调整期，经济、政治、社会矛盾相互关联交织，逆全球化趋势强化，各国宏观政策协调困难，世界经济进入艰难时期。世界经济变化和财政货币政策扩张，给中国经济发展带来较大影响。首先，世界弱复苏，影响中国出口。金融资本流入中国，增加了人民币升值压力，降低了中国商品的竞争力，但也支持了国内资产价格走高。其次，中国已经深度融入全球产业链当中，一些国家生产停滞导致中国部分进口面临中断；美国等国家对中国进行技术封锁和金融打压，限制核心零部件出口，影响中国供应链和产业链安全。再次，涉及国家安全的一些产业出现回流本国的现象，跨国公司为保障其生产，也会在世界范围内重新配置产业链和供应链，中国利用外资会受到影响。最后，部分企业、部分发展中国家经济困难，出现了债务违约，影响中国对外贷款、对外投资的安全。

三　2021 年经济展望

由于 2020 年的低基数影响，2021 年中国经济会出现补偿性增长。如果2021 年四个季度环比都为零增长，2021 年经济增长会反弹到 6% 左右；如果2021 年四个季度环比保持在 1.4% 左右的潜在增长水平，则 2021 年经济增长会反弹到 9% 左右。2020 年以来，中国采取的宏观调控政策的滞后效应仍会对 2021 年经济增长起到推动作用，基于中国疫情防控经验和效果，企业和市场信心有所增强，中国经济会继续恢复。预计 2021 年中国经济增长 8% 左右，全年经济增速出现前高后低态势，其中一季度经济增速会达到两位数。

一是房地产和基建投资继续稳定增长，制造业投资恢复较快增长。2020年，地方政府专项债券、地方政府一般性债务预算用于基建投资的支出和中央预算内投资资金总额超过 5.35 万亿元，比上年至少增加 1.67 万亿元，加上提高专项债券用于项目资本金的比例，基础设施投资的资金来源大幅度增加，可以保障 2020 年四季度和 2021 年一季度基建投资的稳定增长。货币政策稳健、房地产价格存在上涨预期，有利于房地产投资，但房地产企业的三条红线约束会抑制投资的过快上升。制造业产能利用率提高，企业利润总体有所改善，制造业投资会有所恢复。2020 年全年城镇固定资产投资预计增长 3%左右，2021 年增长 10.5% 左右。

二是消费出现补偿性反弹。就业压力较大，居民可支配收入增长相对缓慢，消费能力下降。消费意愿不足，接触性、聚集性消费需求难以完全恢复。中国有 45% 的城镇家庭和 23% 的农村家庭已经购买汽车，汽车正在进入中低收入家庭，这部分家庭主要是城市个体工商业者和农民工家庭，他们受疫情冲击较大。同时，过去 10 年特别是 2015 年以来，由于房地产价格上升较快，按揭贷款增加，居民债务占 GDP 的比重从 2008 年的 18% 左右上升到 2019 年的 53% 左右，居民债务还本付息压力较大，会挤出居民对汽车等一些非必需品的消费。预计 2020 年四季度社会消费品零售总额恢复到 5% 左右，2020 年全年下降 4% 左右，2021 年反弹到 10% 左右。

三是进出口基本稳定。2021 年世界经济弱恢复会增加中国的出口，但随着一些国家复工复产，中国抗疫物资出口和对别国的替代出口会有所下降；人民币升值会降低中国的出口竞争力，减少出口、增加进口；部分外资企业撤离中国会减缓中国的进出口增速，中国经济进一步恢复会增加对进口产品的需求。预计 2020 年中国出口增长 1.2% 左右，进口零增长；2021 年中国出口增长 4% 左右，进口增长 6% 左右。

四是物价趋于平稳。中国粮食生产总体稳定，为稳定食品价格打下了坚实的基础；生猪生产增加，猪肉价格开始回落；工业消费品价格低位运行，国际大宗商品价格基本稳定；2020 年的翘尾因素对 2021 年物价影响在零左右。预计 2021 年居民消费价格指数和工业生产者价格指数均上涨 1% 左右。

四　2021 年政策建议

2021 年，既要关注宏观经济，也要关注微观经济；既要注重经济增长速度，也要注重就业和民生；既要增强经济发展动力，又要防范经济风险。

（一）继续实施积极的财政政策和稳健的货币政策

保持宏观调控政策的连续性和稳定性。一是积极的财政政策要持续发力，保持适度支出强度，加大对科技、民生等重点领域支出的保障力度，推动"十四五"规划中国家重大战略重点任务的有效实施。建议 2021 年一般财政预算赤字总量保持 2020 年的水平，财政赤字率为 3.3% 左右，适度加大地方政府专项债规模。二是稳健的货币政策要灵活适度，管好货币总闸门，保持流动性合理充裕，货币信贷和社会融资规模增长速度同经济名义增速相匹配。加大对小微企业、科技创新、绿色发展的支持力度。支持银行通过发行普通股、优先股、无固定期限资本债券、二级资本债等方式补充资本金，鼓励地方政府通过专项债注资银行。保持人民币汇率弹性，发挥汇率保持国际收支基本平衡的作用。

（二）要素市场化配置改革取得重大进展

一是深化资本市场改革，提高金融市场效率。建设规范、透明、开放、有活力、有韧性的资本市场，有效发挥其市场融资、价格发现和资源配置功能，加快以注册制为核心的多层次资本市场的建立，鼓励更多的企业通过股权融资，增加直接融资比重。二是提高劳动力市场效率。以深化户籍制度改革为突破口，加快农业转移人口市民化步伐。三是促进土地流转和增值，健全城乡统一的建设用地市场，积极探索实施农村集体经营性建设用地入市制度，确保农民能够成为土地增值的受益者和获得者，提高农村常住人口的收入水平。四是提高技术市场效率。推进知识产权、产业和金融的结合，以金融手段来推动知识产权成果的产业化，培育发展技术转移机构和技术经理人。五是培育数据要素市场。尽快制定相关法律法规，对数据的所有权、使用权、收益权、处置权等进行规范，加快培育数据交易市场，并与国际数据市场对接。

（三）扩大更高层次对外开放

以高水平对外开放打造国际合作和竞争新优势。一是要积极参与全球经济治理体系改革，推动完善更加公平合理的国际经济治理体系，维护多边贸易体制，加快参与多双边区域投资贸易合作机制，推动新兴领域经济治理规则制定。二是推进贸易高质量发展，大力发展服务贸易和数字贸易。三是推进"引进来"与"走出去"并重的战略，提高利用外资的综合效益，以完善中国的产业布局和战略资源供给保障为重点优化对外投资布局。四是构建中国对外金融体系，稳慎推进人民币国际化，坚持市场驱动和企业自主选择，营造人民币自由使用的环境。

（四）实施扩大内需战略

一是加快消费型基础设施建设，促进投资和消费双增长。加快以5G网络、人工智能等为主的新型信息基础设施建设，推动城乡冷链物流设施有机衔接，推动都市圈、城市群内部基础设施互联互通。二是加强出口转内销渠道建设，推动国内国际双循环相互促进。鼓励外贸生产企业应用大数据、工业互联网等，精准对接国内市场消费升级需求，开发适合国内需求的产品和品牌。三是稳步扩大中等收入群体规模，增强国内市场支撑力。实施中等收入群体倍增计划，努力在15年内使中国中等收入人数从4亿人扩大到10亿人。通过优化收入分配政策、扩大社会保障体系的覆盖面等，提高居民收入，提升城乡居民的消费能力。

（五）把科技自立自强作为国家发展的战略支撑

一是充分发挥中国社会主义制度能够集中力量办大事的举国体制优势，依托中国超大规模市场和完备产业体系，打好关键核心技术攻坚战，提升产业链水平，维护产业链供应链安全。二是强化企业在技术创新中的主体地位。促进各类创新要素向企业集聚，推进产学研深度融合，支持企业牵头组建创新联合体；全面落实企业研发费用加计等普惠性措施，推动企业加快技术改造，完善设备加速折旧等政策。三是加大政府对基础研究、前沿研究、社会公益技术、重大共性关键技术的投入，健全公共科技服务平台，完善科技重大专项实施机制。四是要大力培养和引进国际一流人才和科研团队，最大限度调动科研人员的积极性。

表 1　2020~2021 年主要宏观经济指标预测

指标	2019 年		2020 年预测		2021 年预测	
	绝对值（亿元）	同比增长（%）	绝对值（亿元）	同比增长（%）	绝对值（亿元）	同比增长（%）
GDP	990865	6.1	1017575	2.1	1115460	8.0
第一产业	70467	3.1	78111	2.5	80450	3.5
第二产业	386165	5.7	388436	2.6	435660	10.0
第三产业	534233	6.9	551028	1.6	599350	7.3
规模以上工业增加值	—	5.7		2.5	—	10.0
城镇固定资产投资	551478	5.4	565260	3.0	624600	10.5
房地产投资	132194	9.9	141790	7.2	153130	8.0
社会消费品零售总额	411649	8.0	395180	-4.0	434700	10.0
出口（美元）	24984	0.5	25280	1.2	26300	4.0
进口（美元）	20769	-2.8	20760	-0.2	22100	6.0
居民消费价格指数		2.9		2.5		1.0
工业生产者价格指数		2.0		-2.0		1.0

参考文献

黄益平：《中国经济增长面临三大挑战 进一步推进要素市场改革》，澎湃新闻，2020 年 8 月 14 日。

祝宝良：《2020 年中国经济走势和经济政策》，《中国经济报告》，2020 年 1 月。

祝宝良：《新冠肺炎疫情冲击下中国经济走势》，《清华经济评论》2020 年第 4 期。

祝宝良：《"十四五"时期我国经济发展和政策建议》，《经济智库》2020 年第 8 期。

B.4
2021年中国宏观经济形势研判与政策建议

陈昌盛 李承健[*]

摘　要： 2021年世界经济总体呈现修复性增长态势，国际分工和政治经济格局加快调整，全球处于动荡变革期，外部环境延续复杂、严峻态势。我国经济延续回升向好态势，但经济复苏不均衡、经济循环不畅通、风险延后暴露等结构性问题有所凸显，巩固经济恢复成果和增强经济发展后劲任务依然紧迫。2021年是建党100周年，也是"十四五"规划和迈向现代化建设新征程的开局之年，保持经济稳定回升、部署推动重大改革至关重要。总的思路上，需要有序调整"保"的措施，持续优化"稳"的手段，努力加快"进"的步伐，深化改革开放，打通经济循环难点堵点，激发社会创新创造活力，推动形成以国内大循环为主体、国内国际双循环相互促进的新发展格局。

关键词： 经济形势　经济循环　经济运行

2021年世界经济总体呈现修复性增长态势，国际分工和政治经济格局加快调整，全球处于动荡变革期，外部环境延续复杂、严峻态势。我国经济延续回升向好态势，但经济复苏不均衡、经济循环不畅通、风险延后暴露等结构性问题有所凸显，巩固经济恢复成果和增强经济发展后劲任务依然紧迫。

---

*　陈昌盛，国务院发展研究中心宏观经济研究部部长、研究员，主要研究方向：宏观经济、财税体制和货币金融政策；李承健，国务院发展研究中心宏观经济研究部第二研究室副主任，主要研究方向：宏观经济、财税体制和货币金融政策。

2021年是建党100周年，也是"十四五"规划和建设社会主义现代化国家新征程的开局之年，做好2021年经济工作，需要继续坚持以供给侧结构性改革为主线，坚持稳中求进工作总基调，持续巩固经济回升势头，统筹稳增长与防风险，统筹发展与安全，着力打通经济运行中的堵点难点，进一步增强发展后劲，确保实现"十四五"良好开局，推动形成以国内大循环为主体、国内国际双循环相互促进的新发展格局。

一 世界经济恢复性增长，外部环境危中有机

2021年全球GDP规模有望恢复至2019年的水平。受新冠肺炎疫情冲击，2020年全球经济大幅萎缩。受低基数影响，2021年全球GDP增速将出现反弹，国际货币基金组织（IMF）的最新预测值为5.2%。但由于新冠肺炎疫苗研发尚未完成且量产能力不足，加之目前还没有针对新冠肺炎的特效药，疫情在全球蔓延的态势或将延续至2021年上半年甚至贯穿全年，全球经济向疫情前水平的复苏步伐仍将受到限制。初步测算，2021年全球GDP规模有望与2019年持平。主要经济体生产和贸易往来加快恢复，可能削弱我国疫情防控和经济恢复相对领先的优势。

全球经济将延续"低利率、高债务、高风险"态势。为应对疫情冲击，全球主要经济体均出台了大规模救助政策，无论是公共部门还是私营部门，债务水平均出现大幅度上升，各大央行资产负债表迅速扩张，全球利率维持在低水平，主要经济体应对危机、化解风险、刺激经济的政策空间不断收窄，国际金融体系变得更加脆弱。在全球疫情持续蔓延情况下，主要经济体仍处于经济弱复苏进程，低利率政策仍将延续，2021年我国仍处于较为宽松的国际货币政策环境中。

国际分工加速调整带动跨境投资贸易与产业格局变化。疫情冲击下，全球产业链供应链受到较大冲击甚至部分中断，跨境贸易和投资大幅萎缩，全球分工的精细化以及全球价值链的安全性遭遇质疑与挑战，"安全观"泛化呼声空前，不少国家以国家安全、保障防疫等为由，出台一系列限制外资收购

的紧急政策或法案，大型跨国公司加速调整其全球范围内的生产与经营布局，供应链"区域化"代替"全球化"迹象明显，这一迹象在亚洲和欧洲尤为突出。随着疫情逐步得到控制，产业链布局加速调整，将对中国参与国际分工产生一定影响。

疫后经济复苏分化将加剧全球政治经济摩擦。此次疫情对发展水平较低国家、劳动密集型产业、中小企业冲击更大，对以劳动收入为主的中低收入家庭影响更深，发展水平较高的国家、资本密集型行业、规模较大企业、相对富裕家庭抵抗风险和应对危机的能力较强，加之全球宽松货币政策产生的财富效应的不对称性，"K"形复苏特征明显，社会收入分配差距和全球不平衡明显扩大，这将进一步加剧经济问题政治化，全球政治经济摩擦明显增多，中国企业海外经营面临更大风险和挑战。

美、欧、日等国家政府换届将加快全球治理重构。目前，美国对华政策和立场比较强硬，中美关系难以明显改善，美国会继续利用其"长臂管辖"等手段对中国高科技企业、互联网企业、国有企业、金融机构等实施围堵，其他国家对美和对华政策也可能发生变化。同时，英国"脱欧"过渡期结束，日、德等国家将举行大选，政府换届会增加国际政局不确定性。疫情加大国际收入分配差距，疫情问题在政治周期中可能会被进一步政治化、污名化，进而加剧地缘政治冲突，成为国际治理调整的新因素。

总体来看，2021 年全球经济环境总体改善，宽松政策有望延续，外部需求逐步恢复，但中国疫情防控和经济恢复的相对领先优势也会有所减弱，并且国际政治环境更趋复杂，中国面临的外部压力将由疫情防控领域更多转向政治经济领域。

二 国内经济运行持续向好，结构性问题仍然突出

（一）2021年国内经济总体向好

超大规模市场仍将释放巨大需求潜力。随着社会财富不断积累，中国中等收入群体进一步壮大，超大规模国内市场优势更趋明显。2019 年中国社会

消费品零售总额约为 6 万亿美元，已经接近美国水平，2020 年中国率先从疫情影响中恢复，消费正逐步好转，中国有望超越美国成为全球最大消费市场。同时，随着中国供给能力和供给质量的不断提升，近年来部分海外商品需求已经出现回流迹象。2020 年受疫情影响，境外消费回流进一步加速，10 月 1~7 日天猫国际成交额同比增长 79%。预计 2021 年疫情对部分生活性服务业的影响将基本消除，居民消费将实现全面恢复，可以成为内需的强有力支撑。

投资有望呈现恢复性增长。2020 年受疫情影响，投资需求相对疲弱，尤其是代表市场力量的制造业投资增长动力相对不足，前三季度仍累计下降 6.5%。但从趋势来看，随着企业经营状况和利润好转，市场投资意愿正在逐步增强，预计 2021 年制造业投资有望恢复至正常增长水平。房地产投资从疫情影响中较快恢复，成为带动投资增长的主要力量，在坚持"房住不炒"定位的前提下，各地调控政策将继续保持力度，预计 2021 年房地产开发投资仍将维持当前水平。2021 年全国各地将开启新一轮的项目储备和投资建设，新基建、民生工程等领域都将有较大投入，但社会资本参与基建的意愿和能力仍然不足，预计 2021 年基础设施投资增速将有所回升但幅度有限。总体来看，受整体经济恢复带动，加之 2020 年基数较低，2021 年投资有望呈现恢复性增长态势。

经济增长新动能加快成长。数字经济成为新时期经济发展的重要助推器，特别是疫情以来，企业数字化转型步伐进一步加快，数字经济贡献明显提升，新产业、新业态、新模式加快涌现。前三季度，高技术制造业增加值同比增长 5.9%，快于规模以上工业 4.7 个百分点，工业机器人和集成电路产量分别增长 18.2% 和 14.7%。1~8 月计算机、通信和其他电子设备制造业利润总额同比增长 26.1%。"直播带货"等新业态助力网上销售快速发展，前三季度全国网上零售额同比增长 9.7%，比社会消费品零售总额增速高出 16.9 个百分点。2021 年随着新基建落地和企业转型需求上升，制造和服务将继续加快融合，个性化、定制化、智能化生产占比将有所提高，预计经济增长新动力将进一步壮大。

出口领先的优势减弱但有望继续保持增长。在境外疫情持续蔓延的情况下，中国疫情防控形势向好，推动外部一些生产订单向中国转移。前三季度，以美元计价的我国出口金额仅下降 0.8%，9 月当月增长 9.9%，明显领先于同期全球贸易增速，我国出口占全球市场份额进一步上升。前三季度，中国货物和服务贸易顺差达到 3260.5 亿美元，顺差规模为过去四年同期最高。在国外疫情仍未得到有效控制的情况下，预计 2021 年中国出口将继续保持增长，但随着全球经济逐步复苏，订单向中国转移的趋势将有所减缓，中国出口明显好于其他国家的态势可能减弱。

（二）经济运行的结构性问题仍然突出

重点人群失业与企业用工短缺并存。疫情对劳动密集型行业冲击较大，低收入群体失业问题更为显著，特别是部分农民工返乡后未就业，部分高校毕业生延迟就业。前三季度，全国城镇新增就业同比少增 199 万人。居民实际收入增速仅为 0.6%，同时，企业用工短缺问题十分突出，实地调研中制造业企业对用工短缺问题反映较多，招工难问题较为普遍。技能匹配度、工作灵活性、工作环境和收入水平等因素，共同导致就业难与招聘难并存。

企业尤其是中小企业生产经营较为困难。疫情后用工紧缺、国际货运班次减少、产品库存积压占款、回款周期拉长等问题突出，造成企业用工、物流、资金成本出现明显上升，在优惠和扶持政策逐步退出后，企业生产经营压力仍然较大，尤其是中小微企业经营更加困难。前三季度，规模以下工业增加值同比下降 1.6%，调研显示 9 月小微企业产能利用率为 69.9%，比大中型企业低 5 个百分点。一些优惠政策对于民营企业、中小微企业仍存在隐性壁垒，民营企业和中小微企业在融资、经营、审批等方面仍受阻碍。产权激励制度、知识产权保护制度等仍然不完善，企业家对未来前景存有忧虑，其投资意愿受到影响。前三季度民间投资下降 1.5%，比全部投资增速低 2.3 个百分点。

要素自由流动仍存在隐性壁垒。疫情防控过程中，地方不当竞争和保护主义有所增强，存在将扩大内循环理解成"区域小循环"的倾向。例如，存在审批和经销限制，项目要求必须有本地企业参与，地区间挖人挖企业现象增多。劳动力流动仍不充分。教育、医疗等基本公共服务均等化程度偏低，养老保险统筹、医保可携带性不足。资本流动效率较低。银行资本金约束压力较大，国有企业占用金融资源偏多，民企和小微企业融资难融资贵问题突出，跨境资本流动的有效吸引和监测预警能力不足。土地要素配置结构不均衡。用地指标在地区间错配，农村"三块地"流转不畅、改革试点推进缓慢，城乡规划合理性有待提升。技术和数据要素市场发育不完善。

技术创新面临外部风险和机制障碍。中美经贸摩擦以来，国产化替代取得一定进展，但部分关键设备、基础软件、重要原材料等仍无法实现国产化，甚至有些无法实现欧、日、韩等他国替代，随时可能面临被制裁和"卡脖子"问题，产业链供应链安全风险突出。当前，突破"卡脖子"的体制机制障碍还较大。中国研发投入占 GDP 的 2.2% 左右，研发投入总量世界排名第二，但是研发投入过于分散，各地纷纷上马芯片、新能源等项目，甚至部分地区引入国外淘汰产能，集中力量办大事的制度优势尚未体现。知识产权保护制度执行仍有欠缺，科研人员管理制度不合理抑制创新动力。

流通体系存在一定短板。基础设施建设仍有短板，高附加值的国际航空物流体系建设不足，物流枢纽、物流园区、配送中心、货运场站等节点设施建设相对滞后，城乡物流"最后一公里"仍然不畅。流通服务发展普遍粗放，流通成本仍然偏高，多式联运转运体系尚不完善，尤其是此次疫情暴露出我国冷链物流发展仍相对滞后，应急物流体系建设仍然不足。国际高标准的大型物流企业不多，产业组织化网络化程度不高，智能化、标准化、国际化水平不高。疫情影响下外贸企业出口转内销在品牌、标准、渠道等方面存在障碍。信息和数据共享仍存阻碍，社会信用体系和相应监管机制仍不完善。

财政金融风险逐步显现。各级政府财政收支矛盾进一步加剧。前三季度，一般公共预算支出下降 1.9%、收入下降 6.4%。地方债城投债兑付负担加重，PPP 项目集中付费，社保基金可持续风险上升，部分地区基层运转困难凸显。在货币金融环境宽松和风险时滞等因素作用下，延缓的企业经营和债务风险逐步显现。疫情冲击造成的企业利润下滑、亏损面扩大、企业效益分化等问题暴露，不良贷款率有所上升，加大了部分中小金融机构特别是农村中小金融机构资本补充压力。地方政府专项债券、地方融资平台债务、房地产企业债务等，规模大、分布广、偿债来源少、借新还旧难，债务风险有可能进一步传导至金融体系。

三　2021 年经济工作主要思路

2021 年中国经济总体延续恢复性增长态势，但面临的风险和挑战仍然较多。主要经济体经济增速普遍回升，国内经济积极因素持续增多，2021 年中国经济预计延续回稳向好态势，增速有望回升至潜在增长水平。但全球产出缺口短期仍难填补，疫情冲击的不对称和再分配效应凸显，产业链创新链调整加快，地缘政治更趋复杂，全球进入动荡变革期，经济复苏可能更加漫长曲折。中国既面临恢复不均衡、循环不畅通、风险延后暴露等结构性挑战，也正值结构调整、效率提升和动能转换吃劲关口，巩固经济恢复成果仍不易，实现高质量发展任务较紧迫。

受基数因素影响，2021 年上半年经济增速会有所冲高，经济运行可能呈现宏观好而微观难的局面。基于综合生产法、支出法等多种方法预测，2021 年中国全年经济增速有望达到 8.0% 左右，剔除 2020 年低基数原因后，2021 年四个季度的年化环比增速预计为 5%~6%，与未来五年中国经济潜在增速基本一致。2021 年生猪产能继续改善，猪肉价格见顶回落，带动食品 CPI 下行。全球生产进一步恢复，大宗商品价格上涨带动 PPI 回升，并向非食品 CPI 传导，加上国内服务消费恢复，非食品项对 CPI 的拉动作用将有所上升。综合判断，2021 年全年 CPI 增速预计为 2% 左右。2021 年经济增速回升、服务业进一步复苏，就业吸纳弹性和岗位创造总数将高于 2020 年，2020 年部分存量待就业问题将延至 2021 年，2021 年就业压力仍高于正常年份。

2021 年是建党 100 周年，也是"十四五"规划和迈向现代化建设新征程的开局之年，保持经济稳定回升、部署推动重大改革至关重要。需要继续坚持稳中求进的工作总基调，长短结合、内外统筹、发展和安全兼顾。总的思路上，有序调整"保"的措施，精准调整宏观政策力度和重点，具体政策有留有退，保基本盘更加扎实；持续优化"稳"的手段，把握扩大内需这一战

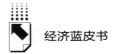

略基点，充分发挥超大规模市场优势，维护产业链供应链安全稳定；努力加快"进"的步伐，深化改革开放，打通经济循环难点堵点，激发社会创新创造活力，推动形成以国内大循环为主体、国内国际双循环相互促进的新发展格局。

建议重点抓好六个方面工作。一是以提振消费和服务领域为重点推动经济均衡复苏。加快 2020 年恢复滞后领域复苏进程，进一步落实"六稳""六保"任务，全面扩大消费需求，实现服务业正常经营，增强小微企业盈利能力，推动经济增长向潜在水平回归。二是以打通经济循环堵点难点为重点加快形成新发展格局。加强产业链、供应链、资金链、创新链的协调畅通，对内增加超大规模市场纵深，发挥市场经济条件下新型举国体制优势推进科技攻关，对外加强规则和市场对接，提升供给体系对需求升级的适配能力。三是以推动数字和绿色转型为重点优化中长期布局。加强"两新一重"建设，加快数字化场景落地，制定实施经济合理、技术可行、约束有力的碳达峰和碳中和中长期发展路线图。四是以继续优化营商环境为重点深化放管服改革。持续优化营商环境，完善政府权力清单、职责清单和市场准入负面清单，再取消或下放一批社会呼声高、含金量足的行政审批项目，激发市场活力。五是以补齐公共服务短板为重点促进就业和改善民生。持续增加教育、医疗、养老等有效供给，加大就业优先政策落实力度，提高人民群众获得感。六是以健全长效机制为重点巩固三大攻坚战成果。全面实施乡村振兴战略，巩固脱贫攻坚成果。突出精准科学依法治污，促进生态环境质量持续好转。提早稳妥应对房地产债务、地方政府隐性债务、高风险金融机构等各类风险。

四　政策建议

积极的财政政策更加注重连续性、有效性。继续保持积极的财政政策取向，既要延续纾困政策效力、巩固经济恢复成果，也要注重提高政策效率、珍惜政策空间。加大中央对地方转移支付力度，增加中央预算内资金对重大项目的投入比例，弥补地方减收、保障基层正常运转。优化"资金跟着项目走"的债券额度分配办法，进一步扩大专项债资金适用范围，优化简化申报发行流程，根据项目进展及时调整发行节奏，鼓励金融机构开展配套融资。强化直达政策与现行规章制度衔接，加快资金拨付，避免库款沉淀，鼓励社会资本参与优质项目，放大财政资金杠杆作用。针对社保基金收支缺口较快扩大的实际情况，及时平稳退出疫情期间实施的社保缴费减免缓临时政策，注意避免一次性补缴等造成冲击。

稳健的货币政策更加注重中性适度。货币政策从救助型向常规型调整，在总体取向稳健的情况下从灵活适度回归中性适度。货币供应量和社会融资规模合理增长，与反映潜在产出的名义 GDP 增速基本匹配。分类调整现行疫情防控金融支持政策。按时退出中小微企业贷款延期还本付息和普惠小微企业贷款延期支持工具。1.8 万亿元再贷款再贴现额度不再新增接续。保留普惠小微企业信用贷款支持工具，推动银行通过减少服务收费，让利实体经济。继续推动核心企业和国有大行与应收账款融资平台对接。强化结构性货币政策工具支持风险处置的能力。扩大央行票据互换操作规模和范围，支持中小银行补充资本。加强对中小金融机构风险处置的再贷款支持。房地产宏观审慎政策工具引入宏观审慎个人住房贷款风险权重。维持人民币汇率在均衡水平基本稳定。更多发挥做市商自主报价在汇率决定中的作用。

着力解决就业结构性问题适应就业新态势。尽快取消部分生活服务业等劳动密集型行业的生产经营限制，推动居民消费特别是服务消费恢复正常，吸纳部分就业。完善共享用工新形态，推广区域性共享合作机制和平台，建立企业之间、企业与政府之间有效互动的工作机制，实现企业错峰用工，缓解季节性招工难。适应灵活就业新趋势，提高社保、税务、公租房等相关制度的适应性，同时保护企业和劳动者的合法权益。着力保障低收入群体收入平稳。加大对失业群体和贫困人群的救助补贴力度，用好脱贫专项资金，有效应对因疫致贫挑战。重大建设项目针对就业农民工开展房租、水电减免等补贴。对 2020 年毕业生实施与应届毕业生同等对待政策。扩大创业支持政策适用行业范围。高等院校增加支教、下沉社区、校内短期岗位等。

坚定实施扩大内需战略。通过改革和优化环境的办法促消费。放松服务领域经营限制，推动线上线下消费融合发展，合理放宽或取消机动车限购政策，增加免税店等引导境外消费回流，在有效防疫前提下全面放开国内旅游限制。优化小城市和乡村地区消费环境，加强各级市场经营和商品质量监管，对接吸引平台企业、直播电商等新模式，提高物流配送效率。加大民生保障投资力度。围绕疫情防控和洪涝灾害等弱项加快市政建设。抓紧实施一批教育、医疗、养老、托幼等公共服务项目和农村公路、水网等乡村振兴项目。加快信息基础设施建设。围绕转型升级和补链强链推动制造业扩大投资。各地结合优势加快产业集群建设，发挥龙头企业的投资引导带动作用，加大企业技改投资支持力度，继续大力吸引优质跨国企业投资建厂，有序引导产业错位发展，避免一哄而上和投资浪费。

以打通堵点为突破口畅通国民经济循环。破除流通障碍，全面实施自主生育并适当出台鼓励生育措施，推动大中小城市和城乡基础教育均等化，完善地区间社保转换对接机制，在总量指标控制前提下加速土地流转并探索闲置用地性质转换，制定数据要素跨境流动和跨部门共享的规则标准，加快建立全国统一的产权、债券交易市场，构建多层次资本市场。打破制度壁垒，完善破产法实施和企业退出机制，推动建立各地区间标准、资质、认证、审批等互认互通，建立与约束机制相匹配的激励机制，加大干事创业的容错力度。突破创新瓶颈，采取更加市场化、国际化的方式开展重大科技项目和关键"卡脖子"技术攻关，实施基础软件"破冰工程"，进一步完善"首台套"示范应用的支持体系，实行更加严格、与国际标准对接的知识产权保护制度，健全科技成果的产权激励制度和市场化社会化科研成果评价制度。优化竞争生态，完善和强化公平竞争审查制度，改革公共资源交易制度和政府采购体制，建立符合数字时代的竞争规则，完善对平台经济的市场界定、数据垄断、滥用市场支配地位等的认定标准和相应规制条例。

以制度型开放破解"围堵"。充分利用自贸区（港）等开放平台，推动制度型开放取得实质性突破。推动《外商投资法》及实施条例的切实落地，强化各地统一执法，取消和降低针对外资的准入经营许可、资质标准等隐性壁垒。加大数字经济开放力度，主动加强在数据访问与跨境流动、隐私保护、数据空间开放与交换、数字平台监管等方面的规则协调，争取与相关国家签订有关个人和商业敏感数据保护的标准互认框架协议。推出"科技重大专项国际版"试点项目，以大型民用科技项目合作为纽带，联合其他发达国家和地区共同推动双方的科技进步，稳步开展特定领域的专利效力互认，构建面向全球的开放式协同创新网络。加强对美谈判与对其他发达经济体开放的统筹协调和利益平衡，适度提高对欧洲及日、韩等国家的开放水平，在其重点关注的细分领域给予相应的对等开放，加快推进《中欧全面投资协定》和《中日韩自由贸易协定》的签署与实施。加强绿色发展领域的国际合作，以中欧环境与气候高层对话为引领，拓宽绿色合作领域，积极推进中欧共同与第三方开展环境和气候合作。以实质性开放行动参与国际治理，有序分步接受国际经贸规则有关国企的合理部分，积极推动 WTO 改革，加快启动 CPTPP 谈判。

大力推进"十四五"开局重点工程。以重点工程为抓手推动各领域发展提质增效，将扩内需和增后劲有机结合，确保"十四五"发展开好局、起好步。加快辐射范围广、带动能力强、跨区域服务的重大基础设施项目建设，如沿江高铁、烟大隧道等连通城市群和促进要素流动的交通项目，支撑国家水网布局和生态环境改善的水利项目，实现多种能源开采利用、多元化进口和运输、安全有效储备的能源项目等。加强对新型基础设施的投资和应用，创新投融资机制、完善电力等配套设施，加快推动 5G 网络、数据中心、工业互联网等建设，通过补贴、减税、示范区先行等方式加快推广应用。集中力量突破关键"卡脖子"技术，建设国家高科技重点实验室，实施关键技术攻关工程，政府投资基金扶持龙头企业牵头开展研发，协调补贴上下游企业在应用中推动技术快速升级。加强推动重大工程实施的资金和制度保障。充分发挥中央投资引导带动作用，利用好地方政府专项债券资金，继续发挥政策性和开发性金融工具作用，优化项目设计，充分吸引社会资本。深化审批制度改革，加快盘活存量土地资源，对重大重点项目加大土地、能耗、环评等方面的政策支持力度。加强对重大项目建设和政府资金使用的审计监理督察，在做好事中事后管理的同时避免对项目实施的不当干预。

B.5
经济实现结构性修复　未来政策需进一步助力

孙学工　刘雪燕　李世刚　何明洋　杜秦川 *

摘　要：2020 年中国经济受到突如其来的新冠肺炎疫情的严重冲击，一季度 GDP 增速出现有统计以来的最低值。在疫情得到有效控制后，二季度中国经济开启复苏进程。经济复苏呈现快速但非均衡的结构性特征，三季度，经济供给面较快修复，需求面相对缓慢，预计四季度经济将延续平稳修复态势。但当前经济增长的基础仍较为脆弱，不稳定不确定性因素仍较多，政策需保持连续性、灵活性并进一步提高针对性，促进经济尽快回归正常轨道，预计 2021 年中国经济增长 8% 左右。

关键词：经济形势　经济复苏　宏观政策

一　2020 年一季度经济运行受到疫情严重冲击

2020 年初新冠肺炎疫情暴发，严重威胁人民生命安全与身体健康，中国

---

* 孙学工，中国宏观经济研究院经济研究所所长、研究员，主要研究方向为中国宏观经济、财政金融、国际经济；刘雪燕，中国宏观经济研究院经济研究所形势室主任，主要研究方向为宏观经济形势分析与预测、经济增长战略；李世刚，中国宏观经济研究院经济研究所信用室主任，主要研究方向为宏观经济形势分析与预测、经济增长战略；何明洋，中国宏观经济研究院经济研究所形势室博士，主要研究方向为宏观经济形势分析与预测、经济增长战略；杜秦川，中国宏观经济研究院经济研究所形势室博士，主要研究方向为宏观经济形势分析与预测、经济增长战略。

按照人民至上、生命至上的原则，实施了最为严格的防控措施。受此影响，一季度全国范围内的非必需经济活动基本停止，供需双向急剧收缩，增速大幅下滑，包括 GDP 在内的多项指标创历史最低，民生保障压力大幅上升。

（一）供需双向急剧收缩

从生产看，延长假期、推迟复工等疫情防控措施导致部分行业的生产经营暂停，服务经济和工业经济均受到较大冲击，一季度 GDP 增速下降 6.8%，为有季度 GDP 统计以来的最低值。需要人员接触的交通运输、住宿餐饮、旅游、娱乐等领域受到严重冲击，因而服务业受影响程度最大，工业及制造业次之。一季度服务业生产指数和规模以上工业增加值增速分别为 −11.7% 和 −8.4%，较上年同期大幅回落 19.1 个和 14.9 个百分点。从需求看，封城阻道、居家隔离等疫情防控措施导致短期大量消费和投资被抑制，出口也受到一定影响，短期需求骤减。数据显示，2020 年春节黄金周，约超过 10000 亿元消费规模几乎清零；2 月当月住宿餐饮消费减少 4000 亿元以上，商场购物等消费基本停滞。一季度社会消费品零售总额和固定资产投资完成额增速分别为 −19% 和 −16.1%，较上年同期大幅回落 27.3 个和 22.4 个百分点。同时，世界卫生组织（WHO）认定新冠肺炎疫情为国际关注的突发公共卫生事件，虽强调不建议实施贸易限制，但一些国家对中国商品出口采取了限制性措施，叠加世界贸易总量萎缩和中美经贸摩擦的持续影响，一季度，出口下降 13.4%，1~2 月贸易逆差达 425.9 亿元，为 8 年来首次出现贸易逆差。

（二）微观活力受到抑制

一是中小微企业受到明显冲击。清华大学经济管理学院 2 月对全国 995 家小微企业的一项调研结果显示，一些产业停摆导致众多中小微企业生存困难，34% 和 33% 的企业分别仅能维持 1 个月和 2 个月的生存时间。二是市场预期转差。国家统计局的数据显示，2 月中国制造业采购经理指数（PMI）和非制造业商务活动指数分别为 35.7% 和 29.6%，较上月分别大幅回落 14.3 个和 24.5 个百分点。

（三）民生保障压力上升

一是就业形势严峻。一季度，全国城镇新增就业229万人，同比下降近百万人。2月，全国城镇调查失业率为6.2%，较上年同期上升1个百分点，是自该指标发布以来的最高值。经济增长减速直接导致企业用工需求锐减，2月制造业PMI和非制造业PMI中从业人员指数分别为31.8%和37.9%，创有统计记录以来的最低值。二是物价涨幅居高。疫情推高价格总水平，多地采取了交通阻隔等措施，大量养殖企业遭遇饲料供应不足、产品销售受阻等问题，加之非洲猪瘟带来的影响仍在持续，禽肉、猪肉等供应压力增大。农产品生产加工减少，运输困难，导致食品价格结构性上涨矛盾进一步凸显。1~2月，CPI上涨5.3%，涨幅较上年同期和全年进一步扩大，创2011年10月以来新高。三是居民收入缩水。从收入来源分类看，普遍停工、店铺关门歇业导致居民工资性收入和经营净收入受到较大影响；工厂和工地普遍延迟复工，部分企业下调工资，农民工工资性收入明显减少；农业生产净收入、出租房屋财产净收入和其他资产净收入等均受到一定影响。一季度全国居民人均可支配收入名义增长0.8%，实际增速为-3.9%，为有此项统计数据以来首现下降。

二 2020年二季度开启复苏进程，三季度经济实现结构性复苏

中国统筹新冠肺炎疫情防控和经济社会发展工作，把人民生命安全和身体健康放在第一位，率先控制住了疫情。自二季度起，中国经济从疫情严重冲击中逐步复苏，三季度供给面修复接近完成，需求面相对较慢，但近期速度有所加快，供给和需求的匹配度提高，经济增长的内生动力不断增强。

（一）供给面修复接近完成

一是近期工业增速已高于上年。前三季度，规上工业增加值同比增长

1.2%，其中9月增长6.9%，高于上年同期1.1个百分点，也高于上年全年5.7%的增速，表明工业复苏在总量层面已经完成。二是工业增长动力链条扩展。首先，基建和房地产链条保持强劲。9月，黑色和有色金属冶炼和压延加工业分别增长9.0%和3.5%，通用设备制造业和专用设备制造业分别增长12.5%和8.0%。钢材、水泥产量分别增长12.3%和6.4%。其次，新动能链条快速增长。电气机械和器材制造业与计算机、通信和其他电子设备制造业分别增长15.9%和8.0%。3D打印设备、平衡车、服务机器人、智能手表等新兴智能产品继续保持70%以上的高速增长，城市轨道车辆、充电桩等新基建产品增速均在20%以上。再次，抗疫相关产业仍保持较高增速，9月医药制造业增速环比提高4.1个百分点至7.4%。最后，消费品制造业增速转正。三季度，消费品制造业增加值增速由负转正，同比增长0.5%，较二季度回升0.7个百分点。9月当月消费品制造业增加值同比增长3.2%，比上月回升4个百分点。三是服务业修复提速。前三季度，服务业生产指数同比下降2.6%，降幅比上半年收窄3.5个百分点。9月当月，全国服务业生产指数同比增长5.4%，达到上年末的80%。信息传输、软件和信息技术服务业与金融业生产指数同比分别增长16.2%和8.3%，批发和零售业生产指数年内首次由负转正，增速达2.9%。

（二）需求面修复相对滞后但持续推进

一是投资趋势性增长确立。三季度，固定资产投资增速由负转正。其中，制造业投资增长-6.5%，较1~8月回升1.6个百分点，9月增速已经回至上年水平。房地产开发投资增长5.6%，基建投资增长2.42%，单月增速均持续稳定在较高水平。高技术行业投资增长9.1%，其中高技术制造业增长9.3%，高技术服务业增长8.7%。二是服务消费回升将加快弥补消费缺口。随着防控措施放松，各类消费场景稳步恢复，居民外出旅行和就餐活动增多，住宿和餐饮消费持续恢复。三是出口增长持续高于预期。前三季度，外贸总额同比增长0.7%，累计增速年内首次实现正增长，三季度进出口总额、出口总额、进口总额均创下季度历史新高。口罩、医疗器械、药品等出口额连续多月高速增长，近期虽然防疫物资出口增速有所回落但依然较为强劲。三季度以来，服装、玩具、鞋等传统消费品出口开始有所好转，纺织品服装出口额同比增长 9.4%（以人民币计同比增长 12.3%），增速较上半年提高 6.2 个百分点。

（三）高频数据显示需求面修复将持续进行

一是制造业订单和企业生产经营预期大幅改善。9 月，PMI 中新订单指数升至 52.8%，环比提高 0.8 个百分点，企业生产经营预期指数环比提高 0.1 个百分点至 58.7%，均达到年初以来最高水平。二是服务业商务活动指数显著回升。9 月服务业商务活动指数为 55.2%，比上月上升 0.9 个百分点，连续 7 个月位于荣枯线上方。从行业看，除资本市场服务外，其他行业商务活动指数均位于荣枯线上，行业复苏呈现向好趋势。从市场预期看，服务业商务活动预期指数为 62.2%，较 8 月上升 0.9 个百分点。三是原材料产量增加且价格上行映射出需求继续回暖。前三季度全国生铁、粗钢、钢材产量同比分别增长 3.8%、4.5% 和 5.6%，9 月单月同比分别增长 6.9%、10.9% 和 12.3%；9 月动力煤、褐色金属和化工产品等重要生产资料价格继续上涨，CCFI 指数和公路物流运价指数均持续上升。四是 BCI 持续回升。9 月长江商学院中国企业经营状况指数（BCI）为 55.14%，较上月上升 0.27 个百分点，创年初以来新高。其中相关行业内需订单和出口订单均呈现回升态势，现货价格继续上行，显示企业经营状况持续改善，量价均有所提升。

（四）资金层面显示货币金融环境有利于经济增长

一是社会融资需求保持较高增速。9 月末社会融资规模存量为 280.07 万亿元，同比增长 13.5%。前三季度人民币贷款同比多增 2.63 万亿元，已经接近 2019 年全年新增 16.81 万亿元的水平。9 月末，人民币贷款余额 169.37 万亿元，同比增长 13%，增速与上月末持平，比上年同期高 0.5 个百分点。二是社会融资结构改善亦显示经济运行持续向好。2020 年以来，金融体系对实体经济的信贷支持力度加大的同时，实体经济从债券、股票市场获得的直接融资也大幅增加，企业新增发债额和上市企业融资额均大幅增长。前三季度，企业中长期贷款增长明显，新增贷款中中长期贷款比例大幅提高，实体经济的中长期贷款占各项新增贷款的 72.9%。企业债券融资 41000 亿元，较上年同期增长近 70%。9 月末，企业债券融资占社会融资规模比例较上年同期高出至少 2 个百分点。

三　当前经济复苏中存在的问题和风险

当前全球局势复杂多变，疫情发展形势尚存在较大的不确定性，金融市场波动加剧，地缘冲突增加，中国经济长期积累的风险和矛盾不断释压，或将在一定程度上干扰中国经济的修复进程。

（一）国际环境不确定性趋升

一是全球经贸活动收缩。当前，全球新冠肺炎疫情蔓延态势尚未得到有效遏制，世界经济和宏观经济政策前景不确定性上升，严重挫伤全球经济未来预期，导致全球经贸投资活动等更趋谨慎。OECD 全球综合领先指标自 2020 年 3 月以来持续低于 99，是 2009 年 10 月以来所未有的低位。IMF 在 10 月发布的报告预测，2020 年全球经济增长 -4.4%，较上年全球经济实际增速下滑约 7.2 个百分点，全球货物和服务贸易增速为 -10.6%，较上年全球货物和服务贸易实际增速下滑超过 11 个百分点。二是美国打压中国力度不断升级。疫情暴发后美国对中国经贸领域的打压扩展为政治、军事、安全、经济等领域的全方位打压，美国全面否定中国的政治制度，重归冷战时期的意识形态斗争，大搞清洁网络等产业链去中国化行动，扩大技术与关键零部件禁运实体清单范围，还挑动中国周边国家和其他国家共同遏华。三是疫情发展形势存在较大不确定性。国际疫情单日新增感染人数持续创新高，随着逐渐步入秋冬季而迎来第二波大暴发，部分控制较好的国家持续面临疫情输入性风险。

（二）大宗商品、股票、汇率等市场波动有所加剧

受新冠肺炎疫情及微观主体预期不稳等因素影响，近期主要金融市场波动幅度有所加大，为企业经营和经济运行带来一定的次生风险。一是主要大

宗商品价格大幅波动。受疫情影响，2020年初，煤炭、钢铁、石化、有色金属等大宗商品价格出现大幅回落，上游原材料生产企业利润空间受压，随着疫情防控形势的逐步好转和经济增长的持续回暖，"三黑一色"等大宗商品价格稳步上行，近期主要大宗商品价格再现下行迹象。二是全球股票市场面临普遍调整。9月以来，美国道琼斯工业、纳斯达克、标普500三大股指全线回落，科技板块所受冲击尤为明显。英、法、德等国股票市场持续不振，个别新兴市场国家股指面临大幅回调。国内上证综指、深圳成指、创业板指等在经历6~7月一轮快速上行后，近期正处在震荡调整区间，较前期高点回落约8%。三是人民币汇率呈现宽幅波动。年初以来，美元、日元等主要货币兑人民币均出现明显升值，月均汇率分别由1月的6.9172和6.3255升至5月的7.0986和6.6167，升值幅度达到2.6%和4.6%。随后中国疫情得到有效控制，经济触底回升，人民币逐步转向升值通道，截至10月底，美元、日元兑人民币汇率已分别降至6.7232和6.4268，降幅为5.3%和2.9%。

（三）消费回暖步伐明显滞后

前三季度，社会消费品零售总额同比下降7.2%，与供给端的规上工业增加值（1.2%）、服务业生产指数（−2.6%）和需求端的固定资产投资完成额（0.8%）、货物出口（1.8%）相比均明显滞后，成为当下经济企稳回升的主要短板。消费不振，一方面源于常态化疫情防控形势下部分接触性、聚集性消费潜能难以有效释放，另一方面源于居民收入增速的放缓和收入预期的转差，前三季度城镇居民人均可支配收入同比名义增长3.9%，实际增长0.6%，低于同期整体经济增速，且伴随着疫情冲击下就业市场压力保持高位，未来居民收入状况及消费的改善仍面临较大挑战。

（四）部分地方政府加大非税收入征收力度可能增加企业经营压力

2020年以来，受宏观经济、新冠肺炎疫情、减税降费等因素综合影响，基层保运转压力持续加大，用于疫情及相关费用支出增加，财政收支矛盾凸显，部分地方政府拓展非税收入以提升财力。调研结果显示，1~8月，西部某省会市某辖区税收收入增长 −5.3%，非税收入增长 39.9%，中部某地市 1~7 月税收收入和非税收入分别同比增长 2.6% 和 28%，东部沿海某地市税收收入和非税收入分别同比增长 −18.6% 和 30.9%。

四　2020 年四季度和 2021 年经济形势展望

2020 年前三季度经济增长结构性特征鲜明，地产系、基建系、抗疫系行业成为经济修复的主要动力。2020 年三季度以来，消费恢复有所加快，企业经营状况持续改善，增长动力链条扩展，预计 2020 年四季度至 2021 年经济将呈现持续复苏态势。

（一）投资增速有望进一步提高

基建和房地产投资增长趋势稳定，制造业投资继续回升。首先，得益于前期托底政策支撑，基建投资快速修复，虽然近月在专项债节奏及 7~8 月专项债向棚改分流影响下，增速有所回落，但在存量政策效应持续释放拉动下，预计基建投资年内将保持较高增速。其次，监管部门对房企融资设置了"三条红线"，可能会在一定程度上抑制房地产活动，但该政策的执行和铺开还需要一定的时间，且将促使企业更依赖销售回款，短期内或加快开工、推盘以实现高周转，房地产投资仍将保持较强韧性。最后，企业经营预期显著好转，企业利润有所修复，加之服务业防疫措施的放开，将对制造业的生产扩大形成一定支撑，预计制造业投资增速将保持回升态势。

（二）消费继续回升

服务消费、大宗商品消费和升级类消费助推消费回升。首先，疫情之前，服务消费和货物消费在居民消费支出中大致各占一半。据估计，2020 年一季度，两者同比都下跌了 10% 左右，二季度货物消费已经转为 2% 左右的正增长，但服务消费继续下跌 10% 以上，可以说服务消费复苏缓慢拖累整体消费增长。随着后期防控措施进一步放松，预计服务消费将出现较快回升。其次，

房地产市场持续高景气以及疫情防控形势好转，家具类、家用电器和音像器材类、建筑装潢类等房地产链条消费增长将成为消费增长支撑点。再次，秋季是新车上市旺季，因前期受疫情影响，新品上市节奏较慢，预计四季度将有较多新品集中上市，加之上年基数较低，汽车消费将保持强势。基建投资的高增长也将带动工程车辆消费的较快增长。最后，消费升级类商品和新型消费将保持较快增长。

（三）出口强劲势头仍将持续一段时间

国内外疫情时间差和中国完备的供给体系使得中国出口表现仍然值得期待。前三季度，防疫物资、远程办公用品以及高新技术产品的出口表现良好。四季度，第一，受益于全球需求的持续回暖，特别是预计疫苗大规模上市后世界经济修复速度将进一步加快。第二，国外疫情促使防疫物资出口仍将保持较快增长。第三，疫情冲击时点错位和完备的供应链支撑，促进中国传统优势产品，如服装、家具、玩具等出口回升。不利因素方面，第一，人民币汇率走强将在一定程度上抑制出口增长。第二，东南亚等国家的复工复产对中国出口形成竞争。CPB数据显示，6月亚洲其他新兴经济体出口增速明显回升并超过中国，如越南6~7月出口明显反弹，中国出口在美国和欧洲的市场份额已有所下降。总体来看，预计四季度出口将保持较高增速。

（四）供给面支撑稳定

基建系、地产系、抗疫系、消费系生产稳定成为供给面稳定的支撑。第一，基建投资和地产市场的较快增长带动生产端原材料、装备制造、金属冶炼等行业较快增长。第二，国际疫情蔓延和国内疫情防控的常态化使得抗疫物资需求不减，纺织业、医药制造业受此带动将保持较快增长。第三，前三季度，受消费低迷影响，消费品制造业增速低于整体工业水平，预计随着货物消费和服务消费回升速度加快，上半年表现弱势的相关消费品制造业将呈现较快增长。第四，企业经营状况改善，预期向好，也为企业扩大生产释放了积极信号。

（五）价格形势总体保持稳定

2020 年底在新涨价因素叠加季节因素的影响下，月度价格涨幅可能会冲高，但受到上年高基数影响，预计 CPI 总体将保持稳定。近期 PPI 受到上年低基数、大宗商品价格上行以及需求逐步回暖的影响，连续出现上行，预计年内 PPI 回升态势将持续。

总体而言，经济供给面和需求面修复都将继续，经济总体进入疫后修复的第二阶段，预计全年经济增长 2.2% 左右。展望 2021 年，疫苗大概率会上市，消费和服务业将加速修复，全球贸易也将有新一轮扩张，加之 2020 年低基期影响，预计经济增长速度将会冲高。在疫情可控背景下，考虑到 2020 年增长低基数、政策滞后影响因素和国内外经济增长环境，我们预测，2021 年 GDP 增速将呈现统计数字"虚高"，达到 8% 左右。

五　2021 年预期目标和政策措施建议

2021 年要综合考虑疫情防控、经济社会恢复、已出台政策措施滞后效果、"十四五"规划目标等多方面因素，充分认识经济、价格、就业形势的复杂性和严峻性，适度调整主要经济指标的预期目标。

（一）预期目标

经济增长目标：建议以季度 GDP 环比折年率 5.5% 左右作为 2021 年的经济增长目标。原因有二：一是环比数据的敏感性高，较同比指标更早恢复正常，可以避免使用同比指标导致增长数据失真、虚高；二是环比折年率在国际上被广泛采用，美国等国家均采用经过季节调整的季度 GDP 环比折年率来反映经济增长情况。

价格涨幅目标设定在 3.0% 左右。综合考虑需求侧恢复程度、货币政策滞后效应、猪肉在 CPI 中权重调整等多方面因素，加之价格在 2021 年运行中仍将受到一些突发性、短期性和扰动性因素影响，利用新涨价因素和翘尾因素

模型测算，预计 2021 年 CPI 大概率为 3.0% 左右。

城镇新增就业 1100 万人以上，城镇调查失业率为 5.5% 左右，城镇登记失业率为 5% 左右。同时更加注重缓解就业的结构性矛盾，解决好高校毕业生（重点要降低 20~24 岁大专以上人员的失业率）、需就业安置人员、农民工等重点群体和湖北省等重点区域的就业问题，避免因大规模失业而增加社会不稳定因素。

（二）政策措施

第一，真正落实"宏观调控跨周期设计和调节"。财政、货币、就业等各项政策仍需保持连续性，不可过分倚重单个指标、某个时点的表现来判定政策是否退出，要做好跨周期宏观调控设计和调节，要为实体经济全面恢复提供时间窗口和必要保障。积极的财政政策要更加提质增效，稳健的货币政策要注重收放有度。财政政策方面，要合理设定赤字率安排、特别国债、专项债、直达基层机制和工具；货币政策方面，要保障货币供应量、社会融资规模、金融体系流动性等各类"量"的合理充裕，要实现货币市场、债券市场、信贷市场利率等各类"价"的高低合意，货币政策直达实体工具和结构性信贷政策也要有序调整、相机调整。

第二，聚焦"两新一重"扩大有效投资，传统新兴并重促消费。首先，加快 5G、一体化数据中心等新型基础设施建设，加快推进以县城城镇化补短板、强弱项为重点的新型城镇化建设，加快交通、水利等重大工程以及物流基础设施建设。加快中央预算内投资计划执行和项目建设进度与专项债券发行使用进度，及早谋划做好 2021 年专项债券项目准备，通过 REITs 等多措并举促进民间投资。其次，进一步创新无接触消费模式，完善"互联网 +"消费生态体系，促进消费新业态、新模式、新场景的普及应用。尽快出台 2.0 升及以下排量乘用车购置税减半优惠政策，在北京等特大城市适当增加新能源汽车购车指标，启动家电节能更新补贴政策。允许学校、科研院所等公益性事业单位及政府部门等公共机构适当加速固定资产折旧、扩大采购产品范围。优化设计、临时性调整休假制度，试行每月一次周末 2.5 天弹性工作制。

第三，着力提升供应链质量和市场主体活力。提升产业基础能力和产业链水平，围绕主导产业形成系统、高效、灵活、完备的供应链网络，加快供应链创新应用。提升供应链安全性、稳定性、协同性、开放性，提高供应链数字化和智能化水平，积极扩大区块链、大数据、5G等新兴技术在供应链领域的集成应用，以数字经济、新基建、智慧城市、创新平台等为主攻方向，支持企业开展数字化转型，加大智能设备的投入和使用力度。保护和激发各类市场主体潜能，加强自主品牌建设等。落实并强化对市场主体的各项政策支持，确保各项纾困措施直达基层、直接惠及市场主体，增强市场主体活力。

第四，加快完善现代流通基础设施和物流网络体系等。加快建设现代综合运输体系和交通运输市场，优化综合运输通道布局，加强高铁货运和国际航空货运能力建设，支持关系居民日常生活的商贸流通设施改造升级，强化支付结算等金融基础设施建设，提供更多直达各流通环节经营主体的金融产品和服务，加快建立储备充足、反应迅速、抗冲击能力强的应急物流体系等。完善商贸流通等基础设施网络，加快建立健全数字化商品流通体系，畅通工业品下乡、农产品进城双向流通渠道，补齐农产品冷链物流设施短板，开展农商互联农产品运输链建设，优化城乡商业网点布局，畅通物流、人流、信息流、资金流等要素流通循环。

第五，有效解决民生领域的实际困难。一是多措并举稳就业，持续打出减负、稳岗、扩就业政策组合拳，加强对高校毕业生、农民工和疫区劳动者等重点群体的就业帮扶。完善规模性失业风险分级响应和应急处置措施。设立就业风险储备金，应对突发性、规模性失业风险。二是对劳动密集型企业实施差异化税费及金融支持，加大对中小微企业吸纳就业补贴力度。用好用足援企稳岗政策，扩大中小微企业稳岗返还政策受益面，让税费减免、金融支持、房租补贴等政策真正惠企惠就业。三是抓住时机深化收入分配制度改革。一方面，疫情期间出台的保障低收入群体基本收入的各项政策应延续一段时间。另一方面，继续开展重点群体增收计划，实施中等收入群体快速增长计划。针对专业技术人员，应切实落实体现绩效激励效应的收入形成机制，

取消事业单位绩效工资总额限制。

第六，防范重点领域风险。一是房地产市场坚持分类分城施策，强化地方政府调控的主体责任，防范房价大幅波动风险。稳妥有序开展房企融资清单式管理，防止"三道红线"新政下"踩线"企业的债务违约问题。二是妥善解决融资平台到期债务问题，做好债务平滑接续，避免出现大规模债务集中违约。更好发挥债权人委员会机制作用，加强监管协调，稳妥化解存量地方政府债务风险。三是提升不良处置的能力，加快不良资产处置，多渠道补充各类银行尤其是股份制银行、地方中小银行的资本金。四是切实防止套利和资金空转，引导金融机构将资金用在"刀刃"上，防止资金空转套利，高度关注高风险影子银行死灰复燃、企业与住户等部门杠杆率上升的风险。五是加快推进金融供给侧结构性改革，加快构建银行、股票和债券等全方位的金融支持服务体系；密切关注股市、债市波动带来的次生风险。

参考文献

廖群：《我国经济复苏力度不断加大》，首席经济学家论坛微信公众号，2020年10月21日。

汪涛：《9月经济继续复苏，三季度GDP增长4.9%》，首席经济学家论坛微信公众号，2020年10月20日。

李迅雷：《前三季度经济如何看：增速无关紧要，结构才是重点》，李迅雷金融与投资微信公众号，2020年10月19日。

赵同录：《前三季度经济运行稳定恢复 增速由负转正》，中国经济网，2020年10月20日。

IMF：《世界经济展望报告》，2020年10月。

财政运行与税收分析篇

Financial Operations and Tax Analysis

B.6

中国财政运行形势分析、展望及政策建议

杨志勇 *

摘 要： 在疫情和国内外复杂经济因素共同作用下，2020 年前三季度一般公共预算收入同比下降 6.4%，一般公共预算支出同比下降 1.92%，财政形势较为严峻。随着疫情得到有效防控，财政收入从 6 月开始实现正增长，财政形势总体趋好。非税收入和土地出让金收入对税收收入下滑起到对冲作用，促进了财政正常运行。财政赤字率的提高和财政政策实施方式的创新，保证了积极财政政策的有效运行。2021 年财政收入仍面临较大压力，财政支出扩张态势未变。2021 年中国仍应实施积极财政政策，财政赤字率可设定在 4% 左右。中国

---

* 杨志勇，中国社会科学院财经战略研究院研究员，主要研究方向为财政理论与比较税制。

应注意优化宏观调控跨周期设计和调节，让积极财政政策更加有效；加强财政政策选择与财税改革的协调；高度重视地方债风险，促进财政健康运行；为应对人口老龄化风险做好财政储备的基础工作。

关键词：财政政策　财政风险　现代财政制度

一　2020年财政运行形势基本情况

（一）一般公共预算收入

1. 收入规模

2020年前三季度一般公共预算收入141002亿元，同比下降6.4%，较上年同期下降9.75个百分点。2020年1~9月各月一般公共预算收入同比增速情况如图1所示，2020年1~5月一般公共预算收入均低于上年同期，且降幅较大，其中3月一般公共预算收入降幅最大，同比下降26.11%。2020年6月一般公共预算收入增幅转正，同比增速为3.22%，7月收入形势继续好转，同比增速为4.34%，8月收入同比增长5.29%，9月同比增速放缓，为4.53%，其中6~8月的收入同比增速均快于上年同期。①

2. 税收收入与非税收入

一般公共预算收入包括税收收入和非税收入。2020年前三季度全国税收收入为118876亿元，同比下降6.37%，较上年同期下降5.97个百分点。2020年1~9月各月税收收入同比增速情况如图2所示，2020年1~5月税收收入均少于上年同期，且降幅较大。其中，3月税收收入下降幅度较大，同比下降32.25%，4月税收收入继续下滑，同比下降17.27%。5月税收收入形势开始趋好，6月由负转正，同比增长8.97%，7月税收收入同比增速略有下滑，为5.74%，8月和9月的税收收入同比增速分别为7.03%和8.17%。

---

① 本文财政收支数据均来自财政部官网（www.mof.gov.cn）。

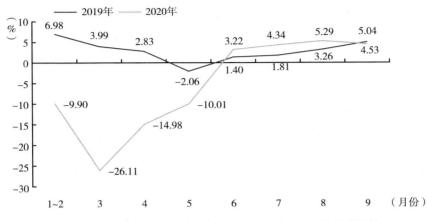

图 1　2019~2020 年前三季度全国一般公共预算收入同比增速情况

2020 年 1~9 月全国非税收入为 22126 亿元，同比下降 6.67%，较上年同期下降 35.91 个百分点。2020 年 1~9 月各月非税收入同比增速情况如图 3 所示。相较于上年同期，2020 年 1~9 月非税收入均明显下降，其中 5 月和 6 月非税收入降幅最大，分别下降 26.63% 和 16.82%。7~9 月非税收入相较上年同期降幅明显缩小，其中 8 月降幅仅为 1.45%。

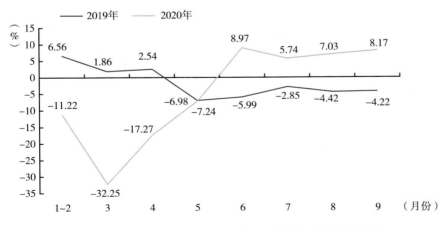

图 2　2019~2020 年前三季度全国税收收入同比增速情况

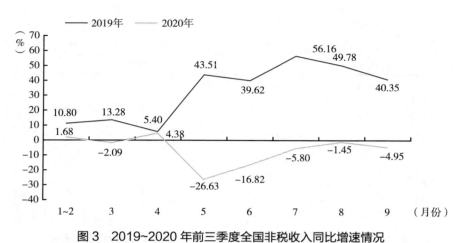

图3 2019~2020年前三季度全国非税收入同比增速情况

图4是2019~2020年前三季度非税收入占比情况,可以看出,2020年3月非税收入占比明显提高,为26.95%。除3月外,2020年1~4月各月非税收入占比与上年同期相近,5~6月政府对非税收入的依赖度明显下降,7~9月对非税收入的依赖度有所提高,与2019年同期相近。

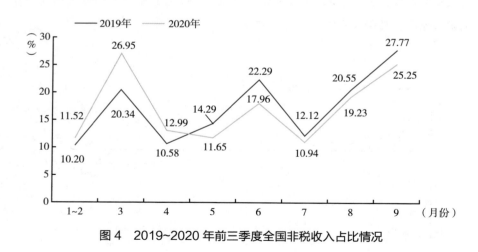

图4 2019~2020年前三季度全国非税收入占比情况

3. 中央收入和地方收入

2020年前三季度中央本级一般公共预算收入65335亿元,同比下降

9.31%，较上年同期下降 12.85 个百分点。2020 年 1~9 月各月中央本级财政收入同比增速情况如图 5 所示，1~5 月中央本级财政收入明显少于上年同期，降幅较大。其中，3 月中央本级财政收入下降幅度最大，同比下降 33.90%，4 月同比下降 21.05%，5 月同比下降 14.36%。6 月中央本级财政收入同比增速由负转正，同比增长 1.92%，7 月继续提升，同比增长 4.60%，8 月同比增速略有下降，为 3.53%。9 月中央本级财政收入增速由正转负，下降幅度为 1.11%。[①]

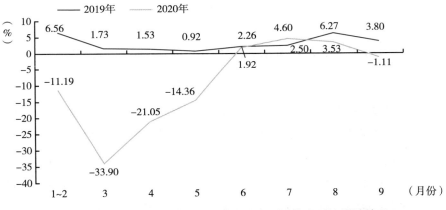

图 5　2019~2020 年前三季度中央本级财政收入同比增速情况

2020 年前三季度地方本级一般公共预算收入 75667 亿元，同比下降 3.77%，相较上年同期下降 6.90 个百分点，地方一般公共预算收入降幅明显小于中央一般公共预算收入。2020 年 1~9 月各月地方本级财政收入同比增速情况如图 6 所示，1~5 月地方本级财政收入均少于上年同期，但降幅均明显小于中央本级财政收入。其中，3 月地方本级财政收入下降幅度最大，同比下降 20.77%，4 月同比下降 9.12%。6 月地方本级财政收入同比增速由负转正，同比增长 4.31%，7 月同比增速略有下降，为 4.09%，8 月和 9 月同比增速持续加快，分别为 6.91% 和 9.17%。

---

① 这是由非税收入下降引起的，增值税、消费税、企业所得税和个税收入 9 月都增加了。考虑到非税收入结构的特殊性，税收收入的增长更能反映经济的正增长。

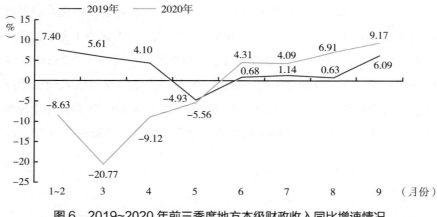

图6 2019~2020年前三季度地方本级财政收入同比增速情况

图7是2019~2020年前三季度地方本级财政收入占比情况，可以看出，2020年前三季度地方本级财政收入占比明显提高，其中3月地方本级财政收入占比为63.59%，超过上年同期约4个百分点；随着中央本级财政收入回升，7月地方本级财政收入占比有所下降，与上年基本持平，但9月地方本级财政收入占比继续攀升，达到57.31%。总体上，2020年前三季度地方本级财政收入占比为53.66%，比2019年提高1.48个百分点。

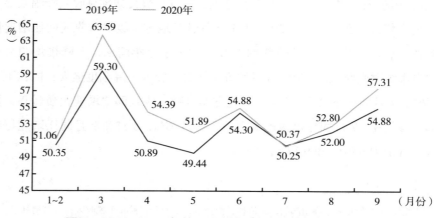

图7 2019~2020年前三季度地方本级财政收入占比情况

（二）政府性基金预算

2020 年前三季度政府性基金预算收入为 55207 亿元，同比增长 3.84%。图 8 是 2020 年 1~9 月政府性基金预算同比增速情况，可以看出，政府性基金预算收入在大部分时间内均保持正增长，尤其是在一般公共预算收入大幅下跌的 3 月，政府性基金预算收入仍保持 0.80% 的增长，5~7 月以及 9 月政府性基金预算收入增幅均超过 10%。与 2019 年同期相比，2020 年前三季度政府性基金预算收入的增速有所下降。

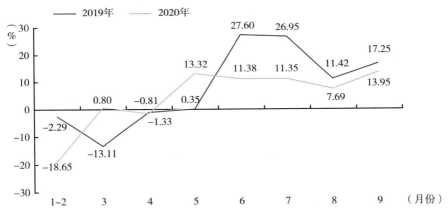

图 8　2019~2020 年前三季度政府性基金预算收入同比增速情况

（三）一般公共预算支出

2020 年前三季度全国一般公共预算支出 175185 亿元，同比下降 1.92%，2020 年支出降幅明显小于收入降幅。2020 年 1~9 月各月一般公共预算支出同比增速情况如图 9 所示。2020 年 1~6 月一般公共预算支出同比增速均低于上年同期，且降幅较大，其中 6 月一般公共预算支出降幅最大，同比下降 14.37%；7 月和 8 月同比增速快于上年同期，分别同比增长 18.46% 和 8.74%，9 月较上年同期有所减少，降幅达到 1.11%。2020 年 1~9 月，仅 4 月、7 月和 8 月的支出同比增速为正。

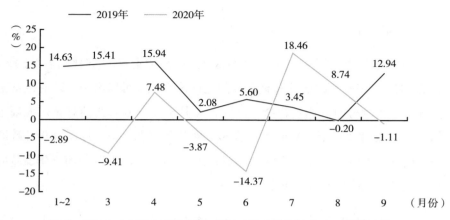

图9 2019~2020年前三季度全国一般公共预算支出同比增速情况

二 2020年财政运行形势的主要特点

（一）财政收入下降幅度较大，但收入形势逐月转好

受疫情①和2019年大规模减税降费（从2019年4月1日起，增值税税率大幅下调，原适用16%的税率下调为13%，原适用10%的税率下调为9%）的影响，2020年前三季度一般公共预算收入降幅较为明显，其中3月降幅最大，这一降幅在以往年份从未出现过，3~5月的降幅均超过10%，财政可持续性受到严峻挑战。中央采取有效措施防控疫情，实施力度更强的逆周期宏观调控政策，做好"六稳"工作，落实"六保"任务，积极政策提质增效、精准性和有效性不断提高，经济形势向好带动财政收入形势趋好。一般公共预算收入增速由负转正，6月起各月一般公共预算收入增速已经接近或超过上年同期。

---

① 关于疫情对经济影响的分析，参见蔡昉《疫情冲击和应对政策的特征化事实》，《财经智库》2020年第3期；中国社会科学院宏观经济研究中心课题组《应对疫情全球大流行冲击实施一揽子纾困救助计划》，《财经智库》2020年第2期；中国社会科学院宏观经济研究中心课题组《疫情常态化防控下精准加力扩大内需》，《财经智库》2020年第4期。

（二）直接税比重逐步提高，间接税比重逐步下降

增值税、企业所得税、消费税和个人所得税是提供最多税收收入的四个税种。一方面，2020 年前三季度，企业所得税和个人所得税收入之和为 38576 亿元，占一般公共预算收入的 27.36%，国内增值税和消费税收入之和为 53566 亿元，占一般公共预算收入的 37.99%，而 2019 年两类税种的占比分别为 26.25% 和 40.34%。2020 年直接税比重有所提升，间接税比重明显下降，下降 2.35 个百分点，6~9 月企业所得税和个人所得税在大部分时间保持超过 10% 的增幅，而增值税收入同比增速 8 月才转正，且增幅小于 5%。另一方面，2020 年 6~7 月，企业所得税与增值税收入相当，增值税收入与企业所得税收入相差在 1% 范围内 ①。2019 年 6 月增值税收入超过企业所得税收入 26.90%，7 月增值税收入超过企业所得税收入 5.36%。间接税比重下降的主要原因是增值税税率大幅下调以及相关税收优惠政策的出台，这与应对经济下行压力实施大规模减税降费的积极财政政策有关，也与党的十八届三中全会提出的"逐步提高直接税比重"和党的十九届五中全会提出的"适当提高直接税比重"的改革方向一致。

（三）与税收收入相比，非税收入保持相对稳定

2020 年前三季度税收收入走势与经济形势较为吻合，随着经济增长呈现波动变化，税收收入在 3 月降幅最大，并随着经济回暖有所好转。但是，非税收入在 2020 年 1~4 月相对稳定，5 月和 6 月出现的负增长主要与 2019 年度国企利润上缴收入的大幅增长有关，7~9 月非税收入水平基本与上年相当。无论如何，非税收入的演变态势表明，经济下行时期，政府部门通过非税收入弥补财政收入不足，缓解财政压力。在一定程度上，非税收入成为政府应对税收收入下行压力的"调节阀"。地方政府积极组织非税收入，这也导致地方财政收入波动幅度明显小于中央财政收入。

---

① 两税相差幅度 =（增值税 - 企业所得税）/ 企业所得税 ×100%，下同。

（四）政府对土地出让金收入的依赖度明显增加

政府性基金预算收入表现出明显的顺周期[①]特征，这与土地出让金收入的高增长直接相关。2020年前三季度土地出让金收入为49360亿元，同比增长10.30%，较上年同期提高4.50个百分点。不仅如此，自2020年5月起，土地出让金收入保持着超过10%的增长幅度，其中5~7月的增幅超过20%，这一超快增长的直接结果是，从2020年5月起，土地出让金收入已经大幅超过增值税这一主体税种收入，5月超幅达到40.96%，6月超幅达到37.78%，7月超幅达到32.00%，8月超幅达到71.44%，9月超幅达到59.48%。前三季度土地出让金收入超出增值税收入6670亿元。这表明在经济下行压力下，地方政府对土地出让金收入的依赖度明显增加，且已经大幅度超过增值税等主体税种，这是经济新形势下的财政新特点。

（五）中央财政收入占比略有下降，地方财政收入占比略有提高

相对稳定的非税收入和更易受到经济形势影响的税收收入，导致2020年前三季度地方本级财政收入占比出现一定幅度的提高。其中3~5月的地方本级财政收入占比明显提高，相较上年增长超过2个百分点，这与增值税等税收收入的快速下滑有关；随着经济形势好转带来的税收收入增长，6~8月地方本级财政收入占比与2019年保持相当水平，但9月地方本级财政收入占比与2019年相比提高2.43个百分点。

在大规模减税降费及经济下行背景下，全国财政总收入中，地方财政收入占比有一定幅度的提高，这体现了中央财政在逆周期宏观调控时期的积极财政政策的取向和职能发挥。同时，地方政府非税收入的增加有弱化积极财政政策的效果，但在财政正常运行可能受影响的条件下，这在很大程度上也是迫不得已的选择。

[①] 需要注意的是，土地收入是产权收入，是政府资产转换而来的，这一点在关注中国财政政策走向时需要加以注意。参见杨志勇《新中国财政政策70年》，中国财政经济出版社，2020。

（六）财政支出受到一定的负面影响，财政支出管理方式持续优化

2020年财政赤字率目标设定为3.6%以上，突破常规的3%的所谓"警戒线"，保证了积极财政政策实施的需要。这是在特殊时期采取的特殊举措，财政赤字率从2.8%提高至3.6%以上，财政赤字规模比上年增加1万亿元，同时发行1万亿元抗疫特别国债。加大各类结转结存资金盘活使用力度，努力增加可用财力，弥补财政减收增支缺口，对冲疫情的不利影响。赤字规模扩大的1万亿元和抗疫特别国债1万亿元所形成的2万亿元资金，通过新建立的特殊转移支付机制，直达市县基层，直接惠企利民。

2020年前三季度财政支出出现一定程度的负增长，其原因是受疫情影响，部分项目支出进度较上年同期有所放缓，同时各级政府积极压缩非急需非刚性支出，但是，支出降幅远小于收入降幅，且2020年7月财政支出的同比增幅达到18.46%，这一方面反映逆周期调节，另一方面应与上半年疫情防控相对部分支出滞后有关。

2020年财政收入形势严峻，相应地，在保持财政政策扩张力度的同时，注意优化财政支出结构，改进财政管理。在财政管理上，探索财政资金直达模式是2020年财政支出管理和积极财政政策创新的一种方式。创新财政资金分配方式，最大限度下沉财力，确保资金直达市县基层，让财政政策在落实"六保"任务和做好"六稳"工作中的作用得到充分的发挥。这既是创新财政支出管理方式，也是在完善政府间财政关系，创新转移支付方式。

三　未来财政形势的展望

（一）2021年财政收入压力仍然较大

2020年财政收入面临较大压力，一般公共预算收入降幅明显，尽管三季度财政收入同比增速由负转正，但全年实现正增长的可能性不大。四季度一般公共预算收入同比增速要达到24.37%，2020年一般公共预算收入才能与2019年持平。这也进一步说明财政收入形势严峻。

疫情冲击应是 2020 年财政收入形势严峻的直接原因。疫情一度让经济活动停摆，虽然中国在很短时间内就控制住了疫情，但是疫情全球蔓延，造成全球经济衰退，外需受到严重影响。国际经贸争端，也让一些行业的产业链和供应链面临断链的危险，让经济增长的不确定性加大。大规模减税降费政策在短期内也加剧了财政收入的压力。根据国家税务总局数据，2020 年前三季度全国新增减税降费累计超过 2 万亿元，全年新增减税降费预计超过 2.5 万亿元。当然，这些措施切实降低了企业负担，扶持了受疫情冲击较大行业的发展，是值得充分肯定的。

随着疫情防控进入常态化和双循环新发展格局的加速构建，中国经济在 2020 年三季度已基本上恢复疫情之前的增长态势。如疫情不出现反复，2021 年财政收入将实现正常增长。由于 2020 年较低的财政收入基数，2021 年财政收入同比增速将大概率保持较高的水平，但这种增速是建立在 2020 年基数之上，收入增长更准确的理解是在恢复。考虑到疫情的不确定性，以及全球经济新秩序还在形成之中，经济安全形势仍然较为严峻，这样，积极财政政策仍要继续实施，财政收入总体上仍面临挑战。

（二）2021年财政支出扩张态势未变

2021 年，全球疫情的威胁仍然存在，疫情防控资金仍然需要加以保障，公共卫生体系建设也需要持续的财政资金投入。总体上看，2021 年财政支出压力仍然较大，财政支出结构优化可以释放部分财力，但财政支出扩张态势未变。

财政支出由人员经费支出、公用经费支出和项目经费支出构成。人员经费几无压缩空间，如果考虑到工资性支出随物价上涨调整的需要，那么人员经费不仅不能压缩，反而需要增加。公用经费这些年一直在压缩，但由于公用经费标准本身就偏低，压缩空间较小。现实中，公用经费不足已经通过挤占项目经费的方式来弥补，更说明压缩公用经费的困难。"一刀切"压缩公用经费只适用于特定时期，随着国家治理体系和治理能力现代化水平的不断提高，经费标准的设定应该更加科学。项目经费有压缩的余地，但考虑到项目经费的形成有各种各样的原因，每一个项目经费的压缩都会遇到各种挑战，项目经费的压缩也不是那么容易做到的。2021年是"十四五"规划实施的第一年，不少项目将会启动，这意味着财政支出中项目经费可能进一步增加。新发展理念的落实，要求更多的"共享"，这要通过进一步改善收入分配机制来加以解决，要求财政增加相应的社会福利支出。

从大趋势来看，随着政府职能的转变，与市场经济条件下政府职能定位不符的经费支出都应该削减，但在短期内还不容易表现出来。但从现实来看，财政支出刚性特征较为明显，大幅度削减难度极大。基层"三保"、"六保""六稳"在很大程度上都离不开财政支出的保障。

四　政策建议

（一）2021年财政赤字率设定在4%左右

基于财政收支形势的判断，2021年财政赤字规模需要进一步扩大。2020年设定的3.6%以上的赤字率指标仍有进一步提高的必要。2021年财政赤字率大概率超过3%。相应地，公债规模将进一步扩大。

从必要性来看，必须继续实施积极财政政策，需要较多的财政投入。由于财政收入形势总体仍会紧张，一定的财政赤字规模有利于缓解财政支出压力，有利于补齐发展短板，有利于加大公共卫生服务等民生短板领域以及科技创新、新基建等重点领域的投入。维持3%以上的财政赤字率有利于规范地方政府财政收支行为，防范系统性债务风险。从可行性上看，中国财政赤字率在全球范围内仍处于较低水平，财政可持续性不是问题，债务风险始终处于可控范围内。考虑到中国政府拥有庞大的资产，应对债务风险能力本来就超过一般国家，赤字率提升有较大的空间。2021年财政赤字率宜设定在4%左右的水平上。

（二）优化宏观调控跨周期设计和调节，让积极财政政策更加有效

本轮积极财政政策从2008年开始已实施12年，虽然财政政策的具体内

容在 2017 年前后有较大的变化，但是本来作为短期经济政策的积极财政政策实质上已经长期化。从国内外经济形势来看，2021 年积极财政政策仍没有退出的可能。同一政策长期实施难免会有政策效力递减问题，因此，一方面需要就政策的具体实施细节进行优化，另一方面要在中长期背景下考虑短期政策的选择问题。这样，优化宏观调控跨周期设计和调节就显得尤其重要。可以说，这是积极财政政策提质增效的内在要求。

积极财政政策需要创新，2020 年特殊转移支付制度的建立就是创新，财政资金直达机制的建立充分利用了国库支付改革的成果，让财政政策效果更快显现。2021 年，财政政策的具体实施方式仍应继续创新，以进一步提高政策绩效。

跨周期设计和调节既是短期财政政策的中长期管理问题，又是中长期如何有效促进经济稳定增长问题。跨周期设计和调节要解决的是中长期经济增长问题。经济周期性调节与经济增长应有机协调。与只考虑一个经济周期相比，跨周期设计和调节需要面对多个经济周期，前者对应的经济波动相对较小，而后者相对较大，财政政策力度会有较大的差别。例如，面对经济持续下行压力，积极财政政策的调控力度要加大，但一旦不利冲击因素消失，积极财政政策就应顺势调整或者退出，不同阶段选择的财政政策，应因时因势而变。

跨周期设计和调节的政策需要考虑的时间段更长，政策组合更加复杂。跨周期设计和调节要掌握的宏观经济信息更多更复杂，决策难度更大，积极财政政策的传导机制有必要进一步畅通。为此，要在积极的财政政策传导机制上大做文章，进一步畅通财政政策传导机制的关键环节，让积极财政政策与货币政策更好地协调配合，有效地促进内需潜力的挖掘，从而真正激发市场活力，培育经济增长的内生动力。

（三）加强财政政策选择与财税改革的协调

财政政策选择与财税改革方向一致，是一种理想状态。近年来实施的大规模减税降费政策，与税制改革、非税收入制度改革、政府性基金制度改革的方向一致，既可以解决短期问题，又有助于中长期问题的解决。

这种理想状况并不一定会伴随着政策选择与改革的全过程，为此，应加强二者的协调。积极财政政策意味着财政政策的扩张，或表现为减税降费，或表现为财政支出的扩张，或二者并举。财税改革旨在建立和完善现代财税制度。财政收支的法治化本来就是现代财税制度的应有内容。名义负担和实际负担问题会直接影响政策的实施效果。例如，减税降费的同时，收入征管力度加大，就会影响减税降费政策的效果。特别是在法治化财政尚未真正确立之前，这样的问题更容易出现，为此，应加强政策选择与改革的协调。现实中出现的税收收入下滑时非税收入占比上升就是一种表现。又如，在积极财政政策推行之时，任何增税改革都应该特别谨慎，防止政策效果打折。预算绩效改革是大方向，可以提高财政资金效率，但如果改革只是以压缩财政支出规模为导向，那么就可能和积极财政政策的方向相悖，合理的做法应是优化支出结构，改变财政资金低效率配置状态。

（四）高度重视地方债风险，促进财政健康运行

地方债风险仍然不能小觑。总体上看，地方债风险是可控的。但要特别注意局部地区的地方债风险可能产生的传染效应。应进一步强化省级政府的责任，统筹政府资产，让地方政府资产在应对地方债风险中更充分地发挥作用。加快构建包括政府资产负债表在内的政府综合财务报告体系，让各级政府有更充分的信息来应对可能的债务风险。

地方债问题复杂，隐性债和或有债是最值得关注的问题。这样的债务有许多和地方国有企业相关，因此不宜夸大债务风险，多数债务都有资产与之相对应。同时，还应该注意资产的流动性问题，流动性危机也可能带来债务风险。要在政府间财政关系改革的框架内，通过构建规范化的政府间财政关系，让事权、财权和财力匹配，让地方财政管理与地方治理体系和治理能力现代化的要求相匹配。

只有经济发展，真正实现高质量发展，债务风险才会得到有效的防范。

因此，从根本上看，重视地方债风险，需要建立在促进经济高质量发展的基础之上。这也是财政安全必须充分考虑的问题。①

（五）为应对人口老龄化风险做好财政储备的基础工作

近年来，社会保险基金收入中财政补贴规模不断扩大，2019 年已经超过1.9 万亿元。按照现有体制运行，未来财政补贴还会进一步扩大。除了调整人口政策和延迟退休年龄之外，财政储备的基础工作必须提前启动。如果说短期财政风险在地方债，那么中长期财政风险在人口老龄化上。为缓解社会保险基金平衡所面临的巨大压力，应加强相关工作，包括全国社会保障基金做大做强、国有资本经营收益更多地调入一般公共预算等。总之，应多管齐下，为应对人口老龄化做好财政储备的基础工作。

参考文献

蔡昉：《疫情冲击和应对政策的特征化事实》，《财经智库》2020 年第 3 期。

高培勇：《构建新发展格局背景下的财政安全考量》，《经济纵横》2020 年第10 期。

杨志勇：《新中国财政政策 70 年》，中国财政经济出版社，2020。

杨志勇：《应对疫情：积极财政政策如何更有效？》，《财政科学》2020 年第 2 期。

中国社会科学院宏观经济研究中心课题组：《应对疫情全球大流行冲击实施一揽子纾困救助计划》，《财经智库》2020 年第 2 期。

中国社会科学院宏观经济研究中心课题组：《疫情常态化防控下精准加力扩大内需》，《财经智库》2020 年第 4 期。

---

① 新发展格局下财政安全考量相关分析参见高培勇《构建新发展格局背景下的财政安全考量》，《经济纵横》2020 年第 10 期。

B.7
中国税收形势分析及 2021 年展望

张　斌*

摘　要： 为应对 2020 年初暴发的新冠肺炎疫情，中国及时出台了一系列支持疫情防控和经济社会发展的税费优惠政策，全年预计减税降费 2.5 万亿元，前三季度累计已达到 20924 亿元。由于中国疫情在短时间内得到了有效控制，与 GDP 增速的季度变化相似，一至三季度税收收入的增速分别为 -16.4%、-6.0% 和 6.8%，累计增速为 -6.4%，预计 2020 年四季度和 2021 年会继续保持正增长的态势。2021 年是"十四五"的开局之年，要按照"完善现代税收制度"的要求继续推进各项税制改革。

关键词： 减税降费　宏观税负　税制改革

　　2020 年暴发的新冠肺炎疫情，是新中国成立以来传播速度最快、感染范围最广、防控难度最大的重大突发公共卫生事件。为支持疫情防控和经济社会发展，党中央、国务院陆续出台了一系列税费优惠政策，预计全年为企业新增减负超过 2.5 万亿元，超过 2019 年减税降费 2.36 万亿元的水平。2020 年前三季度，全国新增减税降费累计已达到 20924 亿元，[①]

---

　*　张斌，中国社会科学院大学研究员，主要研究方向：财政税收理论与政策。

　①　本文数据如不加特别说明，财政税收数据均来自财政部网站财政数据栏目公布的月度财政收支数据，经济运行数据均来自国家统计局网站，减税降费数据均来自国家税务总局网站。

比 2019 年同期的 17834 亿元增加 3090 亿元。在经济下行和减税降费力度加大的影响下，2019 年前三季度，全国一般公共预算收入和税收收入均同比下降 6.4%。

由于中国在短时间内有效控制了疫情，经济增速由一季度的 -6.8% 迅速恢复至二季度的 3.2% 和三季度的 4.9%，从 6 月开始税收收入月度同比增速由负转正，预计 2020 年全年税收收入的降幅将进一步收窄。2021 年，如果经济增速保持恢复势头，考虑到 2020 年较低的基数和部分减税降费政策执行到 2020 年底，税收收入预计将有显著增长。

一　2020 年前三季度全国税收形势分析

2020 年前三季度，全国一般公共预算收入 141002 亿元，同比下降 6.4%；其中，中央一般公共预算收入 65335 亿元，同比下降 9.3%；地方一般公共预算收入 75667 亿元，同比下降 3.8%。全国税收收入 118876 亿元，比 2019 年同期减少 8094 亿元，税收收入的降幅由 0.4% 扩大至 6.4%。2020 年前三季度，全国非税收入为 22126 亿元，降幅为 6.7%，大于税收收入的降幅；而 2019 年前三季度全国非税收入为 23708 亿元，同比增速高达 29.2%，由此支撑了同期一般公共预算收入 3.3% 的正增长。2020 年前三季度全国一般公共预算支出 175185 亿元，同比下降 1.9%，收支缺口达到 34183 亿元，比 2019 年同期的 27934 亿元增加 6249 亿元。

（一）2020年前三季度分季度税收收入走势分析

2020 年初暴发的新冠肺炎疫情，对中国经济社会运行产生重大冲击，一季度的 GDP 降幅高达 6.8%，其中制造业的降幅为 10.2%，建筑业的降幅为 17.5%，批发和零售业的降幅为 17.8%，交通运输、仓储和邮政业的降幅为 14.0%，受冲击最大的住宿和餐饮业的降幅达到 35.3%。受经济大幅下行的影响，加之 2019 年一季度增值税降低税率等减税措施还未实施，税收收入的基数较高，2020 年一季度税收收入的降幅高达 16.4%。从二季度开始，由于疫情得到了有效控制，复工复产步伐加快，经济迅速恢复，税收收入的降幅迅速缩小至 6.0%；三季度，GDP 增幅达到了 4.9%，税收收入的增速也由负转正，达到 6.8%（见图 1）。

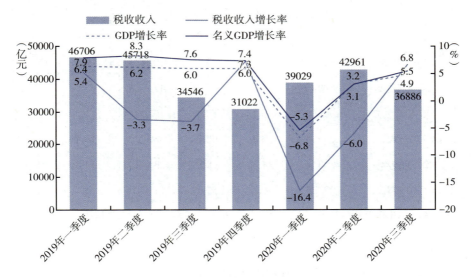

图 1 2019~2020 年分季度 GDP 增速与税收运行状况

从 2019 年以来分季度累计 GDP 与税收收入同比增长情况来看，受 2019 年出台的 2.36 万亿元大规模减税降费政策的影响，尽管 2019 年全年实际 GDP 增速为 6.1%，名义 GDP 增速达到 7.8%，但税收收入的增速仅为 1.0%，税收收入占 GDP 的比重降至 15.9%。2020 年前三季度，尽管分季度累计税收收入的降幅明显收窄，由一季度的 16.4% 收窄至 6.4%，但与 2019 年同期相比，税收收入占 GDP 的比重仍有明显下降，其中，2020 年一季度降低了 2.5 个百分点，上半年累计降低了 2.1 个百分点，前三季度累计降低了 1.4 个百分点（见表 1）。

时间	GDP			税收收入		税收收入与GDP的比重
	绝对数	GDP增长率	名义GDP增长率	绝对数	增长率	
2019年一季度	218063	6.4	7.9	46706	5.4	21.4
2019年上半年	460637	6.3	8.1	92424	0.9	20.1
2019年前三季度	712845	6.2	7.9	126970	−0.4	17.8
2019年	990865	6.1	7.8	157992	1.0	15.9
2020年一季度	206504	−6.8	−5.3	39029	−16.4	18.9
2020年上半年	456614	−1.6	−0.9	81990	−11.3	18.0
2020年前三季度	722786	0.7	1.4	118876	−6.4	16.4

表1　2019~2020年分季度累计GDP与税收收入

单位：亿元，%

资料来源：GDP相关数据来自国家统计局网站，税收收入相关数据来自财政部网站。

（二）2020年前三季度分月度税收收入走势分析

从月度数据看，尽管2019年GDP增速也呈现下降趋势，但总的来看税收收入增速的变化主要受大规模减税降费政策实施的影响。2019年1~4月，税收收入为正增长，而5~9月均为负增长。

2020年税收收入则受到一季度疫情冲击下GDP增速大幅下降及其后快速回升、支持疫情防控和经济社会发展税费优惠政策密集出台及2019年同期基数等因素的综合影响，呈现先低后高的走势。2020年1~5月税收收入同比均为负增长，比2019年同期累计减收11683亿元。其中，1~2月，税收收入的降幅为11.2%，3月税收收入的降幅高达32.2%，从4月开始，降幅开始收窄，6~9月则分别为9.0%、5.7%、7.0%和8.2%的正增长，6~9月累计比2019年同期增收3589亿元（见表2、图2）。

表 2 2019~2020 年月度税收收入比较

月份	2019 年		2020 年			与 2019 年增速比较（个百分点）
	税收收入（亿元）	增长率（%）	税收收入（亿元）	比 2019 年增减（亿元）	增长率（%）	
1~2	35114	6.6	31175	−3939	−11.2	−17.8
3	11592	1.9	7854	−3738	−32.2	−34.1
4	16986	2.5	14052	−2934	−17.3	−19.8
5	14801	−7.0	13729	−1072	−7.2	−0.2
6	13931	−6.0	15180	1249	9.0	15.0
7	15622	−2.8	16519	897	5.7	8.5
8	9088	−4.4	9727	639	7.0	11.4
9	9836	−4.2	10640	804	8.2	12.4

资料来源：根据财政部网站数据计算得到。

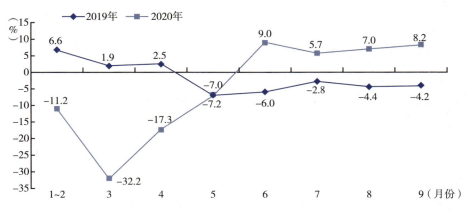

图 2 2019~2020 年月度税收收入增速对比

（三）2020年前三季度各税种收入情况分析

2020年前三季度，税收收入同比减少8094亿元，降幅为6.4%。从各税种情况看，除个人所得税、契税、印花税和车船税等税种外，其他税种均为负增长。负增长的各税种合计减收额为11213亿元。其中，国内增值税比2019年同期减收了6646亿元，降幅也是各税种中最大，达到了13.5%，占全部减收额的59.3%；国内增值税占税收收入的比重由2019年前三季度的38.9%降至35.9%，下降了3个百分点。企业所得税减收了1558亿元，降幅为4.9%，占全部减收额的13.9%。进口货物增值税、消费税减收了1141亿元，降幅为9.4%。与进口相关的关税减收额为250亿元，降幅为11.6%。

表3 2019~2020年前三季度分税种收入情况

税种	2019年前三季度		2020年前三季度			增速比较（个百分点）
	绝对数（亿元）	增长率（%）	绝对数（亿元）	增减额（亿元）	增长率（%）	
税收收入	126970	-0.4	118876	-8094	-6.4	-6.0
国内增值税	49336	4.2	42690	-6646	-13.5	-17.7
国内消费税	11448	15.8	10876	-572	-5.0	-20.8
城市维护建设税	3696	0.1	3406	-290	-7.8	-7.9
进口货物增值税、消费税	12148	-8.1	11007	-1141	-9.4	-1.3
出口退税	-12860	12.8	-11314	1546	-12.0	-24.8
关税	2149	-3.0	1899	-250	-11.6	-8.6
进出口相关税收合计	1437	-64.4	1592	155	10.8	75.2
主要流转税合计	65917	1.5	58564	-7353	-11.2	-12.7
企业所得税	31572	2.7	30014	-1558	-4.9	-7.6
个人所得税	7981	-29.7	8562	581	7.3	37.0
所得税合计	39553	-6.1	38576	-977	-2.5	3.6

税种	2019 年前三季度		2020 年前三季度			增速比较 (个百分点)
	绝对数 (亿元)	增长率 (%)	绝对数 (亿元)	增减额 (亿元)	增长率 (%)	
契税	4800	6.3	5168	368	7.7	1.4
土地增值税	5077	10.8	4948	−129	−2.5	−13.3
房产税	1970	0.2	1817	−153	−7.8	−8.0
耕地占用税	1098	7.0	982	−116	−10.6	−17.6
城镇土地使用税	1528	−13.2	1428	−100	−6.5	6.7
房地产相关税收合计	14473	4.5	14343	−130	−0.9	−5.4
车辆购置税	2674	−0.4	2557	−117	−4.4	−4.0
印花税	1989	10.0	2592	603	30.3	20.3
资源税	1407	11.8	1280	−127	−9.0	−20.8
环境保护税	168	69.2	154	−14	−8.3	−77.5
车船税等	790	11.1	813	23	2.9	−8.2
其他税收合计	7028	7.1	7396	368	5.2	−1.9

续表

注：出口退税增长的影响为减收；车船税等包括车船税、船舶吨税和烟叶税。其他税收合计是车辆购置税、印花税、资源税、环境保护税、车船税等的合计。受四舍五入影响，部分数据加总与合计数略有差异。

资料来源：根据财政部网站数据计算得到。

2020 年前三季度，国内消费税的减收额为 572 亿元，降幅为 5.0%；城市维护建设税作为国内增值税和国内消费税的附加税，减收额为 290 亿元，降幅为 7.8%。此外，土地增值税、房产税、耕地占用税、城镇土地使用税、车辆购置税、资源税、环境保护税等税种也都是负增长，上述 7 个税种合计减收 756 亿元。

如果将出口退税的减少视同为增收，2020 年前三季度出口退税同比少退了 1546 亿元，占全部增收额的 49.5%。印花税增收额为 603 亿元，同比

增长 30.3%，其中证券交易印花税增收 572 亿元，增幅为 53.4%。个人所得税增收 581 亿元，增幅为 7.3%；契税增收 368 亿元，增幅为 7.7%。车船税、船舶吨税、烟叶税合计增收 23 亿元，增幅为 2.9%。

从流转税、所得税等税类看，2020 年前三季度，进口货物增值税、消费税减收 1141 亿元，关税减收 250 亿元，出口退税则少退 1546 亿元，上述进出口相关税收合计增收 155 亿元；而由国内增值税、国内消费税、城市维护建设税及进出口相关税收构成的主要流转税合计减收 7353 亿元，降幅为 11.2%。企业所得税与个人所得税合计收入为 38576 亿元，比 2019 年同期减少了 977 亿元，降幅为 2.5%。

2020 年前三季度，从房地产相关税种看，除契税外，土地增值税、房产税、耕地占用税、城镇土地使用税均为负增长，降幅分别为 2.5%、7.8%、10.6% 和 6.5%，减收额合计为 498 亿元。但由于契税收入仍保持了 368 亿元的增长，增幅高达 7.7%，房地产相关税收合计仅减收了 130 亿元，降幅仅为 0.9%。2018 年前三季度，房地产 5 个税种占全部税收收入的比重为 10.9%，2019 年前三季度达到了 11.4%，2020 年前三季度则进一步升至 12.1%，比 2019 年同期提高了 0.7 个百分点。

由于证券交易印花税的大幅增加，车辆购置税、印花税、资源税、环境保护税、车船税、船舶吨税、烟叶税等 7 个税种 2020 年前三季度的收入合计为 7396 亿元，增收额为 368 亿元，增幅为 5.2%，占税收收入的比重为 6.2%，比 2019 年同期的 5.5% 提高了 0.7 个百分点，比 2018 年同期的 5.1% 提高了 1.1 个百分点。

2020 年前三季度，现行 18 个税种中，国内增值税、企业所得税、国内消费税、个人所得税是排名前四位的税种，占税收收入的比重分别为 35.9%、25.2%、9.1% 和 7.2%，合计为 77.5%[①]，比 2019 年同期的 79.0% 下降了 1.5 个百分点。其中，国内增值税、企业所得税合计占税收收入的比重由 63.7% 降至 61.2%，下降了 2.5 个百分点。

---

① 受四舍五入的影响，四个税种比重分别相加与合计数略有差异。

二 2020 年前三季度减税降费政策实施情况

（一）2020年支持疫情防控和经济社会发展税费优惠政策概述

2020 年初新冠肺炎疫情暴发后，中国迅速出台了一系列支持疫情防控和经济社会发展的税费优惠政策，这些政策措施主要聚焦支持疫情防控工作、减轻企业社保费负担、支持小微企业和个体工商户发展、稳外贸扩内需等方面，包括 7 批 28 项税费优惠政策。①

5 月全国"两会"召开，李克强总理在《政府工作报告》中明确要求加大减税降费力度，除继续执行 2019 年出台的下调增值税税率和企业养老保险

---

① 支持疫情防控和经济社会发展税费优惠政策具体包括：①支持防护救治，主要措施有：取得政府规定标准的疫情防治临时性工作补助和奖金免征个人所得税；个人取得单位发放的预防新型冠状病毒感染肺炎的医药防护用品等免征个人所得税。②支持物资供应，主要措施有：对疫情防控重点保障物资生产企业全额退还增值税增量留抵税额；纳税人提供疫情防控重点保障物资运输收入免征增值税；纳税人提供公共交通运输服务、生活服务及居民必需生活物资快递收派服务收入免征增值税；对疫情防控重点保障物资生产企业扩大产能购置设备允许企业所得税税前一次性扣除；对卫生健康主管部门组织进口的直接用于防控疫情物资免征关税。③鼓励公益捐赠，主要措施有：通过公益性社会组织或县级以上人民政府及其部门等国家机关捐赠应对疫情的现金和物品允许企业所得税或个人所得税税前全额扣除；直接向承担疫情防治任务的医院捐赠应对疫情物品允许企业所得税或个人所得税税前全额扣除；无偿捐赠应对疫情的货物免征增值税、消费税、城市维护建设税、教育费附加、地方教育附加；扩大捐赠免税进口物资范围。④支持复工复产，主要措施有：受疫情影响较大的困难行业企业 2020 年度发生的亏损最长结转年限延长至 8 年；阶段性减免增值税小规模纳税人增值税；延续实施支持小微企业、个体工商户和农户普惠金融有关税收优惠政策；阶段性减免企业养老、失业、工伤保险单位缴费；阶段性减免以单位方式参保的有雇工的个体工商户职工养老、失业、工伤保险；阶段性减征职工基本医疗保险单位缴费；2020 年社会保险个人缴费基数下限可继续执行 2019 年个人缴费基数下限标准；以个人身份参加企业职工基本养老保险的个体工商户和各类灵活就业人员 2020 年可自愿暂缓缴费；出租人减免服务业小微企业和个体工商户房屋租金可按规定享受房产税、城镇土地使用税减免优惠；小型微利企业和个体工商户延缓缴纳 2020 年所得税；物流企业大宗商品仓储设施用地减半征收城镇土地使用税；电影放映服务免征增值税；电影行业企业 2020 年度发生的亏损最长结转年限延长至 8 年；免征文化事业建设费。⑤稳外贸扩内需，主要措施有：提高部分产品出口退税率；二手车经销企业销售旧车减征增值税；延续实施新能源汽车免征车辆购置税政策。参见国家税务总局《支持疫情防控和经济社会发展税费优惠政策指引》，http://www.chinatax.gov.cn/chinatax/n810341/n810755/c5145868/content.html。

费率政策，新增减税降费约 5000 亿元外，在 2020 年初出台的 6 月前到期的减税降费政策，包括免征中小微企业养老、失业和工伤保险单位缴费，减免小规模纳税人增值税，免征公共交通运输、餐饮住宿、旅游娱乐、文化体育等服务增值税，减免民航发展基金、港口建设费，执行期限全部延长到 2020 年年底。小微企业、个体工商户所得税缴纳一律延缓到 2021 年。上述减税降费措施预计全年为企业新增减负超过 2.5 万亿元。

（二）2020年前三季度减税降费政策实施的基本情况

2020 年新增减税降费主要由两部分构成：一是 2020 年出台的支持疫情防控和经济社会发展税费优惠政策新增减税降费；二是 2019 年年中出台政策在 2020 年翘尾带来的新增减税降费，如 2019 年 4 月 1 日起实施的增值税减税政策，2019 年 5 月 1 日起实施的社会保险费率下调政策。

2020 年前三季度，全国新增减税降费累计达到 20924 亿元。其中，2020 年出台的支持疫情防控和经济社会发展税费优惠政策新增减税降费 13659 亿元，2019 年年中出台政策在 2020 年翘尾带来的新增减税降费 7265 亿元。

从分季度减税降费政策执行情况看，2020 年一季度，全国新增减税降费 7428 亿元，显著高于 2019 年一季度的减税降费额 3411 亿元。其中，2019 年年中出台政策在 2020 年翘尾带来的新增减税降费为 4246 亿元，支持疫情防控和经济社会发展税费优惠政策新增减税降费 3182 亿元。

2020 年二季度，全国新增减税降费 7617 亿元，略低于 2019 年同期 8298 亿元的水平。其中，2019 年年中出台政策在 2020 年翘尾带来的新增减税降费为 1858 亿元，支持疫情防控和经济社会发展税费优惠政策新增减税降费高达 5757 亿元。

2020 年三季度，全国新增减税降费 5879 亿元，略低于 2019 年同期 6125 亿元的水平。其中，2019 年年中出台政策在 2020 年翘尾带来的新增减税降费进一步降至 1161 亿元，支持疫情防控和经济社会发展税费优惠政策新增减税降费为 4718 亿元（见图 3）。

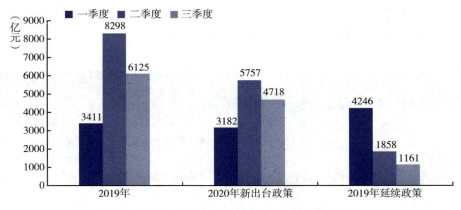

图 3 2019~2020 年前三季度累计减税降费情况

三 2020 年前三季度各税种收入变化与未来展望

（一）2020 年前三季度各税种收入变化情况

由于中国疫情在短时间内得到有效控制，二、三季度的经济增速由负转正，加上二季度后 2019 年年中出台政策在 2020 年翘尾带来的新增减税降费大幅下降，二季度税收收入的降幅较一季度的 16.4% 收窄至 6.0%，三季度则达到 6.8% 的正增长。

从各税种情况看，除关税、房产税、耕地占用税、城镇土地使用税、资源税和环境保护税外，其他税种在三季度均实现了正增长。其中，受 2019 年 4 月 1 日增值税降低税率等减税降费措施翘尾因素，以及对受疫情冲击较大行业增值税免征和小规模纳税人征收率由 3% 下调至 1%[①] 等政策的影响，国内增值税收入一季度下降 23.6%，二季度降幅收窄至 13.6%，三季度则实现了 1.1% 的正增长。企业所得税的降幅也由一季度的 12.8% 收窄至二季度的 3.7%，三季度则实现了 4.2% 的正增长。国内消费税、契税则在二季度即实现了正增长。个人所得税、印花税[②] 2020 年前三季度均保持了正增长，其中个人所得

---

① 对湖北省增值税小规模纳税人，适用 3% 征收率的应税销售收入，免征增值税。

② 2020 年三季度印花税收入增幅达到 80.2%，主要原因是证券交易印花税大幅增加。

税三季度的增幅达到了 18.7%；三季度增幅超过 10% 的税种还有土地增值税和车辆购置税，分别为 12.0% 和 20.9%（见表 4）。

税种	一季度		二季度		三季度	
	绝对数	增长率	绝对数	增长率	绝对数	增长率
税收收入	39029	−16.4	42961	−6.0	36886	6.8
国内增值税	14977	−23.6	13793	−13.6	13920	1.1
国内消费税	4348	−16.4	3363	2.8	3165	6.3
城市维护建设税	1159	−19.7	1070	−7.9	1177	8.0
进口货物增值税、消费税	3393	−23.9	3551	−7.4	4063	5.3
出口退税	−3651	−27.9	−4501	−4.6	−3162	2.6
关税	598	−13.8	594	−16.5	707	−5.0
进出口相关税收合计	340	277.8	−356	105.8	1608	5.8
主要流转税合计	20824	−20.9	17870	−11.7	19870	2.7
企业所得税	8625	−12.8	14751	−3.7	6638	4.2
个人所得税	3353	3.5	2429	1.2	2780	18.7
所得税合计	11978	−8.8	17180	−3.0	9418	8.1
契税	1212	−19.9	1896	13.5	2060	27.5
土地增值税	1467	−12.0	1787	−5.8	1694	12.0
房产税	606	−5.8	792	−5.0	419	−15.0
耕地占用税	296	−23.7	461	5.7	225	−17.9
城镇土地使用税	474	−12.4	576	−2.7	378	−4.3
房地产相关税收合计	4055	−14.7	5512	1.5	4776	11.3
车辆购置税	666	−29.5	909	−0.9	982	20.9
印花税	769	5.1	742	12.9	1081	80.2
资源税	435	−11.9	419	−9.9	426	−4.9
环境保护税	55	−5.2	46	−16.4	53	−3.6
车船税等	249	−5.7	284	12.7	280	2.2
其他税收合计	2174	−12.8	2400	2.3	2822	28.9

表 4　2020 年前三季度分税种收入变化情况

单位：亿元，%

注：出口退税增长的影响为减收；车船税等包括车船税、船舶吨税和烟叶税。其他税收合计是车辆购置税、印花税、资源税、环境保护税、车船税等的合计。受四舍五入影响，部分数据加总与合计数略有差异。

资料来源：根据财政部网站数据计算得到。

图 4 是占全部税收收入超过 3/4 的四大税种月度收入增速变化情况，可以看出，国内增值税、国内消费税、企业所得税、个人所得税四个税种均在 3 月出现了最大降幅，分别达到 36.4%、32.3%、41.6% 和 25.4%。此后，国内消费税、企业所得税、个人所得税均在 6 月后转为持续的正增长，国内增值税在 8 月、9 月转为正增长。

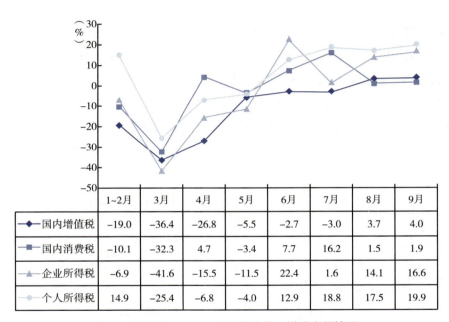

	1~2月	3月	4月	5月	6月	7月	8月	9月
国内增值税	−19.0	−36.4	−26.8	−5.5	−2.7	−3.0	3.7	4.0
国内消费税	−10.1	−32.3	4.7	−3.4	7.7	16.2	1.5	1.9
企业所得税	−6.9	−41.6	−15.5	−11.5	22.4	1.6	14.1	16.6
个人所得税	14.9	−25.4	−6.8	−4.0	12.9	18.8	17.5	19.9

图 4　2020 年 1~9 月主要税种收入增速变化情况

（二）对2020年四季度和2021年税收形势的展望

从季度和月度主要税种的变化趋势看，如果四季度中国经济增速继续保持回升势头，同时考虑 2019 年四季度基数较高（增速为 7.3%，见图 1）等因素的影响，预计 2020 年四季度税收收入仍将延续增长态势，2020 年全年税收收入的降幅将比 2020 年前三季度进一步收窄。

由于 2020 年，尤其是一、二季度的 GDP 和税收收入的基数较低，预计 2021 年的经济将有较大幅度的增长。加之 2020 年初为应对疫情出台的大量临时性税费优惠政策将在2020年底到期，2019年大规模减税降费的翘尾效应也将在2021年消失，如果2021年不再新出台大规模减税降费政策，在经济增长带来的税基扩大和税制总体趋于稳定的情况下，预计2021年税收收入与2019年、2020年相比将有显著的增长。

从税收收入占GDP的比重看，该指标在2012年达到了2008年金融危机爆发以来的峰值18.7%，此后持续下行，尤其是在2019年实施更大规模减税降费政策，全年减税降费额达到2.36万亿元的背景下，2019年税收收入占GDP的比重降至15.9%，比2018年降低了1.1个百分点，比2012年降低了2.8个百分点。以税收收入为主体的一般公共预算收入占GDP的比重在2015年达到近年峰值22.1%后也呈下降趋势，2019年降至19.2%，降低了2.9个百分点。而2018年、2019年一般公共预算支出占GDP的比重分别为24.0%和24.1%，一般公共预算收支缺口达到了GDP的4.1%和4.9%（见图5）。

图5 税收收入与一般公共预算收支占GDP的比重

2020年前三季度减税降费的规模已超过2万亿元，占同期GDP的比重为2.9%，超过2019年前三季度2.5%的水平，2020年全年宏观税负水平预计将比2019年进一步降低。2021年如果GDP和税收收入增幅较大，宏观税负水平预计将趋于稳定或有所回升。

四 推进"十四五"时期税制改革的建议

2020 年是"十三五"规划的收官之年。"十三五"时期，中国经济从高速增长阶段转向高质量发展阶段。这一时期，党中央、国务院立足经济社会发展全局出台了一系列减税降费政策，2016~2020 年全国新增的减税降费累计将达 7.6 万亿元左右。[①]"减税降费"作为积极财政政策和供给侧结构性改革"降成本"的重要组成部分，在应对经济下行压力、降低实体经济企业成本、优化营商环境、推动创新驱动战略的实施、鼓励大众创业万众创新等方面发挥了重要作用，尤其是 2020 年初为应对突如其来的新冠肺炎疫情，及时出台的一系列支持疫情防控和经济社会发展的税费优惠政策，力度大、针对性强，有力支持了疫情防控和 2020 年"六稳""六保"目标的实现。

2021 年是"十四五"的开局之年，党的十九届五中全会通过的《中共中央关于制定国民经济和社会发展第十四个五年规划和二〇三五年远景目标的建议》（以下简称《建议》），在建立现代财税金融体制部分对税制改革提出了"完善现代税收制度，健全地方税、直接税体系，优化税制结构，适当提高直接税比重，深化税收征管制度改革"的要求，为"十四五"时期和 2035 年的税收事业发展指明了方向。

第一，财政是国家治理的基础和重要支柱，"十四五"时期的税制改革要以"完善现代税收制度"为目标，在为各项事业发展提供财力保障的同时，发挥好税收在推进国家治理体系和治理能力现代化中的作用，为全面建设社会主义现代化国家做出应有的贡献。其中，要按照健全地方税体系的要求，完善地方税税制，培育地方主体税种，合理配置地方税权，理顺税费关系。探索构建与国家治理体系和治理能力现代化相匹配的地方收入体系，更好地

---

① 《发挥税收在国家治理中的基础性、支柱性、保障性作用——专访国家税务总局局长王军》，国家税务总局网站，http://www.chinatax.gov.cn/chinatax/n810219/n810724/c5157790/content.html。

调动地方的积极性。

第二，"十四五"时期，要通过税制优化和进一步完善税收优惠政策体系，更好地发挥税收政策在坚持创新驱动发展、加快发展现代产业体系、实行高水平对外开放等方面的作用。如按照《建议》的要求，为鼓励企业加大研发投入，对企业投入基础研究实行税收优惠；为加快数字化发展，推动数字经济和实体经济深度融合，要积极参与数字货币、数字税等的国际规则制定，塑造新的竞争优势；进一步推进和完善有利于自由贸易试验区和海南自由贸易港建设发展的税制安排等。

第三，"十四五"时期的税制改革要按照优化税制结构、健全直接税体系、适当提高直接税比重的要求，在完善再分配机制和发挥第三次分配作用方面更好地发挥作用。税收作为与社保、转移支付并列的再分配阶段调节收入分配的重要政策工具，要着力健全直接税体系，适当提高直接税比重，通过税制结构的优化加大和提高再分配调节的力度和精准性。同时，通过税收优惠政策的完善，鼓励慈善事业发展，促进第三次分配机制发挥更大的作用。

第四，现代化的税收征管制度是现代税收制度的重要组成部分，深化税收征管制度改革是推进简政放权、放管结合、优化服务改革，持续优化市场化、法治化、国际化营商环境的必然要求。"十四五"时期，税务机关要借国税地税合并的契机，充分利用新技术优化征纳流程，切实保障纳税人权益，提高征管效率并切实降低征纳成本。

参考文献

国家税务总局：《支持疫情防控和经济社会发展税费优惠政策指引》，http://www.chinatax.gov.cn/chinatax/n810341/n810755/c5145868/content.html。

刘昆：《建立现代财税体制》，载《〈中共中央关于制定国民经济和社会发展第十四个五年规划和二〇三五年远景目标的建议〉辅导读本》，人民出版社，2020。

张斌:《深化财税体制改革 激发疫情冲击下的企业活力》,《清华金融评论》2020 年第 9 期。

张斌:《新冠肺炎疫情对宏观经济政策、财税改革与全球化的影响》,《国际税收》2020 年第 4 期。

B.8
中国税收形势分析与展望

付广军 *

摘　要：2020 年中国税收收入运行方面，一季度累计增速为 -18.1%，低于经
　　　　济增速 11.3 个百分点，二季度累计增速为 -11.7%，较一季度降幅略
　　　　有收窄，但仍呈下降态势，低于经济增速 10.1 个百分点，三季度累
　　　　计增速为 -6.7%，低于经济增速 7.4 个百分点。主要税种收入增速方
　　　　面，除证券交易印花税、个人所得税、契税较上年收入增长外，其
　　　　余大部分税种收入均为负增长。沿海重点税源大省，除浙江增速下
　　　　降幅度较小外，其余各省税收收入均出现不同程度的负增长，造成
　　　　全国税收收入呈现负增长态势。2020 年中国宏观经济也同样处于低
　　　　速增长态势，加上实施防控新冠肺炎疫情的扶持政策，尽管四季度
　　　　税收收入开始小幅回升，但是全年税收收入增速低于经济增速是大
　　　　概率事件，2021 年税收收入增速估计与经济增速基本同步。

关键词：税收形势　税收收入　税收政策

2020 年 1~9 月，中国税收运行受新冠肺炎疫情、减税降费、国际贸易摩擦、支持防疫工作、优化纳税服务等因素的影响，税收收入及主要税种收入增速均不同程度较上年回落，并呈现前降后升、逐月恢复的态势。税收收入 1月同比增长 -5.8%，2 月同比增长 -24.3%，3 月同比增长 -33.7%，均较上年

* 付广军，国家税务总局税收科学研究所学术委员会副主任、研究员，民建中央财政金融委员会副主任。

出现较大幅度回落，进入 6 月，特别是三季度税收收入增速开始由负转正，9 月增速为 8.42%。这应该是疫情对税收收入的影响逐渐减弱的结果，预计四季度税收收入增速将会继续回升，全年税收收入负增长是大概率事件。中国税收收入将在 2021 年进入恢复性增长时期，可能保持与经济增长基本同步状态。

一　2020 年 1~9 月税收收入形势分析

2020 年前三季度，全国税收收入①实现 128366.13 亿元，比上年减少 9249.70 亿元，同比下降 6.7%，比上年同期下降 7.3 个百分点。

（一）2020 年前三季度分季度累计税收收入运行分析

2020 年一季度累计，税收收入实现 41791.56 亿元，同比增长 -18.1%，比上年同期下降 26.0 个百分点，国内生产总值（GDP）实现 206504.0 亿元，按可比价同比增长 -6.8%，税收收入增速低于 GDP 可比价增速 11.3 个百分点；上半年累计，税收收入实现 88997.49 亿元，同比增长 -11.7%，比上年同期下降 14.7 个百分点，GDP 实现 456614.4 亿元，按可比价同比增长 -1.6%，税收收入增速低于 GDP 可比价增速 10.1 个百分点；前三季度累计，税收收入实现 128366.13 亿元，同比增长 -6.7%，比上年同期下降 7.3 个百分点，GDP 实现 722786.0 亿元，按可比价同比增长 0.7%，税收收入增速低于 GDP 可比价增速 7.4 个百分点（见表 1）。

表 1　2020 年税收收入分季度运行状况

单位：亿元，%

指标	一季度累计		二季度累计		三季度累计	
	绝对数	同比增长	绝对数	同比增长	绝对数	同比增长
税收收入	41791.56	-18.1	88997.49	-11.7	128366.13	-6.7
GDP	206504.0	-6.8	456614.4	-1.6	722786.0	0.7
宏观税负	20.2		19.5		17.8	

资料来源：国家税务总局收入规划核算司《税收月度快报》，2020 年 9 月。

---

①　本文税收收入是指税务部门统计口径，不包括关税和船舶吨税，未扣减出口退税。

（二）2020年1~9月分月度税收收入运行分析

2020年1~9月中国税收收入分月度运行特点如下。

一是税收收入增速与前两年明显不同，总体趋势是前低后高、逐月上升。其中，1月实现22379.12亿元，同比下降5.8%；2月实现10159.02亿元，同比下降24.3%；3月实现9253.41亿元，同比下降33.7%；4月实现15558.48亿元，同比下降12.6%；5月实现14546.03亿元，同比下降5.8%；6月实现17101.41亿元，同比增长3.6%；7月实现17137.44亿元，同比增长5.3%；8月实现10580.38亿元，同比增长7.8%；9月实现11650.82亿元，同比增长8.4%。前5个月增速较上年下降，6月开始增速高于上年同期，增速由负转正。

二是前三季度税收收入除1月最高外，整体呈中间高、两头低的运行态势；同时，除3月外，其余所有月份税收收入均在万亿元以上，其中，1月最高，税收收入为22379.12亿元，3月最低，税收收入为9253.41亿元，此特点是以前年份未有过的（见表2、图1）。

表2 2020年税收收入分月度运行状况

月份	2020年			2019年		与2019年增速比较（个百分点）
	绝对数（亿元）	同比增加（亿元）	同比增长（%）	绝对数（亿元）	同比增长（%）	
1	22379.12	−1257.48	−5.8	23636.60	7.7	−13.5
2	10159.02	−3269.77	−24.3	13428.79	6.7	−31.0
3	9253.41	−4700.83	−33.7	13954.24	9.4	−43.1
4	15558.48	−2238.70	−12.6	17797.18	0.5	−13.1
5	14546.03	−889.53	−5.8	15435.56	−2.0	−3.8
6	17101.41	590.45	3.6	16510.95	−3.4	7.0
7	17137.44	859.78	5.3	16277.66	−2.3	7.6
8	10580.38	762.91	7.8	9817.47	−6.9	14.7
9	11650.82	900.32	8.4	10750.50	−6.2	14.6

资料来源：国家税务总局收入规划核算司《税收月度快报》，2020年9月。

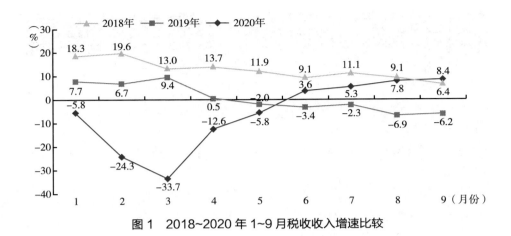

图1 2018~2020年1~9月税收收入增速比较

（三）2020年1~9月税收收入结构分析

2020年1~9月税收收入结构分析如下（见表3、图2、图3）。

税收收入分产业看，第一产业税收收入130.69亿元，比上年同期减少0.91亿元，同比下降0.7%，仅占全部税收收入的0.1%，占比基本保持稳定，即使其是负增长对税收收入整体影响也不大；第二产业税收收入53662.28亿元，比上年同期减少5806.15亿元，同比下降9.8%，占全部税收收入的41.8%，较上年下降1.4个百分点；第三产业税收收入74573.16亿元，较上年同期减少3442.64亿元，同比下降4.4%，占全部税收收入的58.1%，较上年提高1.4个百分点。

税收收入分地区看，东部地区税收收入86219.10亿元，较上年减少5426.19亿元，同比下降5.9%，占全部税收收入的67.2%，较上年提高0.6个百分点，由于占比较大，其增速对税收收入增速影响较大；中部地区税收收入21476.75亿元，较上年减少2175.26亿元，同比下降9.2%，占全部税收收入的16.7%，较上年下降0.5个百分点；西部地区税收收入20670.28亿元，较上年减少1648.25亿元，同比下降7.4%，占全部税收收入的16.1%，较上年下降0.1个百分点。

表3　2020年1~9月税收收入运行状况

单位：亿元，%

指标		绝对数	同比增加	同比增长	占全部收入比重
税收收入		128366.13	-9249.70	-6.7	100.0
分产业	第一产业	130.69	-0.91	-0.7	0.1
	第二产业	53662.28	-5806.15	-9.8	41.8
	第三产业	74573.16	-3442.64	-4.4	58.1
分地区	东部	86219.10	-5426.19	-5.9	67.2
	中部	21476.75	-2175.26	-9.2	16.7
	西部	20670.28	-1648.25	-7.4	16.1

资料来源：国家税务总局收入规划核算司《税收月度快报》，2020年9月。

2020年1~9月税收收入增速下降6.7%，主要影响因素如下。

一是从产业看，第一产业、第二产业、第三产业税收收入增速均为负，并且第二产业增速降幅较大，是税收收入增速下降的主要影响因素。

二是从地区看，东部、中部、西部地区税收收入增速均为负，其中，东部地区增速降幅小于全国平均水平，中部、西部地区增速降幅大于全国平均水平，三者互相作用，使税收收入增速保持在负增长状态，中、西部经济欠发达省份税收收入增速下降成为税收收入增速下降的重要影响因素。

（四）2020年1~9月主要税源大省税收收入运行分析

从中国税收收入排前10名的税源大省来看，除第7名四川、第9名河南、第10名安徽外均为东部地区经济发达省份。2020年1~9月受新冠肺炎疫情影响，主要税源大省税收收入增速均表现为负增长。税收收入排前3名的依次是广东、上海、江苏。其中，广东增速为-3.7%，比上年下降2.6个百分点；上海增速为-7.8%，较上年下降3.0个百分点；江苏增速为-2.6%，较上年下降2.0个百分点。北京增速为-5.4%，较上年下降10.1个百分点，是东部地区增速下降幅度较大的省份；湖北由于受疫情影响较为严重，税收收入总量排名在第10名之后，安徽取代湖北排第10位，增速为-5.4%。

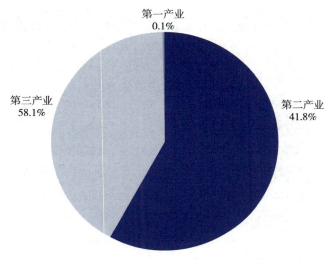

图 2　2020 年 1~9 月税收收入分产业结构

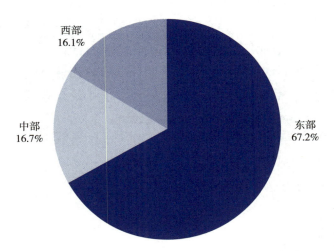

图 3　2020 年 1~9 月税收收入分地区结构

　　2020 年 1~9 月累计，10 个主要税源大省税收收入合计 87103.97 亿元，比上年同口径减少 4669.59 亿元，同比下降 5.1%，占全国税收收入的 67.9%，比上年同口径提高 1.2 个百分点（见表 4、图 4）。

表4 2020年1~9月税收收入前10名省份运行状况

项目	2020年1~9月			2019年1~9月		与2019年增速比较（个百分点）
	绝对数（亿元）	同比增加（亿元）	同比增长（%）	绝对数（亿元）	同比增长（%）	
税收收入	128366.13	−9249.70	−6.7	137615.83	0.6	−7.3
广东	17798.29	−683.98	−3.7	18482.27	−1.1	−2.6
上海	12824.16	−1079.42	−7.8	13903.58	−4.8	−3.0
江苏	11771.56	−316.24	−2.6	12087.80	−0.6	−2.0
北京	10763.61	−616.48	−5.4	11380.39	4.7	−10.1
浙江	10565.36	−18.34	−0.2	10583.70	3.7	−3.9
山东	7692.51	−999.60	−11.5	8692.11	2.0	−13.5
四川	4367.14	−89.48	−2.0	4456.62	1.8	−3.8
河北	3862.49	−450.75	−10.5	4313.24	1.5	−12.0
河南	3947.19	−213.43	−5.1	4160.62	3.8	−8.9
安徽	3511.66	−201.87	−5.4	3713.53	3.8	−9.2
前10名合计	87103.97	−4669.59	—	91773.86	—	—
占全部税收比重	67.9	—	—	66.7	—	—

注：广东、浙江、山东3省税收收入均包含所辖计划单列市。

资料来源：国家税务总局收入规划核算司《税收月度快报》，2020年9月、2019年9月。

图4 2020年1~9月税收收入前10名税源大省

二 2020 年 1~9 月税收收入运行分析

（一）2020 年 1~9 月税收收入运行分税种分析

与生产经营相关的主体税种收入增速较上年均有不同程度的回落。作为影响税收收入增长的第一大税种国内增值税，2020 年 1~9 月比上年同期减少 6676.40 亿元，同比增长 -13.5%，比上年同期回落 18 个百分点，主要是受增值税降低税率以及防疫减税政策的影响。2020 年 1~9 月国内消费税实现 10967.39 亿元，同比减少 547.60 亿元，同比增长 -4.8%，比上年同期回落 19.8 个百分点，主要是上年增速较高导致基数太高。企业所得税是仅次于国内增值税的第二大税种，2020 年 1~9 月，企业所得税实现 30079.95 亿元，同比减少 1563.64 亿元，同比增长 -4.9%，比上年同期回落 7.2 个百分点。

个人所得税正在消除上年提高费用扣除标准减税的影响，开始了新一轮的恢复性增长。2020 年 1~9 月，个人所得税 8702.66 亿元，比上年同期增加 736.53 亿元，同比增长 9.2%。工资薪金所得 5176.62 亿元，比上年同期增加 479.15 亿元，同比增长 10.2%；劳务报酬所得 291.09 亿元，较上年同期减少 25.14 亿元，同比下降 7.9%；财产转让所得 1329.42 亿元，较上年同期增加 172.19 亿元，同比增长 14.9%，其中，房屋转让所得同比增长 5.0%，限售股转让所得同比增长 50.9%。

与房地产有关税种收入有增有减。2020 年 1~9 月，土地增值税实现 4885.61 亿元，比上年同期减少 149.98 亿元，同比增长 -3.0%；契税实现 5130.37 亿元，比上年同期增加 359.27 亿元，同比增长 7.5%；房产税实现 1813.10 亿元，比上年同期减少 154.59 亿元，同比增长 -7.9%。

表 5 　2020 年 1~9 月税收收入及主要税种收入情况

税种	2020 年 1~9 月			2019 年 1~9 月		与 2019 年增速比较（个百分点）
	绝对数（亿元）	同比增加（亿元）	同比增长（%）	绝对数（亿元）	同比增长（%）	
税收收入合计	128366.13	-9249.70	-6.7	137615.83	0.6	-7.3
其中：国内增值税	42652.97	-6676.40	-13.5	49329.37	4.5	-18.0

续表

税种	2020 年 1~9 月			2019 年 1~9 月		与 2019 年增速比较（个百分点）
	绝对数（亿元）	同比增加（亿元）	同比增长（%）	绝对数（亿元）	同比增长（%）	
国内消费税	10967.39	−547.60	−4.8	11514.99	15.0	−19.8
企业所得税	30079.95	−1563.64	−4.9	31643.59	2.3	−7.2
个人所得税	8702.66	736.53	9.2	7966.13	−29.7	38.9
资源税	1277.52	−126.50	−9.0	1404.02	11.8	−20.8
城镇土地使用税	1424.14	−100.02	−6.6	1524.16	−13.1	6.5
城市维护建设税	3405.11	−287.80	−7.8	3692.91	−0.6	−7.2
证券交易印花税	1652.51	580.34	54.1	1072.17	21.0	33.1
土地增值税	4885.61	−149.98	−3.0	5035.59	10.3	−13.3
房产税	1813.10	−154.59	−7.9	1967.69	0.2	−8.1
车辆购置税	2540.38	−121.44	−4.6	2661.82	−0.2	−4.4
耕地占用税	965.78	−105.62	−9.9	1071.40	6.3	−16.2
契税	5130.37	359.27	7.5	4771.10	6.1	1.4

资料来源：国家税务总局收入规划核算司《税收月度快报》，2020 年 9 月、2019 年 9 月。

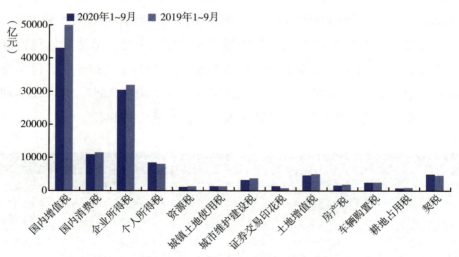

图 5　2020 年 1~9 月分税种税收收入

（二）2020年1~9月税收收入运行分经济类型分析

2020年1~9月，分经济类型企业税收收入均呈现不同程度的增速下降，其中，降幅较大的是港澳台商投资企业、国有企业和有限责任公司。

来自国有企业税收收入9994.44亿元，比上年同期减少1235.67亿元，同比增长-11.0%；来自有限责任公司税收收入42987.57亿元，比上年同期减少4751.55亿元，同比增长-10.0%；来自股份有限公司税收收入20148.82亿元，比上年同期减少554.89亿元，同比增长-2.7%；来自私营企业税收收入21852.17亿元，比上年同期减少253.21亿元，同比增长-1.1%；来自港澳台商投资企业税收收入7485.15亿元，比上年同期减少1003.58亿元，同比增长-11.8%；来自外商投资企业税收收入13044.96亿元，比上年同期减少1386.07亿元，同比增长-9.6%；来自个体经营税收收入6351.93亿元，比上年同期减少413.25亿元，同比增长-6.1%。

表6　2020年1~9月税收收入及主要经济类型收入情况

经济类型	2020年1~9月			2019年1~9月		与2019年增速比较（个百分点）
	绝对数（亿元）	同比增加（亿元）	同比增长（%）	绝对数（亿元）	同比增长（%）	
税收收入合计	128366.13	-9249.70	-6.7	137615.83	0.6	-7.3
其中：国有及国有控股	32903.36	-2622.20	-7.4	35525.56	-0.9	-6.5
国有企业	9994.44	-1235.67	-11.0	11230.11	-0.1	-10.9
有限责任公司	42987.57	-4751.55	-10.0	47739.12	—	—
股份有限公司	20148.82	-554.89	-2.7	20703.71	—	—
私营企业	21852.17	-253.21	-1.1	22105.38	9.2	-10.3
港澳台商投资企业	7485.15	-1003.58	-11.8	8488.73	—	—
外商投资企业	13044.96	-1386.07	-9.6	14431.03	—	—
个体经营	6351.93	-413.25	-6.1	6765.18	-11.2	5.1

资料来源：国家税务总局收入规划核算司《税收月度快报》，2020年9月、2019年9月。

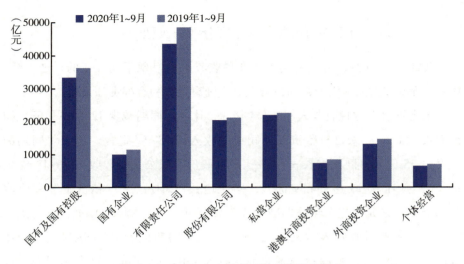

图6 2020 年 1~9 月分经济类型税收收入

（三）2020年1~9月税收收入运行分行业分析

行业	2020 年 1~9 月			2019 年 1~9 月		与2019年增速比较（个百分点）
	绝对数（亿元）	同比增加（亿元）	同比增长（%）	绝对数（亿元）	同比增长（%）	
税收收入合计	128366.13	−9249.70	−6.7	137615.83	0.6	−7.3
其中：工业	46596.01	−5772.50	−11.0	52368.51	—	—
采矿业	3701.70	−923.45	−20.0	4625.15	−1.1	−18.9
制造业	40217.66	−4570.31	−10.2	44787.97	0.4	−10.6
汽车制造业	2853.12	−408.75	−12.5	3261.87	−10.5	−2.0
建筑业	7066.26	−33.65	−0.5	7099.91	5.1	−5.6
零售业	4134.77	−515.21	−11.1	4649.98	−11.9	0.8
住宿业	106.93	−102.43	−48.9	209.36	−6.7	−42.2
餐饮业	89.46	−121.63	−57.6	211.09	−14.6	−43.0
金融业	17858.00	1488.79	9.1	16369.21	9.1	0
房地产业	19506.94	−1499.95	−7.1	21006.89	5.3	−12.4

表 7 2020 年 1~9 月税收收入及主要行业收入情况

资料来源：国家税务总局收入规划核算司《税收月度快报》，2020 年 9 月、2019 年 9 月。

实体经济税收收入增速回落较大，值得关注。2020 年 1~9 月来自工业的税收收入为 46596.01 亿元，比上年同期减少 5772.50 亿元，同比增长 -11.0%。来自采矿业的税收收入为 3701.70 亿元，比上年同期减少 923.45 亿元，同比增长 -20.0%，采矿业中来自煤炭开采和洗选业的税收收入同比下降 19.9%，来自石油和天然气开采业的税收收入同比下降 31.8%。来自制造业的税收收入为 40217.66 亿元，比上年同期减少 4570.31 亿元，同比增长 -10.2%。来自汽车制造业的税收收入为 2853.12 亿元，比上年同期减少 408.75 亿元，同比增长 -12.5%。实体经济利润总额减少，导致企业所得税税基应缴税所得较少，来自工业的企业所得税为 7167.03 亿元，较上年减少 896.25 亿元，同比下降 11.1%，其中，来自成品油、原油行业的企业所得税分别同比下降 19.9% 和 26.7%，来自汽车行业的企业所得税同比下降 11.5%，来自煤炭行业的企业所得税同比下降 22.1%。

第三产业中部分行业税收收入下降幅度较大，对税收收入增长影响较大。2020 年 1~9 月来自第三产业的税收收入为 74573.16 亿元，比上年同期减少 3442.64 亿元，同比增长 -4.4%。其中，下降幅度较大的行业是：批发和零售业同比下降 9.8%，邮政业同比下降 31.6%，住宿和餐饮业同比下降 53.3%，房地产业同比下降 7.1%；然而，也有部分行业继续保持较高增速，金融业同比增长 9.1%，估计实体经济的低增长，未来会传导到金融业。

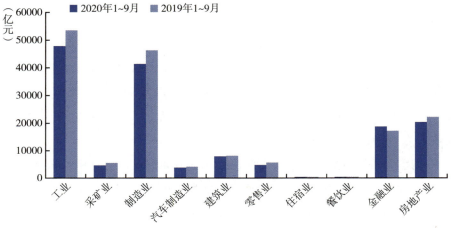

图7　2020 年 1~9 月分行业税收收入

三 2020 年税收收入预测及 2021 年初步展望

（一）2020年全年税收收入预测

从 2020 年 1~9 月全国税收收入运行情况看，排名前十位的省份税收收入均呈现负增长，除排名第 3 的江苏税收收入增长 -2.6%、排名第 5 的浙江税收收入增长 -0.2%、排名第 7 的四川税收收入增长 -2.0% 外，其余省份的税收收入增速下降幅度较大，税收收入排前十位省份的税收收入对全国税收收入影响巨大。2020 年 1~9 月全国绝大多数省份税收收入均为负增长，加上 2020 年减税降费政策效果凸显，因此，2020 年全国税收收入增速较上年同期下降已成定局，10~12 月，这种降幅可能会有所收窄，但是预计全年多数省份税收收入负增长是大概率事件，部分省份税收收入可能会呈现小幅的正增长。受疫情影响全国经济下行，2020 年全年税收收入可能为负增长或小幅的正增长状态。

根据 2019 年税收收入分季度运行情况，可以对 2020 年税收收入进行简单类比预测：2019 年前三季度累计税收收入 137615.83 亿元，占 2019 年全年税收收入的 80.0%。2020 年前三季度累计税收收入 128366.13 亿元，假设 2020 年继续保持 2019 年前三季度占全年收入同样的比重，2020 年全年税收收入为 160457.66 亿元，同比下降 6.8%。

考虑到 2020 年前三季度税收收入增速较低，后三个月税收收入增速可能有所回升，防控疫情的政策措施效果显现，生产得以恢复，估计 2020 年全年税收收入会高于上述预测值，假如保持 2020 年全年增速比前三季度高 3.0 个百分点的情况，2020 年全年税收收入增长 -3.7%，则 2020 年全年税收收入为 162183.14 亿元。

采用平均法，则 2020 年税收收入为 161320.40 亿元，同比增长 -6.3%，这只是较悲观的预测，如果 2020 年四季度经济继续恢复，这可能是税收收入的下限，税收收入实际值会高于此预测值。

表8　2020年全年税收收入预测分析

单位：亿元，%

年份	一季度累计		上半年累计		前三季度累计		全年累计	
	绝对数	同比增长	绝对数	同比增长	绝对数	同比增长	绝对数	同比增长
2016	35503.16	6.5	76805.90	6.8	107632.80	5.0	140499.04	3.3
2017	40390.09	13.8	85692.94	11.6	121360.88	12.8	155734.72	10.8
2018	47300.68	17.1	97852.29	14.2	136777.49	12.7	169956.57	9.1
2019	51019.62	7.9	100770.19	3.0	137615.83	0.6	172102.36	1.3
2020	41791.56	−18.1	88997.49	−11.7	128366.13	−6.7	161320.40	−6.3

注：2020年为预测值。

资料来源：历年国家税务总局收入规划核算司《税收月度快报》。

（二）2021年中国税收收入形势初步展望

2020年是中国"十三五"规划的收官之年。从1~9月的经济形势看，经济增长低于上年水平，为0.7%，较上年回落5.3个百分点。固定资产投资、工业生产与销售、国内贸易及货币信贷等增速均较上年有所回落。

从2020年1~9月税收收入的走势和全年预测分析，2020年税收收入较上年负增长，增速保持大幅低于经济增速的状态。

根据有关方面对2021年经济走势的预测，如果经济增长保持在5.0%左右，预计2021年全年税收收入增速会大大高于2020年，为6.0%~8.0%，税收收入初步估计为170999.62亿~174226.03亿元。

需要说明的是，自1994年税制改革以来税收收入增速高于经济增速现象，已从2013年起出现转折，虽然2017年又出现短暂的税收收入增速高于经济增速的现象，但税收收入增速低于经济增速整体态势已保持多年，估计这种现象将在2021年出现短暂改变，随着2020年中央减税降费以及防控疫

情的减税优惠政策的实施，2021年税收收入增速会在上年负增长的基础上，出现恢复性的较高水平的正增长。

四 2020年疫情防控税收政策梳理

面对新冠肺炎疫情防控和复工复产的形势，税务部门深入贯彻落实习近平总书记系列重要讲话和重要指示批示精神，坚决执行党中央、国务院决策部署，积极发挥税收职能作用，全力参与疫情防控工作，支持企业复工复产，服务经济发展大局。

（一）支持疫情防控的税收优惠政策

疫情发生后，国家最先出台的税收优惠政策是以支持防护救治、物资供应和鼓励公益捐赠为主的政策，涉及增值税、消费税、企业所得税、个人所得税和关税以及相关附加税费，主要包括为疫情防控重点保障物资生产企业及为防疫提供相关服务的企业、生活服务业企业等退还或减免税费，免征防疫工作补助和发放医药防护用品对应的个人所得税，以及放宽公益性捐赠优惠范围。其中，除少数政策如防疫进口物资免税期限为2020年1月1日至3月31日外，其余支持疫情防控、企业纾困和复工复产的政策期限均延至2020年12月31日。

（二）支持复工复产的税收优惠政策

疫情被基本控制后，为支持复工复产，国家出台了一系列税收政策。一方面，严格落实延期缴纳税款措施和房产税、城镇土地使用税等法定困难性减免规定。另一方面，出台有利于减轻企业负担的相关政策，如规定对4类困难行业企业2020年度发生的亏损，最长结转年限延长至8年；将增值税小规模纳税人适用3%征收率的降低至1%（其中湖北省内实行免征）。另外，还针对湖北出台了对个体工商户代开运输发票暂不预征0.5%的个税等一些具体规定，体现了对湖北的特殊支持。

（三）助力疫后重振的其他联动政策

为实现国家提出的"六稳""六保"目标，各相关部门推出的政策，既有税收减免政策，又有减免社保费、医保费等降费政策，还有减租免租、缓息降息等政策，其中仅税务部门负责落实的政策就涉及 8 个税种和 7 个费种。在支持小微企业和个体工商户发展方面，将所得税缴纳延缓到 2021 年，以房产税、土地使用税减免鼓励出租方降低租金，多部门联合开展"小店经济推进行动"；在缓解企业资金压力方面，继续实施普惠金融有关政策，多部门合作推行"银税互动"发放贷款；在稳外贸、稳外资方面，优化出口退税服务，提高了除"两高一资"以外的出口产品退税率；在扩内需方面，对二手车经销企业销售旧车减征增值税，将新能源汽车免征车购税政策延长 2 年；为鼓励关键技术创新和数字经济发展，近期又陆续出台了支持集成电路和软件产业发展等税收优惠政策。上述一揽子财税、投融资政策，将进一步提升中国产业创新能力和发展质量，促进中国经济提质增效和良性循环。

五　对经济和税收形势的看法与建议

（一）对经济和税收形势的看法

2020 年是中国全面建成小康社会和"十三五"收官之年，由于新冠肺炎疫情的巨大冲击，加上国外复杂局势的影响，税收收入较上年减少。为遏制疫情扩散，打赢防疫阻击战，国家出台了相关税收政策，取得了一定成效。疫情叠加全球经济下行、贸易摩擦以及国内经济转型升级的压力等，使国民经济遭遇较大冲击，企业面临严峻的形势。

1. 消费疲软，导致产品积压

消费是经济发展的重要驱动力，春节本是中国消费的黄金时期，由于走亲访友、旅游出行受到限制，零售、影视、交通运输、旅游、住宿等商品与服务消费急剧下降，造成产品积压、服务停滞。

2. 资金周转困难

生产、流通、分配、消费是经济循环中不可或缺的四个环节，消费疲软直接导致产品与服务的价值难以变现，企业难以获得资金进行下一环节的生产，同时也影响上下游企业的资金周转。

3. 原材料与用工成本上升

上游原材料供应商受疫情影响推迟复工，导致供应短缺，加之交通不便，导致原材料价格上涨；由于防疫风险以及通行管制，开工企业还面临着劳动力不足的问题。

4. 疫情期间企业仍负担不少的日常支出

企业停工期间仍然要维持基本的运转，需要支付基本的人工费、租金、某些税费。企业是国民经济的细胞，只有企业正常运转，经济才能健康发展，保障与促进企业发展是现代国家的重要责任。困难面前企业必须懂得自救，包括民企在内的各种企业在就业、创新、税收等方面发挥着无可替代的作用，国家与企业互为支撑，共克时艰，企业服从国家防疫安排，同时国家要尽量保障企业的发展。税收政策是国家引导市场力量积极抗疫、促进企业恢复与发展的重要方式之一。

（二）建议

1. 多数实体经济经营困难，税费负担依然较重，应继续实施减税降费政策

按照税收收入与国民生产总值对比的宏观税负分析，实体经济相对其他经济宏观税负并不高，不高并不等于负担不重，原因是实体经济（主要是制造业）增加值中所含工资薪金比例较高，工资薪金在国民经济核算中是新创造的价值（增加值），但对实体经济来说属于人工成本。宏观国民经济核算与微观企业成本利润核算存在差异。从宏观上讲，增加值属于增值税的税基，不能抵扣；从企业微观角度看，职工工资薪金是成本，如果对其征税，无疑会增加成本。同样，社保费用也是企业的人工成本。因此，未来减税降费要有针对性，要更加精准。建议减税降费应聚焦在增值税和社保费上，并向劳

动密集型的实体经济、小微企业、民营企业倾斜。

2. 落实优惠政策，帮助企业走出困境

当前，疫情对经济的影响远没有消除，部分企业经营仍然面临着一些困难，为此，必须继续严格落实现有的税收优惠政策。比如，在国家疾病预防控制和公共卫生体系建设中，可允许防疫物资和疫苗生产企业购置设备加速折旧，对相关物资储备企业比照对国家粮食储备企业的优惠政策给予照顾，既有利于全力支持相关抗疫医疗服务企业发展，又有利于上述体系建设。再如，对临时性减免政策执行到期的终止执行，但相关政策如有助于支持企业走出困境，应酌情予以延期，让特困行业和企业真正"活过来"。

3. 完善配套优惠减免政策

一是建议对各级政府及相关职能部门给予疫情防控重点保障物资生产企业的财政补贴或贷款贴息，规定不作应税所得额处理。二是出台鼓励金融企业扩大小微企业信贷融资规模的税收支持政策，鼓励金融企业提高小微企业贷款授信额度。三是加大对企业融资环节的税收支持力度，允许企业向银行支付的贷款利息凭银行开具的增值税专用发票所换算注明的税额从销项税额中予以抵扣。

4. 实施差异化、结构性减税政策，照顾重点地区、西部地区和困难群体

一是针对湖北等受疫情影响特别严重地区的纳税人出台进一步的纾困政策，加大对湖北部分困难行业企业的社保费减免力度。二是在税收政策上大力支持西部大开发，促进部分产业或产能向西部转移，使其留在国内而不至于转移到周边国家。三是针对受疫情影响严重的生产类、生活类服务业，加大阶段性税收优惠力度。对受疫情影响较大的部分交通运输行业实行增值税减半征收，将部分生产性服务业和生活性服务业增值税加计抵扣比例提高至30%。四是对受疫情影响生产经营出现严重困难的企业及其困难职工的社保费实行减半征收，并可申请缓缴。同时，对因疫情致贫返贫人员给予税收免征和现金补贴照顾。

参考文献

刘昆:《积极的财政政策要大力提质增效》,《求是》2020 年第 4 期。

郑永年:《疫情与中国治理制度》,《联合早报》2020 年 2 月 18 日。

朱军:《减低江苏"新冠肺炎疫情"影响的公共对策研究》,《公共财政研究》2020 年第 1 期。

高培勇:《防治"非典"与财税安排影响及对策》,《税务研究》2003 年第 6 期。

《新冠肺炎困得住中国经济吗?》,贝恩咨询,2020 年 2 月。

《疫情与财政:减税空间不大,可扩大赤字发国债,实行跨年预算》,澎湃新闻,2020 年 2 月 21 日。

高云龙主编《中国民营经济发展报告(2018-2019)》,中华工商联合出版社,2020。

货币政策与金融市场篇

Monetary Policy and Financial Markets

疫情冲击下的货币金融运行

梁 斌 黄健洋 庞念伟 *

摘　要：疫情冲击下，全球经济受到较大冲击。中国疫情得到较好控制，宏观政策有效实施，为实体经济复苏创造了更好的环境。三季度，中国 GDP 同比增长 4.9%，领先全球其他经济体率先实现了复苏。工业生产增速不断回升，总需求持续修复，国内国际双循环不断加快。预计全年中国经济增长 2.0% 左右，国内生产总值突破 100 万亿元。整体来看，金融有效发挥了服务实体经济的功能。社会融资结构不断优化，企业中长期贷款和小微企业贷款增长态势良好。预计应对疫情的一些行之有效的结构性金

* 梁斌，中国人民银行调查统计司，管理学博士；黄健洋，中国人民银行调查统计司，经济学博士；庞念伟，中国人民银行济南分行。

融政策将得以坚持和完善，金融服务实体经济的质量和效益进一步提升，货币供应与反映潜在产出的名义国内生产总值增速基本匹配。

关键词：经济复苏　逆周期调控　金融运行

一　货币金融运行的经济背景

疫情对全球经济造成重大冲击，中国有效控制住了疫情，并且金融发挥逆周期调节作用，助力经济回归常态，中国经济率先复苏，内生增长动能不断修复，国内国际双循环不断加快。

（一）前三季度经济增长由负转正，工业生产复苏较快

1. 前三季度经济增长 0.7%，三季度经济增长 4.9%

前三季度，受新冠肺炎疫情影响，我国经济增速先降后升，同比增长 0.7%，由负转正。分季度看，一季度 GDP 同比下降 6.8%，二季度同比增长 3.2%，三季度同比增长 4.9%。从环比看，三季度 GDP 增长 2.7%。分产业看，三次产业均实现正增长。前三季度，第一产业增加值同比增长 2.3%，第二产业增加值同比增长 0.9%，第三产业增加值同比增长 0.4%。

2. 工业生产明显复苏，制造业生产增长较好

前三季度，全国规模以上工业增加值同比增长 1.2%，上半年为同比下降 1.3%。其中，三季度同比增长 5.8%，比二季度加快 1.4 个百分点。9 月，规模以上工业增加值同比增长 6.9%，比上月加快 1.3 个百分点，连续 6 个月保持增长。工业企业产销率为 98.6%，高于近 10 年来历年同期平均水平。三季度，全国工业产能利用率为 76.7%，比上年同期高 0.3 个百分点。

从三大门类看，前三季度，中国采矿业增加值下降 0.6%，制造业增加值增长 1.7%，电力、热力、燃气及水生产和供应业增加值增长 0.8%，增速分别

比上半年加快 0.5 个、3.1 个、1.7 个百分点。前三季度，高技术制造业增加值同比增长 5.9%，装备制造业增加值同比增长 4.7%。

3. 服务业稳步复苏，现代服务业恢复较快

前三季度，服务业增加值同比增长 0.4%，其中，三季度当季同比增长 4.3%，比上季度加快 2.4 个百分点。分行业看，前三季度，信息传输、软件和信息技术服务业增加值同比增长 15.9%，比上半年提高 1.4 个百分点；金融业增加值同比增长 7.0%，比上半年提高 0.4 个百分点。全国服务业生产指数同比下降 2.6%，降幅比上半年收窄 3.5 个百分点。9 月，服务业商务活动指数为 55.2%，比上月提高 0.9 个百分点。其中，交通运输、电信互联网软件、住宿餐饮等行业商务活动指数均保持在 60% 以上。

（二）总需求持续修复，国内国际双循环不断加快

从需求看，投资发挥了托底经济的作用；疫情得到有效控制后，消费持续恢复，对经济增长的拉动作用增大。前三季度，资本形成拉动 GDP 增长 3.1 个百分点，净出口拉动 0.1 个百分点，最终消费拖累 2.5 个百分点。其中，三季度最终消费拉动 GDP 增长 1.7 个百分点，呈现逐季回升、由负转正的走势。

1. 固定资产投资继续回暖，发挥了托底经济的作用

前三季度固定资产投资累计同比增长 0.8%。9 月固定资产投资同比增长 8.7%，环比增长 3.4%。分行业看，房地产投资快速复苏，基础设施投资低位企稳，制造业投资回落幅度较大。前三季度，房地产投资同比增长 5.6%，比上半年加快 3.7 个百分点；基础设施投资同比增长 0.2%，增速年内首次转正；制造业投资同比增长 -6.5%，降幅比上半年收窄 5.2 个百分点。

2. 消费继续稳步复苏，增速呈逐月回升态势

前三季度，社会消费品零售总额同比下降 7.2%，降幅较上半年收窄 4.2 个百分点。其中，三季度当季增长 0.9%。分消费类型看，商品消费增速继续回升，9 月同比增长 4.1%，比上月提高 2.6 个百分点。餐饮消费仍然负增长，但降幅逐月收窄。9 月餐饮收入同比下降 2.9%，降幅比上月收窄 4.1 个百分点。

3. 进出口增速持续回升，贸易结构继续改善

前三季度，货物贸易进出口总额（美元计价）同比下降 1.8%，降幅比 1~8 月收窄 1.8 个百分点。其中，出口同比下降 0.8%，降幅比 1~8 月收窄 1.5 个百分点；进口同比下降 3.1%，降幅比 1~8 月收窄 2.1 个百分点。货物贸易顺差 3260.5 亿美元，同比扩大 10.8%。我国对外贸易结构继续改善。

分贸易方式看，一般贸易进出口占比持续提高。前三季度，一般贸易进出口占进出口总额的 60.2%，比上年同期高 0.8 个百分点。分企业主体看，前三季度民营企业进出口增长 10.2%，占进出口总额的 46.1%，比上年同期高 4 个百分点。

（三）CPI同比涨幅逐季回落，PPI降幅有所收窄

前三季度，CPI 同比上涨 3.3%，涨幅比 1~8 月低 0.2 个百分点。9 月，CPI 同比上涨 1.7%，涨幅比上月低 0.7 个百分点。分项来看，9 月食品价格同比上涨 7.9%，涨幅比上月低 3.3 个百分点；非食品价格同比持平，涨幅为 2010 年以来最小。经测算，在 9 月 CPI 1.7% 的同比涨幅中，上年价格变动的基数效应约为 1.2 个百分点，新涨价影响约为 0.5 个百分点。

工业品需求持续恢复，PPI 同比降幅收窄。前三季度，PPI 同比下降 2%，降幅与 1~8 月持平。前三季度，PPI 当季同比降幅分别为 0.6%、3.3% 和 2.2%，降幅较上季收窄。9 月，PPI 同比下降 2.1%，降幅比上月扩大 0.1 个百分点。分项来看，9 月生产资料价格同比下降 2.8%，降幅收窄 0.2 个百分点；生活资料价格由涨转降，同比下降 0.1%。

（四）就业形势总体稳定，延续边际改善趋势

9 月末，全国城镇调查失业率为 5.4%，比上月低 0.2 个百分点，呈现稳中有落态势，从年初 6.2% 的高位持续回落。其中，25~59 岁群体调查失业率为 4.8%，比全国城镇调查失业率低 0.6 个百分点，与上月持平。31 个大城市城镇调查失业率为 5.5%，比上月低 0.2 个百分点。前三季度，全国城镇新增就业 898 万人，完成全年目标任务的 99.8%，但比上年同期少增 199 万人。

二 金融调控效果显著，有效发挥服务实体经济功能

2020年以来，中国人民银行科学把握货币政策力度，坚持稳健的货币政策更为灵活适度、精准导向，引导资金更多流向实体经济；同时有效发挥结构性货币政策工具的精准滴灌作用，提高政策的"直达性"，强化对稳企业保就业的金融支持。总体来看，当前流动性合理充裕，货币供应量和社会融资规模合理增长。

（一）M2增速合理回升，金融体系流动性不断改善

9月末，广义货币(M2)余额216.41万亿元，同比增长10.9%，增速比上月末和上年同期分别高0.5个和2.5个百分点。从广义货币供应量的构成看，前三季度住户存款同比多增1.42万亿元，稳就业政策效果初显，居民收入平稳增长；企业存款同比多增3.96万亿元，金融体系对企业支持力度明显增强。另外，财政政策强化逆周期调节，财政存款和机关团体存款投付和支出速度都在提升，同比少增9774亿元。

9月末，狭义货币(M1)余额60.23万亿元，同比增长8.1%，增速比上月末和上年同期分别高0.1个和4.7个百分点。前三季度，单位活期存款同比多增1.68万亿元；超储率为1.6%，比上年同期低0.2个百分点；当前货币政策传导机制更为畅通，传导效率明显提升，货币乘数为6.85，比上年同期高0.47，处于较高水平。

流通中货币(M0)余额8.24万亿元，同比增长11.1%，增速比上月末和上年同期分别高1.7个和7.1个百分点。

（二）社会融资规模余额稳步增长，融资结构持续优化

为积极应对疫情带来的新挑战，做好"六稳"工作，落实"六保"任务，金融体系持续发力，增强对实体经济的资金支持。前三季度社会融资规模增量明显高于上年同期，融资结构进一步优化。9月末，社会融资规模余额同比

增长 13.5%，分别比上月末和上年同期高 0.2 个和 2.8 个百分点。前三季度社会融资规模增量为 29.62 万亿元，比上年同期多 9.01 万亿元。9 月，社会融资规模增量为 3.48 万亿元，比上年同期多 9630 亿元。

拉动前三季度社会融资规模增加的主要因素如下：

一是金融机构加大对实体经济的信贷支持力度。前三季度金融机构对实体经济发放的人民币贷款增加 16.69 万亿元，接近上年全年 16.88 万亿元的水平，比上年同期多增 2.79 万亿元。

二是实体经济从债券市场、股票市场获得的直接融资大幅增加。前三季度企业债券净融资 4.1 万亿元，比上年同期多 1.65 万亿元；非金融企业境内股票融资为 6099 亿元，比上年同期多 3756 亿元。

三是金融体系配合财政政策持续发力，政府债券融资力度加大。前三季度政府债券净融资 6.73 万亿元，比上年同期多 2.74 万亿元。其中，国债净融资 2.48 万亿元，比上年同期多 1.57 万亿元；地方政府专项债券净融资 3.3 万亿元，比上年同期多 1.13 万亿元。

（三）企业贷款保持平稳较快增长，重点领域中长期贷款结构好转

前三季度，企业贷款保持平稳较快增长。9 月末，企业本外币贷款余额增长 12.3%，比上年末和上年同期分别高 1.8 个和 1.9 个百分点。其中，中长期贷款增速自 3 月起持续加快，9 月末余额增长 14.8%，为 2018 年以来的最高点。

从中长期贷款实际投向看，金融机构对重点领域的中长期资金支持力度不断加大，贷款结构持续优化。

制造业中长期贷款增速已连续 11 个月上升，其中高技术制造业中长期贷款保持快速增长。9 月末，制造业中长期贷款余额增长 30.5%，比上年末高 15.7 个百分点，增速已连续 11 个月上升。其中，高技术制造业中长期贷款余额增长 45.8%，比上年末高 4.9 个百分点。

基础设施业中长期贷款保持较快增长。9 月末，基础设施业中长期贷款余额增长 13.5%，比上年末高 3.4 个百分点；前三季度累计新增 2.40 万亿元，同比多增 8408 亿元。

不含房地产业的服务业中长期贷款增速创 2018 年以来的高点。9 月末，不含房地产业的服务业中长期贷款余额增长 17.3%，比上年末高 3.6 个百分点，为 2018 年以来的高点；前三季度累计新增 3.74 万亿元，同比多增 1.36 万亿元。

受疫情影响较大的行业中长期贷款增速持续加快。9 月末，批发和零售业中长期贷款余额增长 15.2%，增速比 3 月末高 2.8 个百分点。文化、体育和娱乐业中长期贷款余额增长 7.3%，增速比 3 月末高 3.2 个百分点。与此同时，金融机构对抗疫的信贷支持力度也持续加大。9 月末，卫生行业中长期贷款余额增长 21.1%，增速比 3 月末高 6.0 个百分点。

（四）小微企业贷款保持了"量增、面扩、价降、结构优化"的特点

中国人民银行认真贯彻落实党中央、国务院决策部署，灵活运用多种政策工具，持续引导金融机构加大对实体经济，特别是小微企业资金支持力度，取得了较好的效果。三季度小微企业贷款增长继续保持了"量增、面扩、价降、结构优化"的特点。

一是普惠小微贷款持续加速增长。2020 年三季度末，普惠小微贷款余额14.6 万亿元，同比增长 29.6%，增速比上年末高 6.5 个百分点，最近 7 个月连创新高。

二是信贷支持小微经营主体的覆盖面继续扩大。截至 2020 年三季度末，普惠小微贷款支持了 3128 万户小微经营主体，同比增长 21.8%，前三季度增加 429 万户，与上年同期增量相当。

三是普惠小微企业贷款利率持续下降。2020 年 9 月新发放普惠小微企业贷款利率为 4.92%，比上年 12 月下降 0.96 个百分点。

四是有七成多普惠小微企业贷款投向制造业等劳动密集型行业。截至 2020 年三季度末，普惠小微企业贷款中，制造业、批发和零售业及建筑业企业贷款分别占 38%、30.2% 和 8.2%，合计占 76.4%。对上述劳动密集型企业的信贷投放有力支持了稳企业保就业工作。

五是信用贷款占比继续提升。2020 年三季度末，普惠小微企业贷款中信用贷款占比 18.7%，比上半年提高 1.6 个百分点，比上年末提高 5.2 个百分点。

三 目前金融运行中需要关注的几个现象

整体来看，2020 年中国整体金融运行态势良好，金融对实体经济发展的支持力度不断加大，金融改革不断深入。同时也要看到，目前我国金融运行中仍然存在一些问题值得关注，需要提前做好政策应对方案，保障金融体系平稳运行。

（一）新冠肺炎疫情二次冲击将拖慢全球经济复苏步伐，加剧全球债务风险

疫情二次冲击将拖慢全球经济复苏步伐。新冠肺炎疫情重创上半年全球经济，主要国家 GDP 大幅萎缩，但随着下半年疫情防控形势向好，全球经济出现边际复苏迹象。不过，近期欧洲疫情形势急剧恶化，英国、法国、西班牙、意大利等国家每日新增确诊数大幅增长，增速远超首次暴发水平。9 月以来疫情形势明显恶化，可能会抑制下一步全球经济复苏进程。从经合组织发布的综合领先指标看，9 月各主要经济体的综合领先指标上升势头明显放缓，经合组织、欧元区 9 月综合领先指数环比涨幅分别比上月收窄 0.58 个、1.65 个百分点。9 月，欧元区制造业 PMI 仍在回升，但服务业 PMI 环比下降 2.5，疫情对服务业的冲击开始显现，预计四季度全球经济增速将会进一步放缓。

新冠肺炎疫情二次冲击将进一步加剧全球债务风险。新冠肺炎疫情发生以后各国普遍加大货币政策刺激力度，宽松货币政策导致全球债务增长明显加快。国际货币基金组织数据显示，7 月末发达经济体债务占全球生产总值的比重已升至 128%，是第二次世界大战以来最高水平。当前疫情仍在全球蔓延，随着各国财政收入减少、开支持续增加，全球债务水平可能在今后一段时期持续上升，部分国家主权债务违约风险有所加剧。

（二）金融有力支持工业企业生产恢复，对投资的拉动效果逐步显现

金融对实体经济拉动效果集中体现为工业生产的恢复。三季度，工业基

本恢复至往年正常生产节奏。9月规模以上工业增加值同比增长6.9%，比上年同期高1.1个百分点。相较于工业生产的较快恢复，最终需求的恢复仍需进一步巩固。前三季度，制造业投资同比增长-6.5%，比上年同期低9.0个百分点；社会零售品销售总额同比增长-7.2%，比上年同期低15.4个百分点。

目前，金融供给对企业的支持力度较大，企业感受良好。5000户企业家问卷调查显示，三季度，企业总体融资感受和银行贷款获得感受指数均有所好转，其中，认为"融资难、融资贵"的企业占比为14.0%，创历史新低。当前具有固定资产投资意愿，但因资金不足而难以实施的企业占比仅为6.5%。

信心不足在一定程度上抑制了企业投资扩产。调统司对5000余户工业企业开展的固定资产投资状况调查显示，分别有64.4%和62.6%的企业认为"所在行业未来市场需求难以快速增长"和"预计投资回报率降低"是制约企业扩大投资规模的最主要原因。目前，部分企业通过提高现有设备利用水平扩大生产，继续增加固定资产投资意愿不强。42.8%的企业计划通过"提高现有设备利用率"的方式增效扩能以满足市场需求，这进一步反映了企业生产积极性提高而投资动能不足。

总体来看，工业企业投资需求进一步释放，一是对宏观政策有更多依赖，二是金融保持对实体企业的支持力度，保障生产的正常恢复，进而激发有效的投资需求，这还需要一定时间的传导。

四　2021年经济展望及政策思考

在各项宏观政策支持下，我国经济稳步复苏，预计2020年我国经济增速恢复至2.0%左右，国内生产总值突破100万亿元。2021年经济增速将进一步恢复至正常水平，同时疫情冲击导致经济增速存在基数效应，经济增速会呈前高后低的态势。在以国内大循环为主体，国内国际双循环互相促进的新发展格局下，2021年我国内外部需求均将有所改善，这为货币金融运行创造了良好的条件。预计应对疫情的一些行之有效的结构性金融政策将得以坚持和完善，涉农、小微企业、民营企业等也将得到持续的金融支持，金融服务实

体经济的质量和效益进一步提升,货币供应与反映潜在产出的名义国内生产总值增速基本匹配。

参考文献

国家统计局:《前三季度经济增长由负转正》,国家统计局网站,2020 年 10 月 19 日。

中国人民银行:《2020 年第三季度金融统计数据新闻发布会文字实录》,中国人民银行网站,2020 年 10 月 14 日。

汤铎铎等:《全球经济大变局、中国潜在增长率与后疫情时期高质量发展》,《经济研究》2020 年第 8 期。

张晓晶、刘磊:《宏观杠杆率增幅趋缓 结构有所优化——2020 年 2 季度中国杠杆率报告》,《经济参考报》2020 年 7 月 28 日。

张晓晶、刘磊:《2020 年杠杆率或有限攀升——2019 年度中国杠杆率报告》,《经济参考报》2020 年 2 月 18 日。

B.10
疫情冲击下的宏观杠杆率

摘　要：面对百年不遇的疫情冲击，无论是世界还是中国都经历了宏观杠杆率大幅攀升的过程。但相比于 2020 年全球杠杆率增幅将达到 35 个百分点，中国前三季度杠杆率增幅为 27.7 个百分点，且增幅逐季收窄，展现出中国政府实施扩张政策时的定力与克制，未置风险于不顾。从趋势看，随着中国经济复苏态势进一步向好，接下来几个季度的杠杆率将趋于稳定，杠杆率阶段性快速攀升的过程基本结束，但仍有一些风险点（如信贷与实体经济错配带来的风险、商业银行坏账上升风险等）值得我们关注。未来，促进金融与实体经济的畅通循环是实现稳杠杆的关键。

关键词：宏观杠杆率　稳杠杆　金融　实体经济

一　中国宏观杠杆率的简要回顾

改革开放至今，中国宏观杠杆率基本处在一个持续攀升的过程中。人民币各项贷款余额与名义 GDP 之比从 1978 年的 51.4% 增长至 2019 年末的 154.5%。在 1990 年代之前，中国实体经济的债务基本以人民币贷款为主，宏

---

*　张晓晶，中国社会科学院金融研究所研究员，主要研究方向为宏观经济学、增长理论与发展经济学等；刘磊，中国社会科学院经济研究所 / 国家金融与发展实验室，主要研究方向为宏观经济学。

观杠杆率也就大致接近于各项贷款余额与名义 GDP 之比这一指标。在 1990 年代之前，宏观杠杆率上升的主要原因在于中国经济货币化程度的不断深化，经济活动更多采用货币作为交易媒介，存款和贷款共同以更快的速度增长。

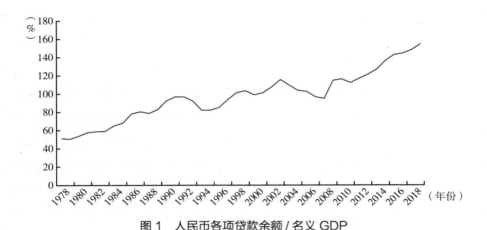

图 1　人民币各项贷款余额／名义 GDP

资料来源：中国人民银行，国家统计局。

　　1990 年代之后，依据中国宏观杠杆率的变化特征，大致可划分为四个阶段。第一阶段，宏观杠杆率从 1990 年代初的 100% 左右上升到 2003 年"非典"时期的近 150%，杠杆率年均增长 4 个百分点左右，亚洲金融危机和 2003 年的"非典"都在一定程度上刺激了杠杆率的上升。第二阶段是 2003~2008 年的轻微去杠杆阶段，杠杆率从 150% 下降到 140% 左右，债务温和上升伴随经济飞速上涨，这是全球经济大繁荣与中国经济上升周期相重合的阶段。这段时期最大特征在于新增债务与实体经济的发展具有良性循环，新增债务主要用于新增实体经济的投资，债务的上升促进了经济增长。第三阶段是 2008~2015 年的快速加杠杆阶段，2009 年由于四万亿元刺激计划，债务出现了跃升，但大量债务与实体经济脱钩，主要被用来支持僵尸企业或流入资本市场对存量资本进行交易，其中非金融企业的杠杆率增速最高。第四阶段是 2015 年以来的结构性去杠杆阶段。2015 年 10 月中央提出降杠杆任务，2017~2019 年连续 12 个季度，宏观杠杆率在 240%~246% 波动，实现了宏观杠杆率的基本稳定。

从中国过去十几年的发展经验来看，2003~2008 年新增债务与名义 GDP 基本保持稳定。债务扩张主要是支持实体经济活动，因此宏观杠杆率也保持稳定甚至略有下降。而 2008 年之后的一段时期，大量的新增债务被用于存量资产的交易及僵尸企业的借新还旧。这部分新增债务不能有效支持实体经济活动并带来产出的提高，由此导致宏观杠杆率快速攀升。直到 2015 年中央提出供给侧结构性改革（如"三去一降一补"），杠杆率快速攀升的势头才得以缓解。

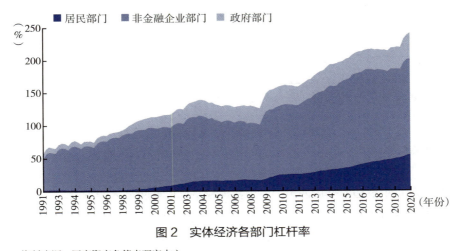

图 2　实体经济各部门杠杆率

资料来源：国家资产负债表研究中心。

二　疫情冲击下的宏观杠杆率

截至 2020 年 9 月 11 日，新冠肺炎疫情和相关封锁措施已使各国推出了空前的财政措施，总规模达到 11.7 万亿美元，接近全球 GDP 的 12%。国际货币基金组织预测，2020 年各国政府的赤字占 GDP 比例平均将上升 9%，而全球公共债务规模预计将接近 GDP 的 100%，创历史新高。摩根大通预计 2020 年全球新增债务规模将达到 16 万亿美元，年末的总债务规模将超过 200 万亿美元。叠加全年 -5% 的名义 GDP 增速，全球宏观杠杆率将抬升 35 个百分点。本次疫情冲击

下主要经济体的财政扩张与央行资产负债表的扩张，从年度攀升幅度来看，均超过 2008 年的全球金融危机，用"洪水滔天"来衡量毫不夸张。

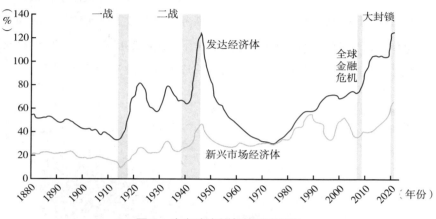

图 3　广义政府债务的历史演进

资料来源：IMF，2020。

面对百年不遇的疫情冲击，中国实体经济杠杆率再度大幅攀升。一季度总杠杆率攀升 13.9 个百分点，低于 2009 年一季度 14.2 个百分点的历史峰值；企业杠杆率上涨 9.8 个百分点，也低于 2009 年一季度 12.2 个百分点的增幅。由此可以认为，中国债务扩张并未失控，展现出政府在实施扩张政策时的定力，未置风险于不顾。二、三季度杠杆率增幅进一步收窄，更是印证了这一判断。

前三季度杠杆率增幅为 24.7 个百分点。从增速上看，一季度宏观杠杆率攀升 13.9 个百分点；二季度宏观杠杆率攀升 7.1 个百分点，只及一季度增幅的一半左右；三季度宏观杠杆率增长 3.7 个百分点，约二季度增幅的一半，增幅进一步收窄。从结构上看，在一季度宏观杠杆率 13.9 个百分点的增幅中，企业部门杠杆率贡献了七成，政府部门杠杆率贡献了 16%，居民部门杠杆率仅贡献了 14%。在二季度宏观杠杆率 7.1 个百分点的增幅中，企业、政府和居民部门杠杆率分别贡献了 46%、25% 和 28%。在三季度宏观杠杆率 3.7 个百分点的增幅中，结构进一步调整，非金融企业部门的杠杆率下降，贡献率为 −11%，居民和政府部门的贡献分别为 46% 和 65%，政府部门成为杠杆率上升的最主要贡献者。

（一）居民部门杠杆率

2020 年前三季度居民部门杠杆率上升了 5.6 个百分点，由上年末的 55.8% 上升到 61.4%，一、二季度的增幅都较大，三季度增幅开始收窄，但增幅的绝对水平仍然较高。居民部门杠杆率主要由住房贷款和个人经营性贷款拉动，短期消费贷款仍在负增长区间。在贷款增长的同时，居民部门的金融资产（特别是存款）也保持较快增长。

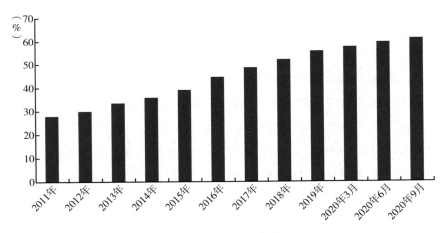

图 4　居民部门杠杆率

资料来源：国家资产负债表研究中心。

居民中长期消费贷款和经营性贷款都已恢复至较高增速，但短期消费贷款仍然负增长。消费低迷是短期消费贷款下滑的主因。居民短期消费贷款与居民消费的关联性较强，历年二者增速的变动方向都较为一致。自二季度以来，居民消费已出现部分复苏的迹象。在这种恢复态势下，预计居民消费将在 2021 年恢复到正常水平，居民短期贷款余额也将企稳回升。

居民部门杠杆率与房地产市场的发展密不可分。以美国为例，居民债务中的住房抵押贷款占比始终稳定在 60%~80%，消费贷款占比较低，大部分时间都在 30% 以下。正是住房市场的快速发展拉动了居民的住房抵押贷款增加，使居民部门杠杆率不断上升。2000~2007 年美国居民部门杠杆率攀升最快的时期，恰恰也是次贷发展非常迅速的时期。究其原因，Mian 等认为高债务率的家庭一般也有更高的边际消费倾向，当面对房价负向冲击的时候这些家庭更倾向于六幅削减消费来偿还债务，从而对经济产生更大的影响。[1]他们的实证分析认为美国居民中房屋的贷款价值比（LTV）为 90% 的家庭相对于这一比例为 30% 的家庭，其边际消费倾向要高出 3 倍。Dynan 等认为在衰退中，高杠杆率的美国居民往往会过度削减消费以降低债务水平，主动去杠杆。[2]Adelino 等通过对美国次贷危机前房地产市场的研究，认为正是因为美国家庭有机会更便利地获得住房按揭贷款才造成了次贷泡沫，按揭贷款增加几乎是房地产价格上升的全部原因。[3]

中国居民部门杠杆率的上涨也是与房地产市场的繁荣直接相关。自 2020 年 3 月起，房地产市场交易量迅速恢复，保持强劲，远高于过去两年的同期交易量。房地产交易上升直接带动居民住房按揭贷款余额的提高，同时也部分拉动了居民经营性贷款的回升。2020 年前三季度的居民中长期消费贷款增长较快，高于 2018 年和 2019 年的同期水平，这与 2020 年房地产市场交易活跃密切相关。同时，居民经营性贷款增速也在上升，三季度末增速达到 18.7%。与之作为对比，非金融企业银行贷款同比增速仅为 12.3%，居民经营性贷款与非金融企业银行贷款增速之间的缺口越发拉大。

居民经营性贷款与非金融企业银行贷款增速缺口拉大这一现象主要由两个因素导致。一方面是普惠金融的力度加大，银行对于个体工商户的支持力度加大。另一方面，也更为值得注意的是，经营性贷款违规进入住房市场的现象加剧。在住房限贷政策没有放松，但房价仍存在一定上涨预期的环境下，部分按揭贷款的需求可能会通过以住房为抵押的经营性贷款来绕道满足。

住房贷款绕道经营性贷款的现象也可以从利率倒挂现象中得到部分印证。2020 年以来，虽然全社会利率水平有所下降，但个人住房贷款利率依然较高，

---

① Mian, A., Rao, K., & Sufi, A., "Household Balance Sheets, Consumption, and the Economic Slump," *The Quarterly Journal of Economics*, 2013, 128(4).

② Dynan, K., Mian, A., & Pence, K. M., "Is a Household Debt Overhang Holding Back Consumption?" Brookings Papers on Economic Activity, 2012.

③ Adelino, M., Schoar, A., & Severino, F., "Credit Supply and House Prices: Evidence from Mortgage Market Segmentation," *National Bureau of Economic Research*, 2012 (No. w17832).

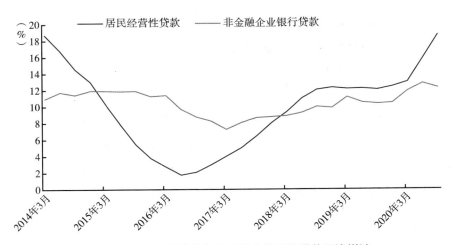

图 5　居民经营性贷款与非金融企业银行贷款同比增速

资料来源：中国人民银行。

存在利率倒挂现象。2020 年一季度开始，个人住房贷款利率超过人民币一般贷款加权平均利率。二季度各项利率水平都有所下降，但倒挂现象依然存在，个人住房贷款加权平均利率为 5.42%，而一般贷款的加权平均利率降至 5.26%。这种利率倒挂现象会刺激部分房地产贷款以经营性贷款的马甲形式出现。

在宏观经济恢复正增长，居民消费也保持复苏态势的环境下，应继续

图 6　人民币贷款加权平均利率

资料来源：中国人民银行。

保持住房市场的稳定，加强对住房相关贷款的宏观审慎管理，坚持"房住不炒"，避免房价过快上升，做到稳地价、稳房价、稳预期。

（二）非金融企业部门杠杆率

2020年前三季度，非金融企业部门杠杆率分别上升了9.8个、3.3个和-0.4个百分点，合计上升了12.7个百分点，由上年末的151.3%上升到164.0%。企业部门杠杆率增速二季度迅速回落，三季度则实现了杠杆率绝对水平的回落，重新回到稳杠杆的轨道中。

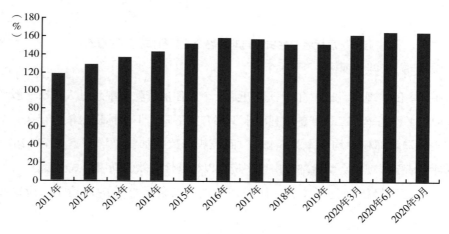

图7 非金融企业部门杠杆率

资料来源：国家资产负债表研究中心。

2020年以来，为了应对疫情冲击，央行推出了几项"创新直达实体经济的货币政策工具"，实现了信贷资源的精准投放，同时也舒缓了中小微企业的流动性紧张困境，有力支持了实体经济。企业部门杠杆率虽然暂时有所上升，但通过对民营企业和中小微企业的信贷支持，托住了经济增长的底线。其中，设立于1月31日的3000亿元抗疫专项再贷款，利率为LPR减1个百分点，再由中央财政提供50%的贷款利率贴息，企业实际融资成本低于1.6%。这项工具支持了7600多家防疫重点企业，已经执行完毕。设立于2月26日的再贴现再贷款专用额度5000亿元，其中支农、支小再贷款额度分别为1000亿元和 3000 亿元，再贴现额度为 1000 亿元。融资利率不高于 LPR+50 基点，实际执行利率 4.4%，已经基本执行完毕，支持了 60 万家企业复工复产。设立于 4 月 20 日的普惠性再贴现再贷款又增加了 1 万亿元额度。平均成本低于 5.5%，预计 200 万家企业受益。此外，央行于 6 月 1 日创设了普惠小微企业贷款延期支持工具和普惠小微企业信用贷款支持计划两项政策工具，总规模分别为 400 亿元和 4000 亿元。前者主要面向地方法人银行，对符合"应延尽延"要求的普惠小微企业贷款，通过利率互换协议补贴利息的方式，为企业办理延期还本付息。后者主要是通过特别目的工具（SPV）购买地方法人银行持有的中小企业信用贷款，期限为 1 年。截至 8 月末，这两项直达工具已经为 157 万家市场主体的贷款本金和 81 万家市场主体的贷款利息提供延期支持，涉及 3.7 万亿元的到期贷款。截至三季度末，金融体系为疫情防控和复工复产提供的专项信贷支持超过 3 万亿元，累计为实体经济让利 1.1 万亿元，预计全年将完成 1.5 万亿元的让利目标。年初至今，贷款市场报价利率（LPR）共降息两次，1 年期利率共下调了 25 个基点；1 年期中期借贷便利（MLF）下降了 30 个基点；二季度末的一般贷款加权平均利率相比上年末下降了 48 个基点。金融对实体经济提供了较大力度的支持。未来则应该通过进一步的金融供给侧改革来为企业，尤其是中小微企业提供融资支持，增强金融体系对中小微企业的信贷投放能力，促进经济复苏。

影子银行信用继续大幅下降。信托贷款和信托贷款融资余额继续下降，前三季度这两种融资规模共下降了 7251 亿元。根据银保监会的统计，金融去杠杆以来，影子银行总共压降了 20 万亿元规模，大量表外融资回归表内，增强了金融体系的稳定性。

中国非金融企业部门杠杆率居全球最高水平之列，中央提出的去杠杆最初也主要是针对企业部门。自 2017 年开始，非金融企业部门去杠杆成效显著，自 2017 年一季度 160.4% 的高点下降到 2019 年末的 151.3%，累计下降 9.1 个百分点。去杠杆取得显著成效主要在于货币当局与监管当局的有效配合，既在总量上控制住货币和信用供给的总闸门，也约束住影子银行和非标业务的发展，二者合力对信用增长形成有效约束。不过，企业部门去杠杆也带来不少问题。一是去杠杆的"非中性",即主要去掉了民企的杠杆,而国企杠杆仍在高位。我们的估算显示,国企债务占企业部门债务的比重从2015年二季度的57%上升到2019年的69%。二是去杠杆有些"用力过猛"。仅2018年一年企业部门杠杆率就下降了4.6个百分点,导致民企债务违约大幅上升。一些正常盈利的民企可能仅因为再融资出现困难就会面临倒闭。自2014年以来,民企非地产(不含各类资产证券化债券)违约率累计达到21.4%。从企业部门杠杆率的结构看,企业债务中国企占六成以上;国企债务中,五成左右是融资平台债务。因此,企业去杠杆,关键是国企与融资平台。疫情冲击下,保市场主体也是任务重点之一,但不能因此给僵尸企业"上呼吸机"。

(三)政府部门杠杆率

2020年前三季度,政府部门杠杆率分别上升了2.2个、1.8个和2.4个百分点,合计上升了6.4个百分点,由上年末的38.3%上升到44.7%。其中,中央政府部门杠杆率三季度上升了1.3个百分点,从17.8%上升至19.1%;地方政府部门杠杆率三季度上升了1.1个百分点,从24.5%上升至25.6%。

2020年全国"两会"确定了赤字率按照3.6%以上安排,赤字规模相较

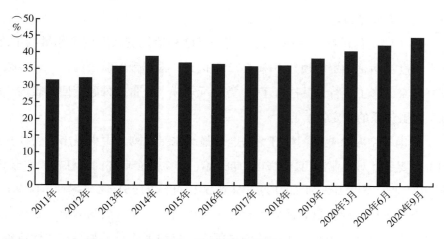

图8　政府部门杠杆率

资料来源:国家资产负债表研究中心。

上年增加 1 万亿元，发行 1 万亿元抗疫特别国债，地方专项债额度较上年增加了 1.6 万亿元。根据这一安排，2020 年中央财政一般债务余额将上升 2.78 万亿元，特别国债余额上升 1 万亿元，二者共计上升 3.78 万亿元；地方财政一般债务余额上升 0.98 万亿元，地方政府专项债务余额上升 3.75 万亿元，二者共计上升 4.73 万亿元；中央政府与地方政府债务加总共计上升 8.51 万亿元。前三季度中央政府债务增加了 2.35 万亿元，地方政府债务增加了 4.27 万亿元，二者共计 6.62 万亿元，距离全年的新增政府债务限额还差 1.89 万亿元，其中绝大部分都为中央政府债务，地方政府债务新增限额已基本使用完毕。

表 1　地方政府债务余额

单位：亿元

	项目	国债	地方债	一般债务	专项债务	合计
2019 年	债务限额	175208	240774	133089	107685	415983
	年末债务余额	168038	213072	118694	94378	381110
	新增债务	17702	29210	8755	20455	46912
	新增债务限额	18300	30800	9300	21500	49100
2020 年	债务限额	213008	288074	142889	145185	501083
	三季度末余额	191510	255821	128193	127628	447331
	前三季度增加额	23472	42749	9499	33250	66221
	四季度剩余额度	14328	4551	301	4250	18879
	新增债务限额	37800	47300	9800	37500	85100

资料来源：财政部，国家资产负债表研究中心。

　　大量实证研究发现，政府部门的高杠杆一直是实体经济增长的重要因素。Reinhart 和 Rogoff 用描述性的统计数据说明，当公共部门杠杆率超过 90% 时，经济增速将大幅放缓。[①] 他们基于对所选定的 20 个发达国家 1946~2009 年这段

---

① Reinhart, C. M., & Rogoff, K. S., "Growth in a Time of Debt," *American Economic Review*, 2010, 100(2).

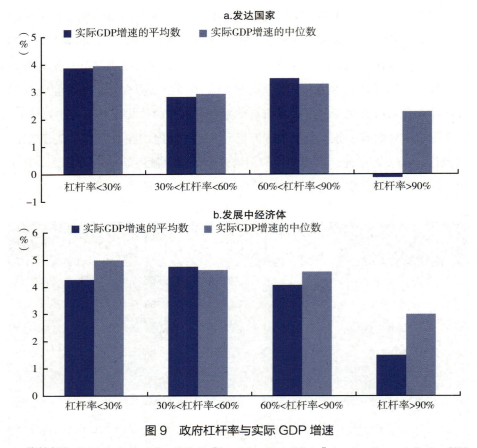

图 9 政府杠杆率与实际 GDP 增速

资料来源：Reinhart, C. M., & Rogoff, K. S., "Growth in a Time of Debt," *American Economic Review*, 2010, 100(2)。

长达 60 余年时间里的经验观察，指出一旦公共债务超过了 GDP 的 90%，平均实际 GDP 增速会从 3% 下降到 2%。对于发展中国家来说，这一规律也是成立的，当公共部门杠杆率超过 90% 时，实际 GDP 增速平均下降 2 个百分点。

政府部门杠杆率对长期经济增长的负面作用可以从三个角度进行解释。第一，公共债务通过数量上的挤出效应压制私人投资水平。高债务率抬高了政府每年还本付息压力，由于政府收入一般都来自税收和发债，更多的债务意味着政府只能提高税收水平或发行更多的债务。这都会导致私人部门可支配收入下降，从而挤出私人投资。此外，政府对现金流需求的上升也更容易导致非中性的税收制度，对实体经济造成扭曲，从而造成全要素生产率的下降。第二，公共债务通过价格上的挤出效应压制投资。过高的政府债务会引发公众对于政府违约的担扰，从而抬升长期国债收益率。Elmeskov 和 Sutherland 认为长期国债收益率对全社会无风险利率水平具有重要的指示作用，国债收益率上升也意味着无风险利率的上升，其对公共投资和私人投资都具有一定的挤出效应。并且对于研发投资的下降也会对经济增长产生长期影响。[1] 第三，公共债务上升会引发公众对恶性通货膨胀的担扰，而恶性通胀对经济增长的破坏作用是巨大的。

但从另一个角度来看，在面对经济负面冲击时，政府的加杠杆行为又往往能够起到对冲经济下行的作用。我们对于早期工业化国家 150 年杠杆率周期的研究也表明，公共部门杠杆率与私人部门杠杆率往往呈现一定的此消彼长，而政府部门杠杆率在大危机或大衰退时期的及时"补台"，将是经济走出困境的重要法宝。[2] 当前，面对百年不遇的疫情冲击，政府加杠杆责无旁贷，是使中国经济迅速得以恢复的关键因素。

（四）金融部门杠杆率

2020 年前三季度，资产方统计的金融部门杠杆率分别上升了 2.9 个、-0.5 个和 -1.6 个百分点，合计上升了 0.8 个百分点。负债方统计的金融部门杠杆率分别上升了 1.0 个、-0.3 个和 1.6 个百分点，合计上升了 2.3 个百分点。金融部门去杠杆的成绩保持稳定，金融部门杠杆率已经达到合理水平，但同时也应关注不良率上升的风险。

经过 2017 年至今已满三年的金融去杠杆过程，金融部门杠杆率已经达到较为合理的水平，各种金融乱象得到了有效遏制，金融部门去杠杆的过程也基本结束。首先，金融部门杠杆率已下降三年，大量影子银行和银行表外资产都已回归到合理水平。其次，当前金融供给侧改革中的主要矛盾已经发

---

[1] Elmeskov, J., & Sutherland, D., "Post-crisis Debt Overhang: Growth Implications across Countries," Available at SSRN 1997093, 2012.

[2] 张晓晶、刘磊、李成:《信贷、杠杆率与经济增长：150 年的经验与启示》,《比较》2019 年第 1 期。

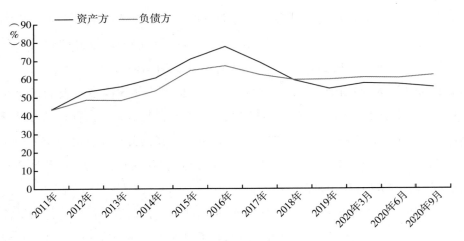

图 10　金融部门杠杆率

资料来源：国家资产负债表研究中心。

生变化，未来将更注重结构性调整。在银行体系里，未来的重点工作在于引导中小银行回归本质，建立审慎经营文化，合理确定经营半径，向地方经济、小微企业和城乡居民提供更多贷款。在资本市场体系里，未来将继续推进注册制改革，增加长期资金和机构投资者的占比，提高直接融资比例。

三　宏观杠杆率趋势展望

从宏观杠杆率的定义出发，估算未来几个季度的宏观杠杆率走势。根据定义，每个季度宏观杠杆率增长的百分点可以表示为上季度末宏观杠杆率水平乘上债务环比增速与过去四个季度的名义 GDP 之和的环比增速之差。

$$Lev_{t+1}-Lev_t = \frac{D_{t+1}}{Y_{t+1}} - \frac{D_t}{Y_t} = \frac{D_t}{Y_t} \times \frac{g_D-g_Y}{1+g_Y} = \frac{D_t}{Y_t} \times \left(\frac{1+g_D}{1+g_Y} -1 \right)$$

$$\approx \frac{D_t}{Y_t} \left(g_D-g_Y \right)$$

其中，Lev_t 表示 t 期末的宏观杠杆率，D_t 表示 t 期末的债务水平，Y_t 表示过

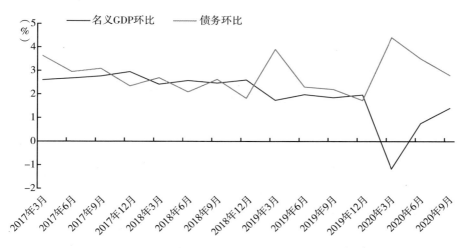

图 11　实体经济债务和滚动四季度名义 GDP 环比增速

资料来源：国家统计局，中国人民银行。

去四个季度的名义 GDP 之和，g_D 为债务水平 D_t 的季度环比增速，g_Y 为 Y_t 的季度环比增速。可以看出，宏观杠杆率的增幅与两个因素正相关：上一期宏观杠杆率水平及债务增速与经济增速之比。2017~2019 年，债务和滚动四季度名义 GDP 环比增速基本一致，由此导致宏观杠杆率基本保持稳定；2020 年二者出现分离，债务增速大幅上升，而名义 GDP 增速大幅下降，引致了宏观杠杆率的上升。

2020 年一季度，滚动四季度名义 GDP 环比下降了 1.17%，债务环比上升了 4.4%。分子与分母之间形成了将近 6% 的缺口，是宏观杠杆率上升的主要原因。二季度，滚动四季度名义 GDP 环比上升了 0.77%，债务环比增长了 3.5%。分子与分母的缺口迅速下降至 2.5% 左右，宏观杠杆率的上升幅度也明显收窄。三季度，滚动四季度名义 GDP 环比增速恢复至 1.41%，债务环比增速下降到 2.8%，缺口降至 1.5% 左右，宏观杠杆率上涨幅度再次收窄。

由于宏观杠杆率特殊的存流量混合性质，其变动趋势具有一定正向的自回归性，当某一期增速较低，甚至为负时，未来几个季度的滚动名义 GDP 水平都会受到影响。因此，2020 年一季度的经济下行因素会持续影响全年。但到 2021 年，上年一季度负增长的影响会消失，甚至因基期效应而产生更为正

面的影响，这使得滚动四季度名义 GDP 增速迅速恢复。相应地，宏观杠杆率将重新回归稳定。

四　值得关注的几个问题

2020 年三季度宏观杠杆率已经趋于稳定，尤其在非金融企业部门杠杆率已经出现微弱下行之时，可以说由疫情冲击导致的宏观杠杆率阶段性上行过程已基本结束。未来几个季度，中国将再次回归到稳杠杆的进程之中，但仍有几个重要的风险点值得我们关注。

（一）信贷与实体经济活动错配带来的风险

面对百年不遇的疫情冲击，政策当局提出信贷增长要明显高于往年，以体现对于纾困与恢复经济的大力支持，这完全在情理之中。我们也看到，上半年，非金融企业和居民部门杠杆率都有较大幅度的攀升，债务的增长缓解了经济主体的资金压力，对冲了外部负面冲击，起到了相应的作用。事实上，主要发达经济体的无限量化宽松政策更是有过之而无不及。不过，因为疫情冲击，很多信贷需求是用于纾困，而不是用于商业活动的扩张，这就使得"明显高于往年的信贷增长"与"明显低于往年的实体经济活动"之间出现了明显的不匹配或者错配。这从总体上会引致宏观杠杆率的大幅攀升，局部也会带来资金套利和资产价格较快攀升的风险。

（二）商业银行的坏账风险

面对疫情冲击，为了完成金融支持实体经济和普惠金融的要求，商业银行普遍放松了风险监控要求，扩大了信贷资产的风险敞口。首先，贷款利率的下降增加了资金的投机需求，部分信贷资金违规流入了房地产和资本市场。一旦出现资产价格的较大波动，这部分信贷资金的违约率会上升。其次，由于普惠金融的要求，商业银行增加了对小微企业贷款和无抵押贷款。2020 年上半年，全部贷款增速为 13.3%，而普惠贷款增速为 28.4%，普惠贷款在全部贷款中的占比提升。一般来说，越是小微普惠贷款，不良贷的比例可能越高。当前商业银行整体的不良贷款率仅有 1.91%，但城商行的不良贷款率已经达到 2.45%，农商行的不良贷款率已经达到 4.09%。最后，部分贷款并非支持新增经济活动，而仅仅是应对企业的流动性需求和对已有债务的还本付息。2020 年 6 月，央行出台了两项针对小微企业的普惠政策工具，为还本付息出现困难的小微企业提供信贷政策支持。此外，对于暂时面临困难的小微企业，商业银行也多采用借新还旧的方式提供流动性支持。虽然部分企业会受益于暂时的流动性支持而得以扩张发展，但也会出现一部分企业在未来货币政策正常化时期面临经营困难，从而转化为商业银行的坏账。可以预计，未来不良贷款率较快上升将不可避免。

（三）国有大行与民营中小银行的普惠贷款竞争加剧

2020 年二季度末，全部商业银行普惠型小微企业贷款余额达到 13.7 万亿元，同比增长 28.4%。其中国有大型商业银行的贷款余额为 4.3 万亿元，同比增长 46.4%。国有大型银行的普惠贷款余额增速远高于平均水平，超过民营银行和中小银行的增速，并且主要抢夺的是优质客户。在经济下行压力较大及金融去杠杆的大背景下，国有大型银行主动下沉业务，扩张普惠贷款规模，客观上也导致了民营银行和中小银行丧失了部分优质客户。在与国有大型银行竞争的过程中，民营银行和中小银行缺乏资金成本优势，只能主要下沉客户群体，增加了坏账风险。

五 促进金融与实体经济的畅通循环

化解中国金融体系的风险，实现稳杠杆，关键在于加快促进金融与实体经济的畅通循环。

一是防范违规资金流入房地产市场及资金空转。2020 年上半年，面对疫情冲击，央行积极"创新直达实体经济的货币政策工具"，并实现了对抗疫物资生产企业和小微企业的信贷精准投放。已有超过 1 万亿元的信用增长是通过这种创新直达工具实现的。但与此同时，部分小微信用贷款的融资利率较低，也导致了类似于经营贷违规进入房地产市场以及票据融资与结构性存款利率倒挂所形成的资金空转等问题。违规流入房地产及股票市场或者再次通过结构性存款回流到金融体系的新增信用并没有相应的经济活动伴随，只能进一步推高宏观杠杆率，增加宏观金融体系的脆弱性。要加强宏观审慎管理，降低信贷与实体经济的不匹配，严控信贷资金违规流入房地产、股票和债券的二级交易市场。宏观杠杆率上升、信贷与实体经济不匹配、资金流入资本二级市场，从某种意义上说，是同一个问题的不同表现。尤其是在负面的外部冲击环境下，货币当局为对冲经济下行而放松信贷时，更容易同时产生这些后果。此时，更为考验货币当局和监管当局的操控能力，在促进资金更通畅地流入并支持实体经济活动的同时，严控与经济活动不相关的信贷增长，尤其是降低各类资金空转现象。短期内，要加强宏观审慎管理的力度，在信用宽松的同时，对各类违规行为加强管制。长期内，则必须持续推进金融供给侧改革，金融业回归支持实体经济的本质，规范资本市场并坚持"房住不炒"，降低金融体系的风险。

二是纠正宏观杠杆率在企业部门的错配。在过去几年去杠杆的过程中，国企与民企的"待遇"是完全不同的。虽然2019年之前的非金融企业部门杠杆率出现了下降：2017年回落0.3个百分点，2018年骤降4.6个百分点，2019年微弱上升0.3个百分点。这可以看作企业部门对整体去杠杆的贡献。不过，细究发现，这方面的贡献主要是由民营企业做出的。2015年以来，国企债务在全部企业债务中的占比一路攀升，由2015年二季度的57%上升到2019年的69%。这就是说，目前的杠杆率配置中，有七成左右配置给了国有企业。这在一定程度上制约了产出上升并带来稳增长的压力。破解这一困境，需要突出竞争中性，从效率出发，将杠杆与效率匹配起来（信贷资金更多支持高效的企业），扭转杠杆率错配局面，优化资金配置，实现稳增长与防风险的动态平衡。

三是构建风险共担机制，将资源配置与风险配置匹配起来。中国经济赶超的典型特征是（中央）政府通过行政干预和隐性担保，几乎承担了所有的发展风险。特别是，政府将资源、发展机会与发展收益更多地配置给了国有经济，但与此同时，却未能将相应的风险配置出去，导致国有经济发展过程中的风险收益不匹配，形成软预算约束和强烈的扩张冲动。未来，需要将资源配置与风险配置匹配起来。杠杆是一种资源，获得了这种资源，就要承担相应的风险。解决风险收益不匹配的根本在于取消隐性担保、刚性兑付以及金融机构的体制性偏好。只有消除了这些制度性扭曲，才使得风险定价回归常轨，风险与收益的匹配才具备了基础，风险的市场化分担才有可能。更重要的，实现风险与收益的匹配，需要将政府或国有经济垄断的资源、发展机会拿出来，推进市场开放，让社会资本能够真正分享发展成果，这些社会资本才能够更好地去分担相应的风险。优化资源配置有利于稳增长，优化风险配置有利于稳杠杆。

参考文献

易纲：《中国的货币供求与通货膨胀》，《经济研究》1995 年第 5 期。

张晓晶、刘磊、李成：《信贷、杠杆率与经济增长：150 年的经验与启示》，《比较》2019 年第 1 期。

Adelino, M., Schoar, A., & Severino, F., "Credit Supply and House Prices: Evidence from Mortgage Market Segmentation," *National Bureau of Economic Research*, 2012 (No. w17832).

Dynan, K., Mian, A., & Pence, K. M., "Is a Household Debt Overhang Holding Back Consumption?" Brookings Papers on Economic Activity, 2012.

Elmeskov, J., & Sutherland, D., "Post-crisis Debt Overhang: Growth Implications across Countries," Available at SSRN 1997093, 2012.

IMF, "Fiscal Monitor," 2020 October.

Mian, A., Rao, K., & Sufi, A., "Household Balance Sheets, Consumption, and the Economic Slump," *The Quarterly Journal of Economics*, 2013, 128(4).

Reinhart, C. M., & Rogoff, K. S., "Growth in a Time of Debt," *American Economic Review*, 2010, 100(2).

B.11
中国股票市场回顾与 2021 年展望

李世奇　朱平芳 *

摘　要：2020 年中国股票市场总体保持稳健运行，金融监管机构全力支持上市公司抗击疫情，资本市场活力持续提升，加强基础制度建设、提高上市公司质量成为金融改革的重点任务，高水平双向开放加速前行，在消费股和科技股的拉动支撑下，长线机构资金获得丰厚回报。全球主要经济体启动超常规货币政策，疫情常态化防控下中央坚持供给侧结构性改革主线不动摇，货币政策灵活适度，市场化降息成效显著。2021 年 A 股市场基本面、资金面、政策面的积极因素不断增多，需要更加耐心地看待资本市场发展，抓住产业链与创新链深度融合的有利契机，把握增量提质扩大内需的必然趋势，中国股票市场中长期来看仍然处在上升通道。

关键词：中国股市　宏观经济　金融监管　资本市场

一　2020 年中国股票市场回顾

2020 年，在百年不遇的黑天鹅事件——新冠肺炎疫情的影响下，全球经济陷入衰退，在欧美超常规货币政策背景下，全球主要市场股指前三季度大幅震

---

* 李世奇，上海社会科学院数量经济研究中心助理研究员，主要研究方向：城市创新发展、企业研发效率与政府科技政策评估；朱平芳，上海社会科学院数量经济研究中心主任、研究员，主要研究方向：计量经济学、宏观经济预测分析与政策评价、科技进步评价与分析。

荡，国际金融市场面临的不确定性骤然放大。美国股市在 3 月中旬的 8 个交易日内经历了 4 次熔断，美国纳斯达克指数、俄罗斯 RTS、圣保罗 IBOVESPA 指数振幅超过 50%，韩国综合指数、标普 500、德国 DAX、澳洲标普 200、法国 CAC40、孟买 SENSEX30 振幅超过 40%，其中美国纳斯达克指数以 24.46% 的涨幅和 60.66% 的振幅分别位居全球主要股指涨幅和振幅第一名。截至 9 月 30 日，上证综指报收于 3218.05 点，前三季度上涨 5.51%，振幅 26.62%，深证成指报收于 12907.45 点，前三季度上涨 23.74%，振幅 43.83%。

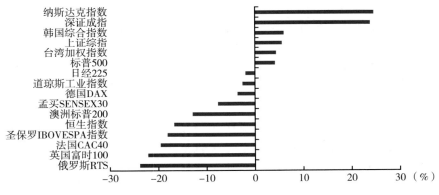

图 1　2020 年前三季度全球主要股指涨跌幅

注：截至 2020 年 9 月 30 日。

资料来源：Wind 资讯。

（一）“稳健运行”：全力支持抗击疫情，科学监管防范风险

新冠肺炎疫情对中国资本市场的风险防范带来严峻挑战。在疫情暴发初期，为了保障资本市场平稳运行和流动性合理充裕，央行、财政部、银保监会、证监会、外汇局等多部门联合发文，强化金融支持疫情防控，全力支持上市公司等市场主体打赢疫情阻击战。A 股市场在春节后首日大跌 8.73% 后便迅速向稳态回归，经受住了疫情的第一波冲击。而随着 3 月疫情在全球蔓延，国际资本市场遭受百年未遇的严重冲击，美国道琼斯工业指数在短短一个月时间里大跌 1 万点，跌幅超过 35%，国际油价从每桶 50 美元跌至个位数，原油期货价格历史上首次出现负值，央行、中国银保监会、中国证监会、

国家外汇管理局四部门适时召开金融市场稳定发布会，采取有力举措保证金融市场稳健运行，引导金融机构支持企业有序复工复产，国务院金融稳定发展委员会明确表示"把支持实体经济恢复发展放到更加突出的位置，发挥好资本市场的枢纽作用，放松和取消不适应发展需要的管制，提升市场活跃度，防范境外风险向境内传递"，A 股市场重回稳步上升通道，市场韧性显著增强。

在一系列防风险、助稳定、提活力金融政策的引领下，中国资本市场活力进一步提升，2020 年前三季度 A 股每日平均成交额为 8629 亿元，相比于 2019 年的 5200 亿元和 2018 年的 3689 亿元明显增加，仅次于 2015 年的 10381 亿元，居于 A 股历史年日均成交额第二位。特别是在 2020 年 7 月，日均成交额达到 13085 亿元，仅次于 2015 年 5~7 月的日均成交额，居于 A 股历史单月日均成交额的第四位，沪深两市总市值首次突破 70 万亿元。2020 年 A 股新股发行节奏进一步加快，截至 2020 年 9 月 A 股发行新股 295 只，超过 2019 年全年发行数量，上市公司总数达到 4056 家，新股募集资金总额升至 3557 亿元，占 A 股流通市值的比重从 2019 年的 0.52% 上升至 0.61%。除科创板和创业板注册制以外的新股平均"一字板"涨停天数从 2019 年的 7.11 天降低至 6.96 天，"打新"的制度套利空间已显著降低。首单 CDR 在科创板成功注册，为 VIE 架构企业国内上市铺平道路。

表 1　股票市场融资统计

单位：家，亿元

年份	IPO		增发		配股	
	首发家数	首发募集资金	增发家数	增发募集资金	配股家数	配股募集资金
2020 年前三季度	295	3557.38	212	5970.63	1	11.85
2019 年	203	2532.48	251	6887.70	9	133.88
2018 年	92	1252.94	234	6669.79	14	182.43
2017 年	438	2301.09	540	12705.31	7	162.96
2016 年	227	1496.08	814	16918.07	11	298.51
2015 年	223	1576.39	813	12253.07	6	42.34

注：截至 2020 年 9 月 30 日。

资料来源：Wind 资讯。

但是 7 月初在经济复苏预期和流动性充裕的共同作用下市场出现快速上涨，尤其是在创业板放宽涨跌幅限制后，小市值公司股价波动明显加剧，换手率大幅提升，游资炒作痕迹相当明显。金融监管部门密集发声，严查违规场外配资、乱加杠杆和投机炒作行为，国务院金融委要求全面落实对欺诈发行、财务造假等资本市场违法犯罪行为"零容忍"，及时释放降温信号以引导市场回归理性。

部门	时间	事件
国务院金融稳定发展委员会	2020 年 4 月 7 日	坚持股票市场正常开市，针对受疫情影响较大的区域、行业和企业提供差异化金融服务，有效防控疫情，支持复工复产，维护经济稳定发展大局
	2020 年 4 月 15 日	以"稳预期、扩总量、分类抓、重展期、创工具"的政策确定性，对冲疫情冲击和经济下行带来的诸多不确定性。坚决维护投资者利益、严肃市场纪律，对资本市场造假行为"零容忍"
	2020 年 7 月 12 日	全面落实对资本市场违法犯罪行为"零容忍"要求，全力维护资本市场健康稳定和良好生态
央行、财政部、中国银保监会、中国证监会、国家外汇管理局	2020 年 1 月 31 日	《关于进一步强化金融支持防控新型冠状病毒感染肺炎疫情的通知》
央行	2020 年 1 月 31 日	《关于发放专项再贷款 支持防控新型冠状病毒感染的肺炎疫情有关事项的通知》设立 3000 亿元专项再贷款，支持银行向重点医疗防控物资和生活必需品生产、运输和销售的重点企业提供优惠利率贷款
	2020 年 2 月 26 日	增加再贷款再贴现专用额度 5000 亿元，为企业有序复工复产提供低成本、普惠性的资金支持
	2020 年 9 月 13 日	《金融控股公司监督管理试行办法》
中国银保监会	2020 年 2 月 15 日	《关于进一步做好疫情防控金融服务的通知》
	2020 年 2 月 27 日	加强对中小银行支持，包括资本补充方面开放绿色通道
	2020 年 3 月 26 日	《关于加强产业链协同复工复产金融服务的通知》
	2020 年 7 月 11 日	严禁银行保险机构违规参与场外配资，严查乱加杠杆和投机炒作行为，防止催生资产泡沫
	2020 年 7 月 14 日	通报影子银行和交叉金融业务存在的突出问题
	2020 年 7 月 17 日	《关于优化保险公司权益类资产配置监管有关事项的通知》
	2020 年 8 月 11 日	《关于做好政府性融资担保机构监管工作的通知》

表 2 2020 年金融领域抗击疫情、科学监管政策措施

续表

部门	时间	事件
中国证监会	2020年2月1日	对于注册在湖北等疫情严重地区的相关企业以及募集资金主要用于疫情防控领域的企业，实施公司债券、资产支持证券发行绿色通道政策
	2020年4月24日	严厉打击上市公司财务造假
	2020年7月8日	集中曝光非法从事场外配资平台名单
	2020年7月31日	对神州优车、氢动益维信披违法案做出行政处罚 关于瑞幸咖啡财务造假调查处置工作情况的通报
	2020年9月18日	《关于修改〈关于加强上市证券公司监管的规定〉的决定》
	2020年9月21日	对"天山生物"等股票异常交易行为立案调查
上交所	2020年2月2日	《关于全力支持防控新型冠状病毒感染肺炎疫情相关监管业务安排的通知》
深交所	2020年2月2日	《关于全力支持上市公司等市场主体坚决打赢防控新型冠状病毒感染肺炎疫情阻击战的通知》

资料来源：公开政策文件。

（二）"制度建设"：金融改革有序深化，扩大开放步伐加快

中国资本市场全面深化改革、持续扩大开放的步伐不仅没有因疫情而放缓，反而更加坚定加快以开放促改革、促发展的步伐。党的十九届四中全会明确，"加强资本市场基础制度建设，健全具有高度适应性、竞争力、普惠性的现代金融体系，有效防范化解金融风险"为中国资本市场发展指明了方向。新《证券法》3月起正式施行，进一步完善了证券市场基础制度。中央在《关于构建更加完善的要素市场化配置体制机制的意见》中强调，"推进资本要素市场化配置，完善股票市场基础制度，加快发展债券市场，增加有效金融服务供给，主动有序扩大金融业对外开放"。2020年7月的中央政治局会议进一步指出，"要推进资本市场基础制度建设，依法从严打击证券违法活动，促进资本市场平稳健康发展"。"建制度、不干预、零容忍"九字方针对于推进资本市场改革开放和高质量发展具有重要指导意义。

在科创板注册制改革的基础上，以增量带动存量的创业板改革并试点注册制在 8 月迎来首批企业上市，进一步完善了资本市场基础制度，为下一步中小板和主板注册制改革奠定基础，推动科技、资本和实体经济实现高水平循环。提高上市公司质量是资本市场改革的重中之重，也是资本市场服务实体经济高质量发展的应有之义，国务院 10 月印发《关于进一步提高上市公司质量的意见》，提出"提高上市公司治理水平、推动上市公司做优做强、健全上市公司推出机制、解决上市公司突出问题、提高上市公司及相关主体违法违规成本、形成提高上市公司质量的工作合力"等七条具体意见。科创 50 指数正式发布，上证综指修订后将纳入在上交所上市的红筹企业发行的存托凭证和科创板上市证券。

表 3　2020 年金融领域深化改革、扩大开放政策措施		
部门	时间	事件
国务院	2020 年 2 月 29 日	《关于贯彻实施修订后的证券法有关工作的通知》
	2020 年 10 月 9 日	《关于进一步提高上市公司质量的意见》
国务院金融稳定发展委员会	2020 年 5 月 27 日	《中小银行深化改革和补充资本工作方案》 《商业银行小微企业金融服务监管评价办法》 《加强金融违法行为行政处罚的意见》 《外国政府类机构和国际开发机构债券业务指引》
央行	2020 年 3 月 5 日	《统筹监管金融基础设施工作方案》
	2020 年 5 月 7 日	《境外机构投资者境内证券期货投资资金管理规定》
	2020 年 6 月 28 日	《标准化票据管理办法》
	2020 年 7 月 3 日	《标准化债权类资产认定规则》
中国银保监会	2020 年 3 月 27 日	《中国银保监会非银行金融机构行政许可事项实施办法》
	2020 年 5 月 8 日	《信托公司资金信托管理暂行办法（征求意见稿）》
	2020 年 5 月 27 日	《关于保险资金投资银行资本补充债券有关事项的通知》
	2020 年 7 月 17 日	《商业银行互联网贷款管理暂行办法》
	2020 年 9 月 9 日	《关于保险资金投资债转股投资计划有关事项的通知》
	2020 年 9 月 30 日	《关于建立逆周期资本缓冲机制的通知》

续表

部门	时间	事件
中国证监会	2020 年 2 月 14 日	《上市公司再融资制度部分条款调整涉及的相关规则》
	2020 年 3 月 6 日	《上市公司创业投资基金股东减持股份的特别规定》
	2020 年 3 月 13 日	自 2020 年 4 月 1 日起取消证券公司外资股比限制
	2020 年 6 月 3 日	《关于全国中小企业股份转让系统挂牌公司转板上市的指导意见》
	2020 年 6 月 12 日	《创业板首次公开发行股票注册管理办法（试行）》 同意首单科创板上市公司重大资产重组注册
	2020 年 6 月 18 日	核准摩根大通期货为中国首家外资全资控股期货公司
	2020 年 7 月 3 日	《科创板上市公司证券发行注册管理办法（试行）》
	2020 年 7 月 22 日	《非上市公众公司监管指引第 5 号——精选层挂牌公司持续监管指引（试行）》
	2020 年 7 月 24 日	《上市公司信息披露管理办法（修订稿）》（征求意见稿）
	2020 年 8 月 21 日	《非上市公众公司监管指引第 6 号——股权激励和员工持股计划的监管要求（试行）》
	2020 年 9 月 25 日	《合格境外机构投资者和人民币合格境外机构投资者境内证券期货投资管理办法》
上交所	2020 年 6 月 19 日	《关于修订上证综合指数编制方案的公告》 《关于发布上证科创板 50 成份指数的公告》

资料来源：公开政策文件。

2020 年，中国资本市场高水平双向开放继续加快前行。证券公司外资股比正式放开限制，6 家外资控股证券公司已经顺利落地，央行和国家外汇管理局落实取消 QFII 和 RQFII 投资额度管理要求，中国证监会推出深港 ETF 互通产品，富时罗素纳入 A 股比例由 15% 上升至 25%。《深圳建设中国特色社会主义示范区综合改革试点实施方案（2020~2025 年）》支持深圳资本市场试点创新企业境内发行 CDR，有助于境外上市的中国互联网龙头企业回归 A 股市场。2020 年首个交易日"北上"资金的净买入额即突破万亿元大关，在 6 月突破 11000 亿元后略有回落，9 月底沪股通和深股通净买入额为 10872 亿元，相比 2019 年底的 9934 亿元增长 9.4%，而上年同期为 29.0%。"南下"资金的脚步在 2020 年则进一步加快，沪市和深市港股通累计净买入额从 2019 年底的 10179 亿港元增长至 2020 年 9 月底的 14657 亿港元，增幅为 44.0%，而上年同期为 19.5%。

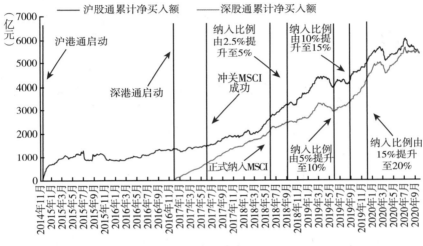

图 2　沪股通、深股通累计净买入额

资料来源：Wind 资讯。

（三）"创新活力"：消费拉动科技支撑，长线资金回报喜人

2020 年前三季度，沪深 300 年内上涨 11.98%，创业板指年内上涨 43.19%。除"银行""采掘"跌幅超过 10% 以外，其余行业指数年内均保持上涨或小幅下跌态势，其中"休闲服务"行业指数涨幅超过 70%，而"电气设备"、"食品饮料"和"医药生物"行业指数涨幅超过 40%，"国防军工"、"电子"、"建筑材料"和"汽车"等行业指数涨幅也超过 20%。从估值来看，A 股整体的市盈率（TTM 整体法，下同）从 2019 年末的 17.50 倍升至 2020 年 9 月的 22.49 倍，而同期剔除金融板块的 A 股市盈率则从 27.96 倍升至 39.11 倍，沪深 300 的估值从 12.48 倍升至 14.64 倍，创业板的估值从 2019 年末的 122.47 倍升至 2020 年 6 月的 181.17 倍，而后 9 月降至 124.76 倍。

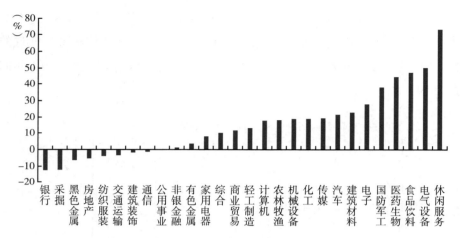

图3　2020年前三季度行业指数年内涨跌幅

资料来源：Wind资讯。

2019年以来，A股市场整体处在上升通道，其间出现的大幅震荡与中美贸易摩擦、疫情全球蔓延等外部风险有较大的关系，但是整体走势仍然得到了经济基本面的有力支撑。具有业绩支撑和研发投入保障的大消费、大科技概念得到了长线机构资金的青睐。股票型基金2020年以来的平均收益率超过25%，而近两年的平均收益率更是超过80%，基金认购热情高涨，7月基金发行份额达到7605.41亿份，超过2015年5月的3041.17亿份，创历史新高，最高单日基金发行份额近600亿份，而2019年7月基金发行份额总共仅870.03亿份。

"稳健运行"、"制度建设"和"创新活力"是2020年中国股票市场的三个主要特点。A股市场在疫情带来各种不确定性加大的背景下，保持稳健运行殊为不易，离不开科学监管与自身调节，在全球可能出现经济深衰退、金融高风险、要素低流动的不利局面下，制度建设的不断加强大幅提升了A股市场的韧性，有效抵御了外部风险的冲击，资本市场深化改革与扩大开放的持续推进进一步提升了市场的创新活力。

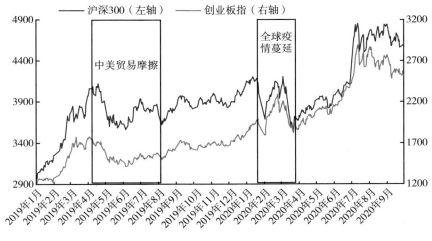

图 4　A 股市场运行情况

资料来源：Wind 资讯。

二　中国股票市场运行的宏观经济逻辑

（一）疫情常态化防控下坚持供给侧结构性改革主线不动摇

中国在较短时间内有效控制住了疫情，保障了人民的基本生活，但也付出了巨大的代价，2020 年一季度 GDP 同比下降 6.8%，其中二产下降 9.6%，三产下降 5.2%。随着疫情防控和经济社会发展统筹推进，扎实做好"六稳"工作、全面落实"六保"任务，经济稳步恢复，二季度 GDP 同比转正达到 3.2%，三季度 GDP 更是恢复至同比增长 4.9%，其中二产同比增长 6.0%，三产同比增长 4.3%。"十三五"时期以来中央坚持以供给侧结构性改革为主线，从中长期的角度来看待问题，更多依靠科技创新，着力扩大内需，加快构建以国内大循环为主体、国内国际双循环相互促进的新发展格局。

复工复产逐月好转，主动补库存态势渐显。工业企业主营业务收入和利润总额的同比降幅正在迅速收窄，PPI 持续为负，3 月是工业企业库存周期的分水岭，从短期的被动补库存阶段进入被动去库存阶段。疫情暴发初期，消费和投资需求大幅降低，企业库存被动积压，而随着疫情初步得到控制，需求逐步改

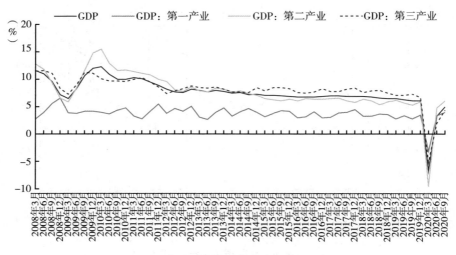

图 5　中国 GDP 增长率（当季同比）

资料来源：Wind 资讯。

善，但生产的主动性并未完全恢复，企业库存被动消耗，但是从 8 月开始已经出现主动补库存的迹象，说明企业生产意愿已经恢复至疫情暴发之前。国有企业利润降幅明显大于民营企业，从 5 月开始才同比收窄，如果从更长的视角来看，国有企业利润总额从 2019 年初开始就同比下降，国有企业库存增速也连续一年半同比为负，而民营企业库存则保持增长。数据显示，8 月 PPI 同比下降 2.0%，较上年同期降低 1.2 个百分点，前三季度商品房销售面积累计 11.71 万平方米，同比下降 1.8%，工业企业 1~8 月利润总额累计同比下降 4.4%，较上年同期降低 2.7 个百分点，其中采矿业利润总额累计同比增速从上年同期的 2.1% 降至 −38.1%，制造业从 −3.2% 回升至 1.0%，国有及国有控股工业企业从 −8.6% 降至 −17.0%，私营工业企业从 6.5% 降至 −3.3%。如果以利润总额累计值计算同比增速，1~8 月国有及国有控股工业企业同比下降 21.7%，私营工业企业同比下降 5.3%。与累计同比增速相比，国有及国有控股工业企业增速变低 4.7 个百分点，私营工业企业增速变低 2 个百分点。私营工业企业两者的增速差距相比上年同期 8.1 个百分点的差距进一步收窄，且低于国有及国有控股工业企业两者的差距，说明民营企业的经营环境有较大幅度的改善。

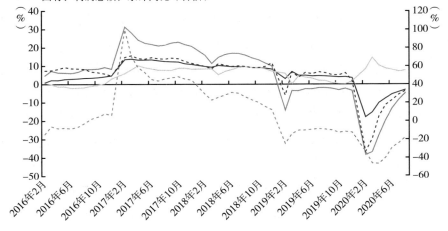

图 6　中国工业企业库存周期

资料来源：Wind 资讯。

工业企业的杠杆率总体保持稳定，但内部结构有所变化。民营企业的杠杆率自 2015 年有统计数据以来首次超过国有企业，私营工业企业资产负债率在 2020 年保持 58% 以上，而国有企业则降至 58% 以下，制造业企业整体的资产负债率保持在 56% 的水平上。居民部门的杠杆率有所提升，2019年前三季度，居民部门新增短期贷款 1.53 万亿元，新增中长期贷款 4.6 万亿元，上半年新增个人购房贷款 4.4 万亿元，个人购房贷款余额增至 32.36 万亿元。居民部门杠杆率的提升已经对消费产生一定影响，社会消费品零售总额当月同比增速在 8 月才转正，落后于其他经济指标，前三季度同比下降 7.2%。前三季度城镇居民人均消费性支出实际累计同比下降 8.4%，乘用车销量累计同比下降 12.4%。猪肉价格增速大幅回落，9 月猪肉 CPI 同比增长 25.5%，大幅低于 2 月的 135.2%，为一年以来的新低。物价水平稳中有降，9 月 CPI 同比增长 1.7%，CPI 和 PPI 出现一定分化，但与上年的情况完全相反，核心 CPI 同比增长 0.5%，非食品 CPI 同比不增，衣着、居住、生活用

品和服务 CPI 已在 2020 年转负，而 PPI 则有抬升的迹象，但离转正仍有一定距离。

降成本、补短板仍然是 2020 年供给侧结构性改革的工作重点，特别是通过放宽市场准入和经营限制、优化政府服务业务流程、加强数字技术应用等措施持续降低制度性交易成本。2020 年中央政府提出的减税降费目标是超过 2.5 万亿元，较 2019 年的 2 万亿元进一步增加，为了满足企业数字化转型的需要以及顺应疫情常态化防控下在线经济爆发式增长的态势，针对企业实施互联网接入宽带和专线降费，重点向中小企业和制造业倾斜，实现企业宽带和专线平均资费降低 15%。国家发展改革委、工业和信息化部、财政部和中国人民银行 7 月联合发布《关于做好 2020 年降成本重点工作的通知》，指出"坚持'巩固、增强、提升、畅通'方针，巩固和拓展减税降费成效，阶段性政策与制度性安排相结合，把减税降费政策落到企业，助力市场主体纾困发展"。从实施情况看，前八个月累计减税降费 1.88 万亿元，其中 2020 年出台的支持疫情防控和经济社会发展税费优惠政策新增减税降费 1.17 万亿元，企业税费负担持续下降，全国 5000 多万户小规模纳税人免征增值税占比 92%，支持创新政策效果明显，全国享受研发费用加计扣除政策的 33 万户企业购进高技术设备和高技术服务金额同比增长 24%，推动销售收入同比增长 9.1%，全国重点税源企业研发支出同比增长 10%。通过降成本提高企业进行研发活动的积极性，依靠创新补齐产业链短板。基建补短板的手段更加丰富，基础设施领域不动产投资信托基金（REITs）试点在国内正式起步，新发行专项债在冷链物流、智慧城市、新型能源、新能源汽车等领域实现了从无到有的突破性增长，《新能源汽车产业发展规划》正式公布，新基建成为补短板的重点领域并写入政府工作报告，国家发改委首次明确新基建是"以技术创新为驱动，以信息网络为基础，提供数字转型、智能升级、融合创新等服务的基础设施体系"，工信部表示"继续积极支持发展远程医疗、在线教育、在线办公等新模式、新业态，加快 5G 网络、大数据、人工智能、工业互联网、智慧城市等新型基础设施建设"，北京、上海、安徽、湖南、云南等省市纷纷推出了有关新基建的三年行动方案。

（二）全球主要经济体启动超常规货币政策

美国经济由于疫情防控不力陷入技术性衰退，一季度和二季度 GDP 分别环比（折年）增长 0.32% 和 -9.14%，失业率在 4 月达到 14.70%，为第二次世界大战以来的最高值，CPI 在 5 月降至 0.1% 后有所回升，9 月同比增长 1.4%，较上年同期下降 0.3 个百分点，环比上升 0.1%。景气指数探底回升，美国供应商协会（ISM）制造业 PMI 和服务业 PMI 在 4 月分别降至 41.5 和 41.8，为 2009 年 5 月以来的新低，而在 9 月则分别回升至 55.4 和 57.8。欧洲经济受到疫情冲击更为严重，欧元区一季度和二季度的 GDP 同比增速分别为 -3% 和 -14%，9 月调和 CPI 同比下降 0.3%，为 2016 年 4 月以来的新低，失业率 8 月上升至 8.1%，为两年以来的新高，经济景气度呈现"V"字形反转，4 月制造业 PMI 和服务业 PMI 分别降至 33.40 和 12.00，而后大幅回升，9 月分别为 53.70 和 48.00，但是第二波疫情的到来令欧洲经济复苏前景蒙上阴影。

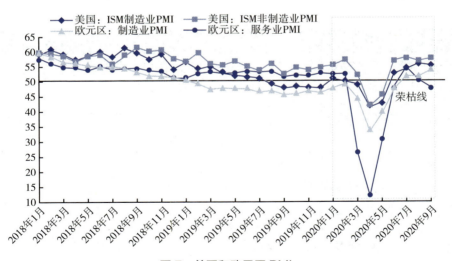

图 7　美国和欧元区 PMI

资料来源：Wind 资讯。

由于疫情的冲击，世界主要经济体启动超常规货币政策进程。美联储在 3 月连续两次降息后，又宣布启动不限量、无上限的 QE 计划，同时为企业债新设立两个流动性工具"一级市场公司信贷便利"（PMCCF）和"二级市场公司信贷机制"（SMCCF），并重启 2008 年设立的"定期资产担保证券贷款机制"（TALF），参议院全票通过美国历史上规模最大的高达 2 万亿美元的经济刺激方案，其中 2500 亿美元将用于直接给美国公民发放现金。欧洲央行在 3 月宣布启动 7500 亿欧元的紧急抗疫购债计划（PEPP），随后在 6 月将其规模扩大至 1.35 万亿欧元。英国央行 3 月连续紧急降息两次，基准利率从 0.75% 降至 0.1% 的历史低点，同时启动每人每月最高 2500 英镑的薪资补贴计划，QE 规模在 6 月增至 7450 亿英镑。疫情的严重冲击令全球商品市场承受巨大压力，前三季度 CMX 黄金上涨 23.96%，白银上涨 31.00%，LME 铜上涨 8.29%，LME 铝下跌 2.60%，布伦特油下跌 37.95%。波罗的海干散货指数大幅震荡，在 5 月降至 393 点后迅速上升，在 10 月初突破 2000 点。美国、欧盟和日本的出口增速大幅下滑，前八个月美国出口同比下降 16.11%，欧盟出口同比下降 12.38%，日本出口同比下降 15.80%。

表 4　发达经济体启动超常规货币政策进程

地区	时间	事件
美国	2020 年 3 月 3 日	美联储紧急降息 50 个基点，联邦基金利率降至 1%~1.25%
	2020 年 3 月 15 日	美联储宣布降息 100 个基点，联邦基金利率降至 0~0.25%，启动 7000 亿美元 QE
	2020 年 3 月 23 日	美联储宣布开启不限量、无上限 QE，新设立 PMCCF 和 SMCCF，重启 TALF
	2020 年 3 月 27 日	参议院全票通过 2 万亿美元经济刺激计划
	2020 年 4 月 6 日	美联储临时提高信贷可获得性，扩大薪资保障计划流动性便利（PPPLF）覆盖面
	2020 年 6 月 15 日	美联储通过 SMCCF 在二级市场直接购买企业债
欧洲	2020 年 3 月 18 日	欧洲央行宣布启动 7500 亿欧元 PEPP，期限至 2020 年底
	2020 年 6 月 4 日	欧洲央行宣布将 PEPP 规模扩大一倍，延长期限至 2021 年 6 月

		续表
地区	时间	事件
英国	2020 年 3 月 10 日	英国央行宣布降息 50 个基点，基准利率降至 0.25%
	2020 年 3 月 17 日	英国财政部宣布为企业提供 3300 亿英镑政府贷款以应对疫情
	2020 年 3 月 19 日	英国央行宣布降息 15 个基点，基准利率降至 0.1%，将英国国债和企业债持有规模增加 2000 亿 ~6450 亿英镑
	2020 年 3 月 20 日	英国财政部宣布薪资补贴计划，为所有受疫情影响而无法工作的人补贴其工资的 80%，补贴上限为每人每月 2500 英镑
	2020 年 4 月 9 日	英国央行和财政部宣布扩大筹款便利动用规模，政府可以直接通过透支方式从央行获得大规模融资
	2020 年 6 月 19 日	扩大 1000 亿英镑购债规模至 7450 亿英镑

资料来源：公开政策文件。

（三）货币政策灵活适度，市场化降息成效显著

2020 年中国金融市场整体流动性水平保持了合理充裕，央行根据疫情防控和复工复产阶段性特点，灵活把控调控力度，综合运用存款准备金率、中期借贷便利（MLF）、再贷款、再贴现等多种货币政策工具投放中长期流动性，货币信贷和社融规模增速高于名义 GDP 增速，有效支持了疫情防控、复工复产和实体经济发展，M2 同比增速时隔近 3 年在 3 月恢复两位数，9 月 M2 同比增长 10.9%，社会融资规模存量同比增长 13.5%。在全球超常规货币政策的背景下，央行按照稳健的货币政策更加灵活适度的要求，在 1 月实施了全面降准，释放 8000 亿元流动性，在 3 月和 4 月实施了 2 次定向降准，释放 0.95 万亿元的流动性，普惠定向降准主要是为了精准支持小微、民营企业，央行在一季度通过 MLF 净投放 6000 亿元流动性，而后又在 8~10 月超量续作 MLF 净投放 8500 亿元流动性。央行在 2020 年二季度货币政策执行报告中指出，"坚持把支持实体经济恢复与可持续发展放到更加突出的位置，综合运用并创新多种货币政策工具，保持流动性合理充裕，疏通货币政策传导机制，有效发挥结构性货币政策工具的精准滴灌作用，提高政策的'直达性'，支持实体经济特别是中小微企业渡过难关、平稳发展"。

　　短期资金成本在上半年大幅下降，3 个月 Shibor 从年初的 2.9% 降至 5 月的 1.4%，银行间市场 7 天期回购利率（DR007）也从 1 月的 2.5% 左右降至 4 月的 1.3% 左右，而从 6 月开始随着实体经济增长明显好于预期，短期资金成本中枢开始回升，9 月 Shibor 3M 和 DR007 分别达到 2.7% 和 2.2% 左右，产业债信用利差略有收窄。贷款加权平均利率（LPR）下降，2 月 1 年期和 5 年期 LPR 分别下调 10 个和 5 个基点，4 月又进一步下调 20 个和 10 个基点至 3.85% 和 4.65%，为 LPR 改革以来降幅最大的一次。企业融资成本进一步降低，2020 年上半年企业贷款加权平均利率 4.64%，比 2019 年底下降 0.48 个百分点，明显超过同期 LPR 降幅，LPR 已经成为银行贷款利率的定价基准，金融机构超过 90% 的新发放贷款已将 LPR 作为基准定价，存量贷款定价基准转换工作已顺利完成，转换比例达到 92.4%。央行以 LPR 改革推动解决利率双轨问题，从过去一年的实践来看，货币政策操作向贷款利率传导的效率明显增强，贷款利率隐性下限被完全打破，银行内部定价和传导机制的市场化程度显著提高，但仍需防范流动性分层的风险。

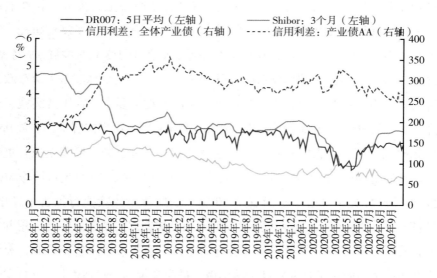

图 8　2018 年以来短期资金利率水平和产业债信用利差

资料来源：Wind 资讯。

三 2021 年中国股票市场展望

2021 年是在全面建成小康社会的基础上乘势而上开启全面建设社会主义现代化国家新征程的关键一年，中国股票市场需要更好服务、驱动、引领实体经济发展，坚持"建制度、不干预、零容忍"。通过完善资本市场基础性制度，A 股市场的交易便利性、市场流动性和市场活跃度将继续提升，多层次资本市场体系的形成也将增加市场的包容度和覆盖面，更多优质公司有望登陆 A 股，在中国经济高质量发展中发挥创新"领跑者"和产业排头兵作用。后疫情时代，更有韧性的宏观经济基本面、更具核心竞争力的现代产业体系、更加灵活适度的稳健货币政策、更高质量的上市公司群体、更多长期业绩导向的机构投资者将共同助力 A 股市场，在高水平双循环中发挥枢纽作用。

从估值来看，2020 年 9 月底上证 A 股的市盈率（TTM，下同）为 16.66 倍，居历史月第 233 位，处在历史数据 68.53% 的分位数位置；深证 A 股的市盈率为 47.99 倍，居历史月第 126 位，处在历史数据 36.84% 的分位数位置；中小企业板的市盈率为 53.43 倍，居历史月第 30 位，处在历史数据 16.30% 的分位数位置；创业板的市盈率为 114.09 倍，居历史月第 17 位，处在历史数据 14.17% 的分位数位置。主板估值较上年已有明显提升，创业板估值则有所回落，但仍处于历史相对高位。总体来看，把握 2021 年中国股票市场结构性机会的难度正在加大，投资者需要更多的耐心。

第一，以中长期的视角来看待资本市场发展。中国经济发展遇到的很多问题是中长期的，为了平衡经济增长和总体杠杆率水平，提高直接融资的比例是必然的趋势，作为服务实体经济发展的资本市场也必须以中长期的视角来看待成长与收益，未来 A 股市场大起大落、急涨急跌的可能性极低，只有资本市场保持较高的内在稳定性才能更好地推动中国经济高质量发展。坚持以长期业绩为导向的机构投资者正在成为 A 股市场不可忽视的关键力量，价值投资已经成为市场的主流投资理念，信息的充分披露将提高市场的有效性，打压短线游资的炒作空间，超额收益将更多来自对于上市公司基本面所隐含的长期价值的发现，更多以"年"为单位计算复合投资收益的资本将推动市场的整体投资风格更趋稳健。特别是 2021 年作为"十四五"规划的开局之年，将会有更多的产业资本围绕国家中长期发展规划和国家战略导向来进行中长期投资布局，而随着资本市场对外开放程度的扩大，境内外市场的互联互通不断加深，外资参与中国资本市场的渠道和方式进一步拓宽，更多来自国际金融市场的主动型和被动型资金将进一步强化 A 股价值投资的逻辑。面对不稳定性不确定性明显增加的国际环境，为了有效应对外部风险和挑战，统筹发展和安全至关重要，更好地维护和提升国家金融安全、科技安全、能源安全、流通安全和生物安全需要一个长期稳定健康发展的资本市场，对各领域安全具有重要战略意义的上市公司将会获得更多的发展机遇与成长空间。

第二，抓住产业链与创新链深度融合的有利契机。中国制造业大而不强的问题仍然没有得到根本解决，与世界一流制造业强国之间的差距仍然存在，为制造业服务的生产型服务业发展水平仍然不高，中国极其快速的工业化进程必然会有许多缺失的环节有待完善和补全，而且这些缺失的技术、材料、工艺等已经成为"卡脖子"问题，严重束缚了中国的产业体系迈向更高的层级，究其原因在于科技创新对于产业发展的支撑力度仍然不足。一方面基础研究的短板需要较长的时间、较大的投入来补齐，另一方面各领域重大科技成果从实验室阶段到中试阶段再到产业化阶段的转移转化瓶颈有待突破。A股市场在完善产业链生态、补齐创新链短板上的作用将越来越大，尤其是越来越多的一级市场投资者正在进入二级市场，具有重要影响力的 VC/PE 机构的入场将会充分发挥耐心资本的长期主义特点，以科创板和创业板注册制为契机，破除科技创新的"孤岛现象"。政策层面有望"以协会、联盟等产业组织机构为纽带，支持行业龙头企业联合供应链重点企业形成产业创新联盟，打造国产化自主可控体系，形成'扭抱缠绕'的产业合作格局"，实施新一轮工业强基工程，深入解决新形势下核心基础零部件（元器件）、关键基础材料、先进基础工艺和产业技术基础等"四基"领域严重依赖进口的问题。对于 A 股市场各行业领域的领军企业和细分赛道的隐形冠军而言，均有望通过产业链与创新链深度融合，以创新优势建立市场优势，提高行业集中度，获得更多市场认可，在低利率和低通胀的背景下，通过有利于形成核心竞争优势的并购重组，有效带动业绩和估值水平的双重提升从而成长为全球性的龙头企业。

第三，把握增量提质、扩大内需的必然趋势。中国超大市场规模孕育着巨大的需求潜力，高质量发展的落脚点是要为人民群众创造高品质生活，新型基础设施建设、新型城镇化建设将为扩大内需提供广阔舞台。疫情加速推动了数字技术引致的生产力和生产关系变革，对在线医疗、在线教育、直播电商、自动驾驶和视频自媒体的数字化需求大幅提升，带来企业数字化生产、居民数字化生活、社会数字化治理、城市数字化孪生的跨越式发展。以智能家居为代表的智能化消费趋势越来越明显，居民购买智能产品的意愿不断增强，居民消费结构由生存型消费向发展型、享受型消费转变，个性化消费、体验式消费已经成为主流的消费模式，对交通通信、医疗健康、文化娱乐、休闲旅游的需求快速提升，消费场景在人工智能、大数据、云计算、5G 等技术成熟运用下日趋丰富，消费环境的虚拟化打破了消费的时空束缚，大规模的在线新经济成为可能。9 月印发的《国务院办公厅关于以新业态新模式引领新型消费加快发展的意见》强调，要"坚定实施扩大内需战略，以新业态新模式为引领，加快推动新型消费扩容提质，努力实现新型消费加快发展"，包括"加力推动线上线下消费有机融合""加快提升新型消费基础设施和服务保障能力""优化新型消费发展环境""加大新型消费政策支持力度"等主要举措。深耕"新基建"、服务"新消费"的企业具有较大投资潜力，大消费行业在估值回归合理区间后仍然值得重点关注。

总体来看，中国宏观经济运行的内外部风险需要时间进行充分的释放，基本面、资金面、政策面的积极因素不断增多，市场短期来看可能处在右侧，但中长期来看仍然处在左侧，中国股票市场在分母和分子因素的共同驱动下具备在"十四五"时期冲击 5000 点的可能性。

参考文献

国家发展改革委、工业和信息化部、财政部、中国人民银行:《关于做好 2020 年降成本重点工作的通知》,https://www.ndrc.gov.cn/xxgk/zcfb/tz/202007/t20200728_1234637.html,2020 年 7 月 28 日。

《国务院办公厅关于以新业态新模式引领新型消费加快发展的意见》,http://www.gov.cn/zhengce/content/2020-09/21/content_5545394.html,2020 年 9 月 21 日。

《中共中央　国务院关于构建更加完善的要素市场化配置体制机制的意见》,http://www.gov.cn/zhengce/2020-04/09/content_5500622.htm,2020 年 4 月 9 日。

中国人民银行货币政策分析小组:《2020 年第二季度中国货币政策执行报告》,2020 年 8 月 7 日。

中国人民银行货币政策分析小组:《〈中国货币政策执行报告〉增刊:有序推进贷款市场报价利率改革》,2020 年 9 月 18 日。

产业经济与高质量发展篇

Industrial Economy and High-Quality Development

B.12

中国农业经济
形势分析及 2021 年展望[*]

李国祥[**]

摘　要：2020 年，中国农业经济克服了新冠肺炎疫情及自然灾害等不利
影响，总体保持稳定增长，粮食继续丰收，生猪生产能力不断
恢复，农产品市场供应丰富，产业融合发展取得进展，脱贫攻
坚任务全面完成，农民增收形势好于预期，城乡居民收入差距
进一步缩小。农业稳定发展对经济社会稳定大局和推进现代化
进程具有重要的支撑作用。农产品及食品价位偏高且波动频繁，

---

　*　本报告中数据凡是未明确标明资料来源的，均来自国家统计局网站发布的官方公报或者
　　解读。
　**　李国祥，中国社会科学院农村发展研究所研究员，主要研究方向为农村经济发展。

反映农业基础地位仍然需要巩固提高。展望 2021 年，农业发展及农产品市场运行面临的不确定性仍然较多，但是主要农产品供求关系没有根本性改变，农民收入较快增长且城乡居民收入差距缩小态势仍将保持。针对农产品价格上涨预期较普遍，非真实供求关系形成的力量有时会主导市场运行，导致短时间农产品价格波动加剧的风险上升，需要强化粮袋子和菜篮子稳价保供工作。

关键词：粮食 生猪产能 农产品 食品价格 农民收入

一 2020 年中国农业经济形势分析

2020 年，受新冠肺炎疫情防控和较严重的气象灾害影响，短时间农业生产遭遇困难，局部地区和部分田块农作物成灾减收。但是，估计全年农业能够克服各类不利影响，实现稳步发展。2020 年前三季度，第一产业增加值 4.8 万亿元，同比增长 2.3%。估计四季度及全年第一产业增加值能够更快增长。一二三产业融合发展继续推进，农产品电商在新冠肺炎疫情防控、消费扶贫和促进农民增收等方面效应更加显现。

（一）粮食丰收且进口明显扩大

2020 年是自然灾害偏重发生的一年，各地尽管粮食丰歉不同，但是估计总体上全国粮食会继续丰收。夏粮和早稻克服不利影响，实现增产。夏粮产量创历史新高。全国夏粮总产量 14281 万吨，比 2019 年增加 121 万吨，增长 0.9%，其中小麦产量 13168 万吨，比 2019 年增加 76 万吨，增长 0.6%。早稻在扭转 7 年播种面积持续减少后克服天气不利影响实现增产。全国早稻总产量 2729 万吨，比 2019 年增产 102 万吨，增长 3.9%。秋粮生长期间，南方洪涝灾害严重，后期东北遭遇多轮台风袭击，部分田块玉米等粮食作物出现倒伏，对秋粮产量产生了一定影响。尽管如此，多年农田水利等设施建设有效地提高了抵御灾害能力，有效降低了对秋粮的不利影响。考虑到秋粮遭受的不利天气影响是局部地区和部分田块，部分地方秋粮可能减产，但多数地方秋粮继续增产或者能有效化解灾害等不利影响，估计秋粮继续获得丰收，全年粮食总产量超过 6.5 亿吨。

2020 年，受新冠肺炎疫情防控和较严重的气象灾害影响，短时间农业生产遭遇困难，局部地区和部分田块农作物成灾减收。灾情发生后，社会曾反复出现非理性地将灾情与粮食等农产品价格关联起来，过度预期粮食价格上涨，少数地方还出现了短暂"抢粮"现象。考虑到以玉米为主的粮食价格上涨势头，并结合履行中美第一阶段经贸协议，中国扩大了粮食等进口。根据中国海关网站数据，2020 年前三季度，中国进口粮食超过 1 亿吨（见表 1），同比增长 24.9%，其中进口小麦 606 万吨，同比增长 1.7 倍；进口玉米 667 万吨，同比增长 72.5%；进口高粱 350 万吨，同比增长 4.6 倍。全年粮食进口量估计接近或者超过历史最高水平，大约为 1.5 亿吨。

表 1　中国粮食和肉类进口情况								
							单位：万吨，亿元	
时间	粮食		其中：大豆		肉类及其杂碎		其中：猪肉	
	数量	金额	数量	金额	数量	金额	数量	金额
2018 年	11555.0	3011.5	8803.0	2501.5	421.7	750.4	119.3	136.1
2019 年	11144.0	2894.6	8851.0	2437.1	617.8	1330.2	210.8	323.7
2020 年前三季度	10206.0	2533.6	7453.0	2020.7	741.0	1626.5	329.0	628.7

资料来源：中国海关网站。

在迅速扩大谷物进口的同时，为了支撑生猪等产能恢复和畜牧业发展，大豆进口增加幅度也很明显。根据中国海关网站数据，2020 年前三季度，中国进口大豆 7453 万吨，同比增长 15.5%。全年大豆进口量大约 1 亿吨。

（二）猪肉等肉类供给总量增加

生猪出栏数量和猪肉产量仍然需要时间才能达到常年水平。2020年前三季度全国出栏生猪36186万头，同比减少11.7%；猪肉产量2838万吨，同比减少10.8%。由于牛肉和羊肉市场价格持续高位运行，前期活牛活羊出栏数量偏多，影响后期生产能力，进而影响牛肉和羊肉产量，2020年前三季度牛肉和羊肉产量分别为450万吨和324万吨，比上年同期下降1.7%和1.8%。受猪肉、牛肉和羊肉产量全面减少影响，2020年前三季度猪牛羊禽肉总产量为5251万吨，同比减少4.7%。全年猪牛羊禽肉总产量估计会扭转负增长态势，实现正增长。

与国内猪牛羊肉产量减少不同，进口猪牛羊肉及其杂碎增长较快。根据中国海关数据，2020年前三季度，中国肉类及其杂碎进口达到741万吨（见表1），同比增长72.1%。其中，进口猪肉及猪杂碎432万吨，同比增长93.5%；进口牛肉及牛杂碎159万吨，同比增长37.9%。前三季度中国肉类进口已经超过前几年的全年规模，估计四季度肉类及其杂碎进口规模还将进一步扩大。

综合考虑国内产量和国际进口量，肉类总供给量不仅前三季度是增加的，四季度和全年增加幅度更加明显。

在猪肉产量仍然呈现较大滑坡的同时，生猪生产能力有效恢复。2020年9月底生猪存栏37039万头，同比增长20.7%。其中能繁母猪存栏3822万头，同比增长28.0%。根据农业农村部资料，2020年9月底生猪存栏和能繁母猪存栏分别恢复到2017年末的84%和86%，[①]估计2020年末生猪生产能力恢复到常年水平的90%以上。

（三）粮食和猪肉市场调控发挥积极作用

农产品价格继续呈现较大幅度上涨态势。2020年前三季度，农产品生

---

① 《农业农村部就2020年前三季度农业农村经济形势举行新闻发布会》，农业农村部网站，2020年10月21日。

产者价格同比上涨 23.1%。其中，饲养动物及其产品生产者价格同比上涨 53.0%。农产品价格较明显上涨，主要是生猪等价格持续高位波动运行所致。尽管肉类进口数量明显地大于国内产量减少数量，但是仍然没有有效地改善肉类供求关系，猪牛羊销售价格在高位运行基础上继续上涨。2020 年前三季度，生猪、活牛和活羊生产者价格同比分别上涨 88.4%、12.7% 和 9.9%。

2020 年，受新冠肺炎疫情及农业灾害等多发和重发对预期的影响，流通领域粮食价格波动方向及程度与生产领域农民销售粮食价格存在一定的区别，不同地区不同时段不同农产品及食品价格波动也出现差异化特征。

全年来看，粮食价格总体稳定。前三季度，稻谷和小麦生产者价格同比分别下跌 0.6% 和 0.9%。相比稻谷和小麦，玉米价格波动性明显加剧。前三季度玉米生产者价格同比上涨 4.2%。全年粮食生产者价格估计会上涨，但是涨幅总体可控。粮食生产者价格总体稳定，带来粮食消费总体稳定。2020 年前三季度，粮食消费价格同比上涨 1.2%，估计全年粮食消费价格将保持基本稳定态势。

全年来看，生猪价格涨幅会呈现缩小态势。2019 年二季度起生猪出栏价格不断上涨，虽然 2020 年生猪价格回落到常年水平可能性不大，但是，生猪产能扩大最终会反映在猪肉供给量不断增加上，多重因素共同作用必然带来生猪价格涨幅不断缩小。2020 年一、二和三季度生猪生产者价格同比分别上涨 133.2%、89.3% 和 59.0%。考虑到 2019 年四季度生猪出栏价格处于高位，估计 2020 年四季度生猪出栏规模将呈现扩大态势，其生产者价格涨幅缩小的态势可能比前三季度更加明显。

在农产品生产者价格上涨带动下，城乡居民食品消费价格也出现较大涨幅。2020 年前三季度，食品消费价格同比上涨 14.3%，影响 CPI 上涨约 2.9 个百分点，大约是前三季度 CPI 上涨 3.3% 的 90%。特别地，在猪牛羊出栏价格带动下，猪牛羊肉消费价格也普遍上涨。2020 年前三季度，猪肉、牛肉和羊肉消费价格分别上涨 82.4%、17.9% 和 10.3%。全年来看，食品消费价格主导 CPI 运行的态势不会改变。

比较来看，2020年生猪生产受非洲猪瘟疫情冲击显著减轻，但是农作物生产受各类灾害影响则明显加重。新冠肺炎疫情防控早期，一些地方农业生产资料物流受阻。早稻生长早期，长江中下游及其以北部分地区遭遇"倒春寒"，早稻生长后期南方地区低温寡照、暴雨冲刷和洪水淹涝，造成部分田块面临不同程度的倒伏和灌浆不足，导致早稻单产下降。秋粮生长期间，南方洪涝灾害严重，后期东北遭遇多轮台风袭击，部分田块玉米等粮食作物出现倒伏，对秋粮产量产生了一定影响。由于各地粮食生产形势存在差异，局部粮食市场受预期影响出现波动的风险上升。

2020年，春耕时节一些地方出现偏重的抛荒田，于是个别地方出现"抢粮"。秋收季节，一些地方出现粮食单产下降，特别是东北遭遇台风造成部分田块玉米倒伏，于是有人夸大灾情对粮食生产的不利影响，少数地方再度出现"抢粮"现象。局部"抢粮"现象不仅造成粮价短期内波动，而且降低了粮食流通速度。

为了稳定粮食市场运行，保障猪肉等市场供应，中国加强农产品市场监测和调控，加大了农产品进口力度，及时销售政策性储备粮和猪肉，粮食价格总体平稳运行，猪肉价格涨幅不断回落。

根据中国海关数据，2020年前三季度，农产品出口3818.6亿元，同比下降0.1%，进口8724.7亿元，同比增长16.2%；农产品国际贸易逆差扩大到4906.1亿元，同比增长33.1%。估计全年农产品进口继续保持快速增长态势。农产品进口额增长速度明显地快于国内农业生产扩大速度。

（四）城乡居民收入差距进一步缩小

2020年前三季度，农民人均可支配收入12297元，同比名义增长5.8%，实际增长1.6%。农民人均可支配收入名义增速高出城镇居民3.0个百分点，实际增速高于城镇居民1.9个百分点。城乡居民收入比率（以农民人均可支配收入为1）由2019年同期的2.75下降至2.67，城乡居民收入相对差距缩小的态势没有因新冠肺炎疫情及农业灾害等不利因素的影响而改变。

农民增收的主要贡献来源于工资性收入和转移净收入格局持续。受新冠肺炎疫情等影响，农民外出务工受到影响。2020 年三季度末，农村外出务工劳动力总量 17952 万人，同比减少 384 万人，下降 2.1%。尽管如此，2020 年前三季度，农民人均工资性收入 5484 元（见表 2），同比名义增长 4.7%，对农民增收的贡献率达 36.1%，在农民人均可支配收入中占比达到 44.6%，接近一半。受脱贫攻坚力度加大、最低生活保障范围扩大和保障水平提高等影响，转移净收入保持较快增长。2020 年前三季度农民人均转移净收入 2703 元，同比增长 9.7%，对农民增收的贡献率为 35.5%，仅次于工资性收入。值得关注的是，在农产品价格涨幅较大和农民外出务工减少情况下，农民收入最主要来源仍然是工资性收入，而农业家庭经营净收入虽然增长，但对农民增收贡献不及工资性收入和转移净收入。可见，对一般农民来说或者大多数农民获得收入来说，就业越来越比务农重要。

表 2　2020 年前三季度中国农民人均可支配收入情况

单位：元，%

项目	工资性收入	经营净收入	财产净收入	转移净收入	合计
收入	5484	3788	323	2703	12297
同比增长	4.7	4.5	10.2	9.7	5.8
贡献率	36.1	24.0	4.4	35.5	100.0
比重	44.6	30.8	2.6	22.0	100.0

资料来源：国家统计局网站。

2020 年，中国有效应对并化解新冠肺炎疫情、严重洪涝灾害、台风和重大病虫害偏重发生等不利影响，粮食继续获得丰收，生猪产能加快恢复，其他农产品生产稳定发展，农产品进口有序推进，粮袋子和菜篮子产品供应总体充足，重要农产品市场调控有效，价格较快上涨得到抑制，为疫情防控、经济社会发展全局和应对国际不确定性等提供了有力支撑。脱贫攻坚任务全面完成，转入巩固拓展扶贫成果。与此同时，中国农业发展及农产品市场供应和价格运行等形势也反映农业基础仍然不够牢固，农产品流通短板还很明显，脱贫攻坚扶持的特色优势产业必须要与乡村产业振兴有机衔接。

二 2021 年中国农业经济展望

展望 2021 年，面对新冠肺炎疫情和世界经济增长的不确定性，中国在深入全面实施乡村振兴战略和加快农业农村现代化进程中，将持续重视农业生产，稳定发展粮食生产，巩固拓展生猪产能恢复成果，扩大农产品进口，加强改善农产品市场调控，有效增加农产品供给。同时，由非农产品供求关系主导的农产品市场价格波动风险上升，尤其是由玉米价格运行主导的粮食价格波动风险上升可能性更大，肉类生产波动风险不断累积。如果有效引导预期，及时消除农产品市场波动加剧的消极因素，则中国及世界宽松的大宗农产品供求关系在稳定农产品市场运行方面的积极作用就能够显现。

2021 年中国粮食种植面积将扩大。自 2016 年以来，为了化解玉米等粮食阶段性过剩和结构性矛盾，一些地方退耕还林还草还湿，一些地方休耕轮作，还有一些地方农民主动放弃耕种而出现抛荒田，全国粮食播种面积不断减少。2021 年，这种势头估计会得到扭转。粮食安全省长责任制考核力度加强，夏粮、早稻和秋粮收获季节农民销售粮价起点普遍较高，种粮效益有所改善，在多种力量作用下，估计粮食播种面积将恢复到近 18 亿亩。如果在玉米等高产作物种植面积扩大作用下粮食单产保持在每亩 380 公斤以上，2021年粮食总产量可能超过 6.8 亿吨，再创历史新高。

国际粮食供给充裕成为国内粮食市场稳定的促进因素。国际通用的谷物口径，在粮食总供给中占有最大比重。2020 年的谷物产量及年度末的库存量都是 2021 年度供给的重要来源。联合国粮农组织 9 月发布的全球作物生长展望和粮食安全形势报告估计，2020 年度全球谷物总产量 27.7 亿吨，比上年度增加 5860 万吨，增长 2.2%；期末库存 8.8 亿吨，比上年度增加 1280 万吨，增长 1.5%。

粮食期末库存变化对粮食价格走势会产生较大影响。根据联合国粮农组织 9 月发布的全球作物生长展望和粮食安全形势报告预测，2021 年度全球谷物期末库存约 9 亿吨，比上年度增加 1460 万吨，增长 1.7%。其中，以玉米为主的粗粮 2021 年度期末库存约 4.3 亿吨，比上年度增加 1090 万吨，增长 2.6%。

在国内粮食市场波动风险上升情况下，玉米和杂粮进口对中国粮食市场可能会产生较大影响。新年度全球以玉米为主的粗粮产量仍然大于消耗量，转化为期末库存，意味着国际市场上以玉米为主的粗粮价格上涨缺乏供求关系变化支撑。新年度全球以玉米为主的粗粮国际市场价格低位运行态势较难改变，若国内玉米价格上涨幅度加大，国内玉米特别是替代玉米的杂粮进口规模会明显扩大，从而在平抑国内粮食市场价格波动方面发挥积极作用。

美国是全球玉米最大生产国，玉米产量约占世界玉米总产量的 1/3。美国农业部 2020 年 10 月发布的全球农产品供给与需求估计报告，将 2020/2021 年度美国玉米总产量下调到 3.74 亿吨，比 9 月的预测数据调低了 452 万吨。尽管如此，这份报告估计的 2020/2021 年度美国玉米收获面积和总产量都高于 2019/2020 年度，2020/2021 年度美国玉米收获面积和总产量分别比 2019/2020 年度高 89 万公顷和 7742 万吨。

全球大豆产量及库存量变化对国内大豆市场运行会产生直接影响。根据上述美国农业部报告，2020/2021 年度，全球大豆产量 3.7 亿吨，比上年度增加 3188 万吨，增长 9.5%；虽然中国畜牧业加快发展拉动世界大豆消耗量增加，出现大豆库存下降，估计期末世界大豆库存 8870 万吨，比上年度减少 505 万吨，下降 5.4%，出现当年度产量小于消耗量情形，但是世界大豆供给总量仍然大于消耗总量，库存消耗比仍然达到 24.0%，全球大豆供给形势仍然宽松。

2021 年粮食价格总体稳定的局面估计不会改变。稻谷和小麦供给形势仍然宽松，政策性储备充足，在用足关税配额压力下小麦进口规模还可能扩大；被用作口粮的规模继续减少，虽然被用作饲料粮的规模可能扩大，但是强有力的市场调控和供给保障能力足以应对国际市场波动和各类灾害冲击，稻谷和小麦市场价格剧烈波动的可能性极小。受食物消费升级和畜牧业加快发展及深加工影响，玉米供求关系正由过去阶段性过剩向平衡甚至偏紧转变，玉米市场价格波动幅度加大的可能性上升。玉米价格波动，除受预期因素影响外，替代玉米的小麦等用量成为重要影响因素，并在稻谷、小麦和玉米三大

主粮价格之间带来相互影响。2021 年，在新季玉米收获之前，玉米价格走势及其稳定情况会受玉米深加工调控影响。扩大玉米及其替代品进口，避免深加工用粮与饲料用粮"争抢"以及玉米市场价格剧烈波动。

2021 年，猪肉供应将明显增加。前期生猪产能决定后期猪肉供应。2021 年生猪出栏数量和猪肉产量将达到 5000 万吨左右，年末生猪生产能力将达到历史最高水平。2021 年生猪价格总体回落态势将更加明显。随着生猪出栏数量不断增加，估计 2021 年生猪价格总体水平低于 2020 年，生猪虽价位较高且继续获得较高盈利，但其生产者价格可能同比下降。在生猪价格回落带动下，猪肉价格也会滞后性回落。

2021 年，中国生猪生产能力总体上仍将处于艰难的恢复阶段，具有一定的脆弱性。至于是否会出现国内生猪生产能力超过国内需求，猪肉供给过剩，猪肉价格过度下跌的状况？可以判断这种可能性实际上是非常小的。估计 2021 年大部分时间市场上的猪肉供应量并不能恢复到常年水平。

2021 年，新冠肺炎疫情仍然存在较大不确定性，可能影响全球农产品供应链，但对全球主要农产品出口国家的农业生产的不利影响非常有限。考虑到国内农产品及食品价格上涨预期较普遍，加上"十四五"规划开局之年中国加快形成以国内大循环为主体、国内国际双循环相互促进的新发展格局，估计 2021 年中国农产品进出口规模将创历史新高，国内产需缺口较大的农产品进口规模将继续明显扩大，农产品国际贸易逆差可能达到约 1000 亿美元。

三　2021 年中国农业经济稳定运行与积极发展政策建议

2021 年，中国居民食物消费结构不断升级和粮食深加工发展对粮食及食物供求结构的深刻影响将继续显现，农产品国际贸易仍将面临较大不确定性，农牧业生产面临的各类灾害不容忽视。为了做好全面小康社会第一年居民食物消费保障工作，要进一步扩大农产品及食物供给，提高粮袋子和菜篮子产品品质，确保食物消费价格涨幅明显回落不反弹，促进居民食物消费支出增长明显低于收入增长，巩固提高农业农村基础地位。

要积极扩大农牧业生产，深入推进农业高质量发展。稳定稻谷和小麦主要口粮生产，扩大玉米等饲料粮生产，优化水果蔬菜生产，坚定不移扩大生猪生产，积极提高牛羊生产能力，稳定家禽生产，丰富米袋子和菜篮子产品供应。要适度提高稻谷和小麦最低收购价格，增加玉米价外补贴。要加大财政对粮食生产等社会化服务支持力度，确保玉米等种植面积扩大。要做好谋划并启动实施"十四五"时期农业农村现代化保障重要农产品供给工作，启动新一轮农牧业生产能力建设，重点是通过基础设施建设、科技创新提高产需缺口不断扩大的饲料粮和肉奶等农牧产品生产能力，并向家庭农场和农民合作组织流转的土地倾斜，向适度规模的家庭养殖户倾斜。要加强高产优质农作物品种推广应用，做好灾害等风险防范和化解工作，促进大宗农产品竞争力、效率效益和品质质量协同提高。

要强化社会化服务，避免农民大规模抛荒。为了避免农民因粮食比较效益不高而过度放弃粮食种植，特别是要避免大规模抛荒田现象的蔓延，要压实各地粮食安全责任，加大财政支农力度，积极发展联耕联种、土地托管和统防统治等社会化服务，大力推广机种机播机收和无人机直播等技术，确保粮食播种面积稳定增加，尤其要扩大玉米种植面积。

推进农产品流通升级，切实解决农产品买难卖难和流通费用过高等难题。农产品流通发展滞后严重制约着中国农业高质量发展。要多途径加强农产品产销对接，促进农产品产销融合发展。积极发展产区公益性农产品批发市场，重点是强化销售服务、价格形成和引导生产功能，培育营销专业队伍，提高基础设施和信息化水平。要大力发展农村电商，大力培育农产品电商专业化人才，消除农产品物流配送瓶颈制约。要进一步做好农超对接工作。要以消费扶贫为契机，探索重点农产品产区和集团消费直供体系，打造新型农产品供应链。

做好重要农产品市场调控工作，优先保障玉米等饲料用粮需要。针对玉米已经由阶段性过剩迅速转化为年度缺口扩大的局面，除扩大玉米生产外，还必须加强监测和调控，要扭转一些地方片面地把玉米深加工作为衡量粮食高质量发展的不当倾向性做法，要避免深加工用粮与饲料用粮"争粮"和

"抢粮"，优先确保饲用玉米需要，促进粮食和肉类等主要食物充足供给和价格稳定。必要时要合理分配玉米等粮食深加工产能，强化玉米等粮食深加工产能调控。生猪生产能力加快恢复，但是生产稳定性仍显不足，猪肉价格高位波动状况较难改变，要在重要节日和消费旺季及时投放政策性储备的猪牛羊肉，促进市场价格稳定。

引导社会对中国粮食等农产品的市场运行予以积极预期。克服国内对中国粮食等主要农产品市场运行展望的消极影响，对于国内重要稳价保供及避免国内市场过度波动具有重要意义。2021年，粮食等主要农产品国际市场运行不确定性增多，波动加大的可能性上升。中国粮食等主要农产品市场稳定至关重要。要加强国际国内粮食等农产品市场监测，定期发布相关信息，及时回应社会关切，及时发布中国粮食等主要农产品供给保障水平和市场调控能力等信息。

要全面看待灾情与粮食等农产品市场价格运行关系。2021年，国际社会及国内非粮食行业，普遍预期世界粮食安全形势将趋严峻，粮食等主要农产品供求关系趋紧，价格将开启新一轮周期性上涨，尤其担心玉米等饲料粮供求关系转变及价格波动。粮食等农作物基本上是大田生产，产量受自然灾害程度影响。人们往往把粮食生产看作靠天吃饭的行业，反映为中国多发重发的自然灾害对粮食产量往往会带来影响。农业灾害偏重发生，一些地方粮食单产出现下降。这是否会影响粮食价格？粮食单产波动影响粮食价格预期，但未必是粮食价格形成的决定性力量。年度单产水平，甚至年度总产水平，未必是中国年度粮食供求关系的决定性力量。现实中，粮食价格形成的影响因素多而复杂。从来源来看，粮食供给主要由当年度产量、库存量和净进口量构成。中国粮食市场已经是国内统一大市场，特定区域的粮食市场价格波动最终不会由当地单产波动决定。

有序扩大农产品进口，促进农业国内国际双循环。中国农产品产需缺口不断扩大，主要是由居民食物消费水平提高与国内农业资源不足之间的矛盾引起的。要扩大土地资源密集型的大豆进口，适度扩大玉米和杂粮等能量饲料进口，扩大猪牛羊肉进口。考虑到淀粉糖等消费可能会加剧国内玉米供应紧张局面，可调整食糖保护政策，直接扩大食糖进口。要从农业国内国际双循环深入谋划农业国内国外两种资源与农产品国内国际两个市场统筹，发展优势农产品出口，化解水海产品和蔬菜水果等优势农产品出口风险，加强自由贸易试验区更高水平农业开放领域探索，构建国内农业高质量发展与农业对外开放相互促进新格局。

引导特色优势农产品发展，促进产业扶贫与乡村产业振兴有机衔接。脱贫攻坚已在贫困地区培育了丰富多样的特色农产品产业。要谋划并加强工作力度，把各地的特色农产品转化为市场竞争优势农产品，确保特色优势农产品产业不断升级。

参考文献

国家统计局：《前三季度经济增长由负转正》，2020 年 10 月 19 日。

国家统计局：《2020 年前三季度居民收入和消费支出情况》，2020 年 10 月 19 日。

李锁强：《全年粮食生产有望再获丰收 生猪生产稳步恢复》，中国经济网，2020 年 10 月 20 日。

FAO, "Crop Prospects and Food Situation," Quarterly Global Report No.3, http://www. fao.org, September 2020.

The World Agricultural Outlook Board, "The World Agricultural Supply and Demand Estimates," http://www.usda.gov, October 9, 2020.

B.13
中国工业经济形势分析与政策建议

史 丹　张航燕[*]

摘　要： 突如其来的新冠肺炎疫情对中国工业经济造成较大冲击，随着中央统筹推进疫情防控和经济社会发展各项政策措施的逐步落实，复工复产深入推进，工业生产持续回升，工业经济各项指标均呈现"V"形反转走势。当前，工业经济仍面临不少困难和挑战，突出表现为企业资金压力增大、民间制造业投资低迷。新冠肺炎疫情叠加外部环境不确定性，2020年四季度中国工业经济仍面临较大下行压力。因此，今后一段时间，中国工业经济发展需要平衡短期应对与中长期发展。一方面短期应对疫情对工业经济冲击，通过扩需求特别是扩内需，努力实现工业经济平稳增长；另一方面继续深化供给侧结构性改革，推动工业经济高质量发展。

关键词： 工业经济　高技术产业　消费品行业

一　前三季度工业运行总体情况

（一）疫情对工业经济运行造成较大冲击，但恢复态势良好

突如其来的疫情对工业经济造成较大冲击，随着中央统筹推进疫情防控

---

* 史丹，中国社会科学院工业经济研究所研究员，主要研究方向：能源经济、低碳经济、产业发展与产业政策；张航燕，中国社会科学院工业经济研究所副研究员，主要研究方向：工业运行分析。

和经济社会发展各项政策措施的逐步落实，复工复产深入推进，工业生产持续回升，工业经济各项指标均呈现"V"形反转走势。从复产水平来看，国家统计局数据显示，二季度以来企业复产水平持续好转。截至9月下旬，有73.2%的企业达到正常生产水平八成以上，较6月中旬上升4.8个百分点；部分企业持续满负荷生产，规模以上工业企业开工情况整体接近正常水平。从工业增加值看，前三季度，规模以上工业增加值同比增长1.2%，一季度和上半年增速分别为-8.4%和-1.3%；1~2月和3月，规模以上工业增加值分别同比下降13.5%和1.1%，4月以来，工业生产由负转正，9月规模以上工业增加值同比增长6.9%，增速较8月加快1.3个百分点。从出口交货值看，前三季度，全国规模以上工业企业实现出口交货值86552亿元，同比下降3.1%，降幅较一季度和上半年分别收窄7.2个和1.6个百分点。从固定资产投资看，前三季度，工业投资同比下降3.3%，降幅较一季度和上半年分别收窄17.8个和4.1个百分点。从经济效益看，1~8月全国规模以上工业企业实现利润总额37166.5亿元，同比下降4.4%，降幅比一季度和上半年分别收窄32.3个和8.4个百分点；全国规模以上工业企业营业收入利润率升至5%，较一季度和上半年分别提高1.29个和0.37个百分点；8月末，全国规模以上工业亏损企业数

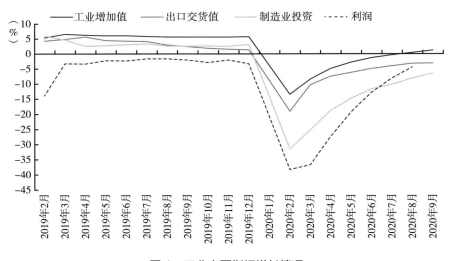

图1 工业主要指标增长情况

资料来源：国家统计局网站。

量为 85883 家，同比增长 21.4%，但增速较一季度和上半年分别降低 19.6 个和 4.3 个百分点。

（二）高技术产业、原材料工业与装备制造业迅速恢复，消费品行业受严重冲击

高技术产业显著增长。前三季度，高技术制造业增加值同比增长 5.9%，快于规模以上工业 4.6 个百分点，增速较一季度和上半年分别快 9.1 个和 1.4 个百分点。分月看，除 1~2 月高技术制造业增加值同比下降以外，自 3 月以来，高技术制造业增加值月均增长 9%。其中，计算机、通信和其他电子设备制造业工业增加值月均增速达到 10.5%。疫情催生新业态新模式发展壮大，远程办公、在线教育等行业快速扩张。智能化、升级型产品保持高速增长。9 月，3D 打印设备、平衡车、服务机器人、智能手表等新兴智能产品继续保持 70% 以上的高速增长，城市轨道车辆、充电桩等新基建产品增速均在 20% 以上。

受基建投资拉动，原材料工业和装备制造业加快增长。前三季度，原材

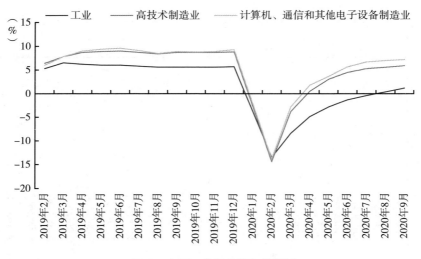

图 2　主要工业行业增加值增速

资料来源：国家统计局网站。

料工业中的黑色金属冶炼和压延加工业、有色金属冶炼和压延加工业增加值同比分别增长 5.3% 和 1.9%，分别快于规模以上工业 4.1 个和 0.7 个百分点。特别是 5 月以来，黑色金属冶炼和压延加工业、非金属矿物制品业、化学原料和化学制品制造业增加值加快增长，9 月分别同比增长 9.0%、9.0% 和 7.5%。多数产品增速较上月回升，钢材、十种有色金属、电解铝、乙烯等产品增速连续 3 个月加快，水泥、生铁、粗钢继续保持 6% 以上较快增长。前三季度，装备制造业同比增长 4.7%，快于规模以上工业 3.4 个百分点。9 月，装备制造业增长 11.6%，较上月加快 0.8 个百分点，拉动工业生产增长 3.8 个百分点。汽车行业延续快速增长态势，9 月增速为 16.4%，较上月加快 1.6 个百分点；新能源汽车生产和消费从年初低点逐步加速恢复，产量增速大幅升至51.1%；载货汽车增长 36.2%，增速仍保持在高位；交叉型乘用车、SUV 增速升至 20% 以上。金属制品、通用设备、电气机械行业生产继续加快，增速均在 12% 以上。电子、专用设备行业均保持 8% 的较快增长。

表 1 主要原材料工业和装备制造业增加值累计增速					
					单位：%
时间	工业	黑色金属冶炼和压延加工业	有色金属冶炼和压延加工业	通用设备制造业	专用设备制造业
2019 年 1~2 月	5.3	7.5	9.3	4.4	10.0
2019 年 3 月	6.5	7.9	10.1	8.4	12.6
2019 年 4 月	6.2	8.9	9.7	6.7	10.1
2019 年 5 月	6.0	9.5	9.7	5.7	9.0
2019 年 6 月	6.0	10.3	10.4	5.1	8.3
2019 年 7 月	5.8	10.2	10.5	4.5	7.7
2019 年 8 月	5.6	10.2	10.2	3.9	7.1
2019 年 9 月	5.6	10.1	9.9	3.9	7.1
2019 年 10 月	5.6	9.7	9.9	3.9	6.9
2019 年 11 月	5.6	9.9	9.6	4.1	7.0
2019 年 12 月	5.7	9.9	9.2	4.3	6.9
2020 年 1~2 月	−13.5	−2.0	−8.5	−28.2	−24.4

续表

时间	工业	黑色金属冶炼和压延加工业	有色金属冶炼和压延加工业	通用设备制造业	专用设备制造业
2020 年 3 月	−8.4	0.5	−3.8	−17.2	−13.5
2020 年 4 月	−4.9	1.7	−0.6	−9.0	−4.2
2020 年 5 月	−2.8	2.8	0.5	−4.9	1.0
2020 年 6 月	−1.3	3.4	1.0	−2.3	2.9
2020 年 7 月	−0.4	4.2	1.3	−0.3	4.1
2020 年 8 月	0.4	4.8	1.7	1.2	4.6
2020 年 9 月	1.2	5.3	1.9	2.6	5.1

资料来源：国家统计局网站。

消费类工业生产降幅较大，但降幅收窄。前三季度，皮革、毛皮、羽毛及其制品和制鞋业，纺织服装、服饰业，文教、工美、体育和娱乐用品制造业，家具制造业增加值同比分别下降13.4%、10.6%、9.2%和7.8%，但是降幅较上半年分别收窄1.6个、1.6个、5.1个和5.1个百分点；这四个行业也是传统的外向型产业，受海外新冠肺炎疫情、中美贸易摩擦等因素影响，出口交货值大幅下降，上半年出口交货值同比分别下降26.4%、22.5%、18.1%和23.9%，降幅分别较规模以上工业高23.3个、19.4个、15.0个和20.8个百分点，但降幅较上半年分别收窄1.8个、2.2个、6.1个和8.8个百分点。9月，受价格上涨、基数较低、双节需求等因素拉动，食品制造、农副食品加工、酒饮料茶等行业生产明显改善，增速均较上月回升5个百分点以上。

表 2　主要消费品行业增加值累计增速

单位：%

时间	工业	纺织服装、服饰业	皮革、毛皮、羽毛及其制品和制鞋业	家具制造业	文教、工美、体育和娱乐用品制造业
2019 年 1~2 月	5.3	3.9	5.4	2.1	4.3
2019 年 3 月	6.5	4.8	6.1	4.4	5.4
2019 年 4 月	6.2	3.3	5.2	3.9	6.1
2019 年 5 月	6.0	2.7	4.2	3.4	5.7

续表

时间	工业	纺织服装、服饰业	皮革、毛皮、羽毛及其制品和制鞋业	家具制造业	文教、工美、体育和娱乐用品制造业
2019年6月	6.0	3.0	3.8	2.9	4.4
2019年7月	5.8	2.7	3.4	2.6	3.8
2019年8月	5.6	2.2	3.2	2.5	3.0
2019年9月	5.6	1.6	2.9	2.5	2.4
2019年10月	5.6	1.0	2.5	2.4	1.6
2019年11月	5.6	1.0	2.4	2.2	1.3
2019年12月	5.7	0.9	2.1	2.5	1.1
2020年1~2月	-13.5	-28.9	-28.4	-30.5	-29.4
2020年3月	-8.4	-19.7	-20.3	-20.1	-21.2
2020年4月	-4.9	-15.0	-17.5	-16.0	-18.0
2020年5月	-2.8	-12.8	-16.1	-14.3	-15.9
2020年6月	-1.3	-12.2	-15.0	-12.9	-14.3
2020年7月	-0.4	-11.9	-14.6	-10.9	-12.8
2020年8月	0.4	-11.4	-14.2	-9.4	-11.1
2020年9月	1.2	-10.6	-13.4	-7.8	-9.2

资料来源：国家统计局网站。

（三）工业经济区域差异发展

疫情对西部地区工业影响较小。前三季度，地区工业增速排名前五的省份分别为西藏、甘肃、吉林、新疆和重庆，工业增加值同比分别增长7.1%、6.3%、6.2%、6.1%和4.4%，除吉林外，排名前五的省份均属于西部地区。前三季度，重庆规模以上工业增加值同比增长4.4%，较上半年提升3.4个百分点。其中，9月增加值同比增长10.5%，高于上年同期3.9个百分点。重庆八大支柱产业持续复苏，汽车、电子和材料产业分别增长8.2%、12.2%和4.9%，对全市工业增长的拉动作用较大。其中，9月汽车、电子和材料产业分别增长21.3%、15.6%和9.4%。吉林规模以上工业增加值同比增长6.2%，增速高于全国同期水平5.0个百分点，增速在全国居第三位。从重点产业看，吉林汽车制造业、食品产业

和冶金建材产业增加值同比分别增长 15.5%、0.8% 和 9.7%。

工业增加值增速仍处于下降态势的省份分别为湖北、海南、上海、内蒙古、广东、广西、黑龙江、河南和北京，工业增加值同比分别下降 11.3%、5.5%、1.9%、1.9%、1.2%、1.1%、0.7%、0.2% 和 0.1%，上述省份主要分布在东部和中部地区，表明东部和中部地区工业受影响较为严重。疫情对湖北工业造成了巨大影响，前三季度湖北工业增加值增速仍有两位数的降幅，但是降幅较一季度和上半年分别收窄 34.5 个和 9.5 个百分点；全省 41 个行业大类中有 28 个实现正增长，15 个千亿产业中有 13 个实现正增长，其中汽车、电力行业分别增长 7.3%、12.5%。分月来看，湖北自 5 月工业生产月度增速转正以来，逐月加快，9 月增

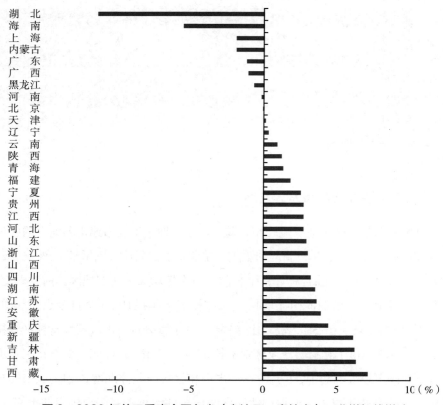

图 3 2020 年前三季度全国各省（自治区、直辖市）工业增加值增速

资料来源：国家统计局网站。

长 6.2%。疫情对以外向型经济为主的广东造成了较大影响。前三季度，广东规模以上工业企业同比下降 1.2%，降幅比上半年收窄 5.2 个百分点，在产的 40 个行业大类中，累计增速较 1~8 月回升的行业共 30 个，橡胶和塑料制品业、金属制品业和家具制造业是回升幅度较大的行业，分别回升 5.7 个、5.1 个和 4.7 个百分点。

（四）工业稳就业成效显著

2020 年以来各地各部门出台了减负、稳岗、扩就业等政策措施，全力以赴筑牢民生之本。从 PMI 从业人员指数来看，前三季度，除 1~2 月外，其余月制造业 PMI 从业人员指数均高于上年同期，且制造业 PMI 从业人员指数连续 7 个月高于非制造业 PMI 从业人员指数。网络招聘大数据亦显示了制造业稳就业的积极效果。从在线招聘新增岗位数量来看，2020 年前 6 个月，除了 2~3 月外，其他月制造业新增岗位均高于上年同期水平。特别是二季度，制造业在线招聘新增岗位 317475 个，新增岗位数量较上年同期增加了 23%。[①] 针

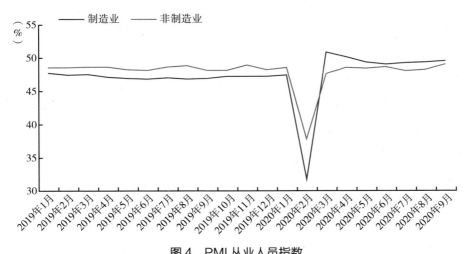

图 4　PMI 从业人员指数

资料来源：国家统计局网站。

---

① 数据由中国社会科学院工业经济研究所和广东财经大学联合研究小组提供。其中，广东财经大学执行人为蔡卫星副教授。

对江西企业的实地调研，以及对浙江、上海、安徽、天津及北京等地企业的视频访谈了解到，绝大多数企业享受到了稳岗用工补贴和失业保险稳岗返还政策，部分工业企业做出了不减员、不减薪承诺。

二 当前中国工业经济运行中的突出问题

当前中国疫情防控取得了阶段性成效，复工复产稳步推进，但工业经济仍面临不少困难和挑战，突出表现为企业资金压力增大、民间制造业投资持续低迷。

（一）回款难和库存高企，企业资金压力增大

回款难、库存高企、资金沉淀大加重了企业流动资金短缺的压力。统计数据显示，企业应收账款大幅增加，应收账款平均回收期延长。8月末，规模以上工业企业应收账款 15.97 万亿元，同比增长 14.5%，增速是上年同期的 3.6 倍；应收账款平均回收期为 55.6 天，较上年同期增加 7.9 天。同时由于疫情影响，人员流动相对受限，企业市场开拓不足，产成品库存增加。8月末，规模以上工业企业产成品存货 4.55 万亿元，增长 7.9%，增速是上年同期的 3.6 倍；产成品存货周转天数为 19.5 天，较上年同期增加 1.9 天。从企业实地调研和企业视频访谈了解到，尽管绝大部分受访企业享受到了国家出台的复工复产优惠政策，如稳岗补贴、社保减免、房租减免等，但是受生产经营循环不畅等影响，企业应收账款平均回收期延长，不少企业背负着较大的银行还贷压力，企业流动资金普遍紧张。

（二）信心不足，民间制造业投资持续低迷

前三季度，中国民间投资特别是制造业领域的民间投资意愿持续减弱。1~9月，中国民间固定资产投资为 243998 亿元，同比下降 1.5%，而同期固定资产投资同比增长 0.8%。1~9月，中国制造业投资同比下降 6.5%，制造业民间投资同比下降 9%。自 2019 年 4 月以来，民间固定资产投资增

速低于全部固定资产投资增速；自 2019 年 2 月以来，制造业民间投资增速低于制造业投资增速（见图 5）。民间投资特别是制造业民间投资增速依然没有转正，表明民营企业家的投资信心仍不足，中小企业的亏损压力还很大，中小企业的一些预期还比较低迷，缺乏扩大生产的信心与动力。目前对微观主体积极性不足问题需继续高度关注，特别是地方政府一些官员依然存在为官不为、能力不足等问题。如何能够使民营企业家的投资信心、投资空间进一步提升，依然是未来所面临的最为重要的几个微观结构性问题。①

图 5　固定资产投资增速

资料来源：国家统计局数据库。

（三）地方投资冲动，部分产业无序竞争

部分新兴产业和传统产能过剩行业出现了无序竞争。国家高度重视集成电路产业发展，出台了一系列政策措施，支持和引导产业健康发展。在政策推动下，各地纷纷上马芯片项目，甚至有一些没经验、没技术、没人才的

---

① 刘元春在中国宏观经济论坛（CMF）宏观经济月度数据分析会（2020 年 10 月）上的发言。

"三无"企业也投身集成电路行业，最终导致了多个"高调建厂，后续乏力"的烂尾项目。新兴产业出现无序竞争现象，传统过剩产能行业亦表现出投资冲动。自2018年以来，钢铁行业整体产能扩张冲动明显。2019年，中国粗钢产量为9.96亿吨，同比增长8.3%，创历史新高。根据中国钢铁工业协会预测，2020年全年粗钢产量预计超过10亿吨，将再创纪录。究其原因，一方面是2016年以来在供给侧结构性改革的背景下，严重供过于求的钢铁产业连续三年化解过剩产能1.5亿吨，使得行业整体盈利能力大幅提高，部分企业有扩大产能的规划；另一方面，2017年超过1.4亿吨"地条钢"被清除后，部分原"地条钢"企业试图通过上马电炉替代过去的中频炉继续炼钢，导致行业供大于求的趋势再次显现。

此外，疫情使得中国一些产业的短板和瓶颈进一步凸显。以汽车产业为例，在车规级芯片、传感器、橡胶、树脂材料、核心二级部件等方面，还需要加快产业链上游融合，集中力量实现核心技术攻关。一些企业部分原材料、关键零部件进口依赖度较高，受海外疫情形势严峻影响，面临"断供"风险。

三 当前中国工业经济发展的国内外环境分析

（一）全球经济缓慢复苏，仍面临诸多不确定风险

2020年1月以来，全球暴发了大范围的新冠肺炎疫情，使得本来就疲弱不堪的全球经济雪上加霜，多数国家短期内经济跌至负增长区间。国际货币基金组织（IMF）发布的最新一期《世界经济展望报告》预测，2020年全球经济将萎缩4.4%，2021年全球经济增长将反弹至5.2%。尽管全球经济正在恢复，但整体上仍处于深度衰退之中。由于疫情仍在继续扩散，复苏能否实现还不确定。一些地区本已较好控制了当地疫情，但此后疫情出现反弹，从而不得不暂停经济重启进程，再次实施定向封闭措施。全球经济复苏经历一个漫长、坎坷且充满不确定性的过程是大概率事件。

发达国家经济严重萎缩，复苏形势严峻。国际货币基金组织最新一期

《世界经济展望报告》预计，2020 年发达经济体经济将萎缩 5.8%，其中美国、欧元区和日本经济将分别萎缩 4.3%、8.3% 和 5.3%。作为新冠肺炎疫情"震中"，美国在发达经济体中受冲击最大；根据美国商务部发布的数据，2020 年二季度美国国民生产总值环比折年率下降 31.4%，较一季度大幅回落 26.4 个百分点，为 1947 年以来的最大跌幅；从三季度情况看，前期财政刺激政策提振消费需求，制造业前景出现好转，但就业市场结构性问题仍较严重，经济修复依然困难重重。随着疫情在政府严格封锁措施下得到有效控制，欧元区经济在二季度初探底后逐步复苏。2020 年二季度欧元区 GDP 同比下降 14.7%，环比下降 11.8%，经济收缩程度远超 2008 年金融危机时期，创历史新低；进入三季度，随着欧元区疫情出现反弹，政府不得不重新加强管控和延长封锁，欧元区经济复苏将持续承压。日本是一个高度依赖出口和全球供应链的国家，其商品与服务出口受到的影响较大，二季度环比跌幅为 21.4%；随着国内外经济活动重启，三季度日本经济恶化的程度较二季度有所减弱，但个别数据仍在恶化，复苏势头仍不稳固；根据日本经济研究中心的预测，2020 年全年日本经济将下降 6.8%，预计四年后才会恢复到疫情前水平。

新兴国家经济增速普遍下挫，发展前景脆弱。受疫情冲击，新兴国家经济遭受重创。2020 年二季度，印度、巴西、俄罗斯和南非经济同比分别下滑 23.9%、11.4%、8.0% 和 17.1%，较一季度分别大幅回落 27.0 个、11.1 个、9.6 个和 17.2 个百分点。进入三季度，新兴国家生产端收缩放缓。8 月，印度、巴西、俄罗斯和南非工业生产指数同比分别下降 8.0%、2.7%、7.2% 和 9.2%，较 7 月分别收窄 2.8 个、0.1 个、0.8 个和 2.2 个百分点。新兴国家失业率处于较高水平。印度 9 月失业率虽较 8 月降低 1.7 个百分点，但仍处于 6.7% 的高位。7 月和 8 月俄罗斯失业率分别为 6.3% 和 6.4%，为 2012 年 3 月以来最高水平。7 月，巴西失业率达 13.8%，为有数据以来最高失业水平。印度 7~9 月三个月 CPI 分别同比上升 6.7%、6.7%、7.3%，高于 4% 的目标中值和 6% 的上限，通胀持续上行。新兴国家经济景气度分化发展。印度和巴西制造业 PMI 连续两个月以上高于荣枯线，9 月分别为 56.8 和 64.9。而南非制造业 PMI 仍处在荣枯线以下，9 月为 49.4；9 月俄罗斯制造业 PMI 由 8 月的 51.1 再度跌至荣枯线以下，表明俄罗斯和南非经济复苏动力不足。展望四季度，新兴国家经济将延续复苏态势，但是面临诸多风险，包括疫情防控措施的负面效应、政府财政刺激空间有限、内外部需求不振等，经济复苏前景脆弱，全年经济仍将出现较大幅度萎缩。国际货币基金组织最新一期《世界经济展望报告》预计，2020年新兴市场和发展中经济体经济增速为-3.3%，较6月预测下调0.2个百分点。其中，印度、俄罗斯、巴西和南非经济将分别萎缩10.3%、4.1%、5.8%和8.0%。

（二）中国经济复苏态势持续向好，但面临复杂内外部环境压力

新冠肺炎疫情暴发后，党中央高度重视，迅速部署，将疫情防控作为头等大事来抓，坚决要求各级党委和政府及有关部门将人民群众的生命安全和身体健康放在首位。在一系列政策的作用下，复工复产逐月好转，尤其5月召开的"两会"释放了空前的财政和货币政策，"六稳""六保"工作扎实推进，中国经济增速实现由负转正。前三季度中国GDP为72.3万亿元，以可比价格计算同比增长0.7%，在主要经济体中"一枝独秀"，体现了中国经济的强大韧性。特别是三季度以来，在常态化疫情防控效果不断显现的基础上，中国国民经济持续恢复，尽管北京、新疆、辽宁等部分地区疫情一度有所反复，但均在常态化防控措施下得到有效化解，对经济的冲击有限。展望2020年四季度及2021年，进入秋冬季节后，随着疫情传播条件的变化，国内疫情外防输入、内防反弹的压力有所上升，部分省份可能出现零星小规模疫情，对局部地区经济造成一定影响，但总体依然可控。

从供给端看，工业生产已恢复至正常水平，服务业修复速度加央。二季度以来，主要生产性部门复工复产，接近正常水平。7~9三个月工业增加值分别同比增长4.8%、5.6%、6.9%，其中，7月工业增加值同比增速与上年同期持平，8月超过上年同期1.2个百分点，9月超过上年同期1.1个百分点，超出市场预期。进入三季度，随着疫情得到控制、服务业场所陆续解封以及前期部分被压制的消费需求逐步释放，7~9三个月服务业生产指数分别同比增长3.5%、4.0%和5.4%，改善步伐加快，但与上年同期均在6.3%以上的增长水平相比仍存在一定差距。前三季度，全国服务业生产指数同比下降2.6%，

虽然降幅较上半年显著收窄 3.5 个百分点，但较上年同期 7% 的增速仍有较大差距，服务业恢复至疫情前水平仍需时日。

从需求端看，"三驾马车"动力均有所增强，但是仍然面临较大不确定性。从投资来看，前三季度，固定资产投资同比增长 0.8%，增速年内首次由负转正。其中，房地产投资保持强劲，前三季度，房地产开发投资同比增长 5.6%，较 1~8 月加快 1.0 个百分点，明显高于市场预期；制造业投资乏力，前三季度，制造业投资同比下降 6.5%；基建投资略显疲软，前三季度，基建投资同比增长 0.2%，1~8 月同比下降 0.3%。截至 9 月底，2020 年已发行新增专项债券 33655 亿元，仅剩 3845 亿元尚未发行。应该说项目资金来源基本能够保障，但并未大幅拉动基建投资增速，其原因：一方面是形成实物工作量尚需时间，另一方面可能缺乏好的项目支撑。从消费来看，前三季度，社会消费品零售总额 273324 亿元，同比下降 7.2%。当前消费的支撑点主要来自汽车消费和高端消费。7~9 月三个月，限额以上汽车类商品零售额同比增长保持在 11% 以上的高水平。事实上，剔除这些高端消费，整个消费的持续性还存在较大的不稳定性。从出口来看，前三季度，中国外贸进出口总额 12670.5 亿美元，同比增长 6.3%。其中，出口 7126.4 亿美元，同比增长 8.8%；进口 5543.9 亿美元，同比增长 3.2%；贸易顺差 1582.5 亿美元，前值顺差 1546.6 亿美元。从具体出口产品看，抗疫物资、居家办公品表现相对较好，而中国出口的最大宗商品——机电产品实际上还是负增长。从价格指数来看，9 月，CPI 同比增长 1.7%，较 1 月高点下滑 3.7 个百分点；9 月，PPI 同比下降 2.1%，降幅较 2 月扩大了 1.6 个百分点，PPI 持续 8 个月负增长，处于通缩状态。

综合考虑到中国经济仍处在恢复进程中，持续复苏向好基础仍需巩固，常态化防控不会放松，甚至可能加强，经济完全正常化仍有难度。四季度，工业增加值能否持续保持高位主要取决于需求端能否持续修复。

四 推进中国工业经济高质量发展的政策建议

疫情叠加外部环境不确定性，2020 年四季度中国工业经济仍面临较大下

行压力。因此，今后一段时间，中国工业经济发展需要平衡短期应对与中长期发展。一方面短期应对疫情对工业经济冲击，通过扩需求特别是扩内需，努力实现工业经济平稳增长；另一方面继续深化供给侧结构性改革，推动工业经济高质量发展。

（一）做好"六稳"和"六保"，推动工业经济稳步回升

疫情叠加外部环境不确定性，四季度中国工业经济仍面临较大下行压力。下一步，应继续扎实做好"六稳"工作，全面落实"六保"任务，不断巩固工业经济稳定回升的态势。

扩大内需不仅是应对新冠肺炎疫情冲击、恢复工业经济增长的有效举措，而且是保持中国经济长期平稳健康发展的战略部署。一是稳定有效投资。加大5G网络、数据中心等新型基础设施投资力度，加快新型城镇化建设，加强交通、水利等重大工程建设，提高投资的精准性和有效性。进一步调动社会资本的配资热情，提高基建投资使用效率。二是全力推动消费提升。稳定和扩大居民消费，促进消费回补和潜力释放，推进线上线下深度融合，促进消费新业态、新模式、新场景的普及应用。三是紧抓国际疫后恢复机遇，鼓励企业拓展国际市场，支持适销对路出口产品开拓国内市场，打通国内国际两个市场两种资源，实现国内国际双循环相互促进。

优化信贷结构，支持实体经济融资。全面支持实体经济特别是制造业融资，不仅可以达到"稳投资"短期目的，更有助于"提升产业竞争力"长期目标的实现。一是调整信贷结构，加大对实体经济的融资力度，确保对非金融类组织的贷款占比超过六成，大幅度增加对制造企业的中长期贷款。二是完善信用体系，进一步压低银行风险溢价，努力拓宽民营企业多元化融资渠道，鼓励金融企业科技创新，降低实体经济金融服务成本。

加强分类指导，精准帮扶企业纾困，确保企业平稳运转。一方面落地落实各项惠企政策措施，包括进一步加大金融对中小企业的支持力度，减轻中小企业负担，确保各项优惠政策应享尽享，增强中小企业获得感；另一方面

培育中小企业生存和发展的内生活力和动力，引导中小企业专注细分领域，走专精特新的发展道路。

（二）继续深化供给侧结构性改革，推动工业经济高质量发展

如果说上半年工业经济的突出表现是将"脱轨"的中国工业经济拉回既定轨道，那么下半年以来中国工业经济则在求"稳"的同时，需要适时适度的以求"进"解决中国工业的结构性问题，实现工业经济高质量发展。一是依托"中国制造2025""互联网+"推动传统产业转型升级。引导传统产业智能化发展，提高企业研发、生产、管理和服务的智能化水平。推动传统产业由生产型制造向服务型制造转变，促进制造业服务化转型。支持和鼓励传统产业企业利用互联网技术实现商业模式和管理方式创新，提高企业盈利能力。激励企业加大技术改造投资和研发投入，推动企业劳动生产率持续增长，提高竞争力，实现产业转型升级。二是集中突破"卡脖子"关键技术，有序推进新兴产业发展。加快构建以企业为主体的产学研用机制，集中破除制约产业进一步发展壮大的关键基础材料、核心基础零部件（元器件）以及先进基础工艺瓶颈。加强科技研发与市场需求的紧密结合，优化战略性新兴产业空间布局，推动战略性新兴产业高水平产业集群发展，促进战略性新兴产业技术和产品的推广应用。三是建立防范机制，规避低水平重复建设。进一步加强规划布局，完善配套措施，同时建立防范机制，引导地方加强对重大项目建设的风险认识，按照"谁支持、谁负责"原则，对造成重大损失或引起重大风险的予以通报问责。

（三）强化改革与创新引擎，助力工业经济速度与质量并进

面对当前外部环境不确定、不稳定因素不断增加和国内经济下行压力加大的挑战，优化营商环境已经成为激发市场主体活力以及实现"六稳"目标的重要抓手。一是营造公平、公正、透明、稳定的法治环境。保障契约执行，严格保护投资者等各类市场主体的合法权益，严格保护知识产权，严格保护消费者权益，积极推进破产体系建设。坚持依法行政，进一步规范执法行为，完善执法体系。确保各类企业（不同所有制、不同规模、不同区域）平等享受法律保

护,公平参与市场竞争,依法平等使用生产要素,平等承担社会责任。二是推进建设更高水平开放型经济新体制,实施更大范围、更宽领域、更深层次的全面开放。借鉴上海自贸区经验及参考世界贸易组织《贸易便利化协定》,设定与全球贸易投资接轨的高标准规则。加快引入国际通行的行业规范、管理标准和营商规则。深入推进"放管服"改革,进一步放开市场准入,推动实施市场准入负面清单制度,推动落实"非禁即入",有效扩大民间投资。落实《外商投资准入特别管理措施(负面清单)(2020年版)》和《自由贸易试验区外商投资准入特别管理措施(负面清单)(2020年版)》,围绕进出口管理与投资事项,厘清各部门的职责与管理机制,精简审核事项与流程,避免重复监管。三是加快建立各类市场主体和各级政府官员"激励与约束相容"的体制机制,充分调动民营企业、国有企业、外资企业、地方政府的投资和发展积极性。四是整合共享政务信息系统,加快国家数据共享交换平台建设,扩大数据共享范围,提升审批服务效率,营造更加便利的政务环境。

参考文献

刘勇:《新时代传统产业转型升级:动力、路径与政策》,《学习与探索》2018年第11期。

江飞涛:《应高度重视传统制造业高质量发展》,《中国经贸导刊》2020年第14期。

中国社会科学院工业经济研究所课题组:《"十四五"时期我国工业的重要作用、战略任务与重点领域》,《经济日报》2020年7月13日。

李思辉:《百亿级芯片项目"烂尾",警惕"千军万马一哄而上"》,新华每日电讯微信公众号,2020年10月26日。

中国钢铁工业协会:《当前钢铁行业面临产能扩张冲动明显等三大问题》,http://www.mpi1972.com/xwzx/xyyw_451/201904/t20190425_83046.html,2019年4月25日。

B.14
中国工业运行分析及 2021 年发展趋势判断

解三明　张亚丽　张　洁[*]

摘　要：2020 年下半年以来，国民经济运行延续复苏态势，工业经济实现
　　　　了"V"形增长，主要支撑行业特别是装备制造业持续好转，工业
　　　　产品出口实现正增长，出厂价格指数的下降幅度逐步收窄。地区
　　　　经济均衡发力，保证了工业增长速度在三季度恢复至上年同期水
　　　　平。但工业企业效益仍处于负增长状态，对企业投资信心和预期
　　　　影响较大。预计 2020 年工业增加值增速略高于国民经济（GDP）
　　　　增速，2021 年工业增加值增速较 GDP 增速略低或持平。

关键词：工业运行　制造业　工业企业

一　工业运行特点分析

（一）国内经济运行情况分析

国民经济运行延续复苏态势。2020 年前三季度，GDP 同比增长 0.7%，
上半年为下降 1.6%，累计增速年内首次实现由负转正。核心支撑行业持续好
转。工业生产逐季恢复，前三季度规模以上工业增加值同比增长 1.2%，9 月
同比增长 6.9%，达到 2020 年以来最高点。服务业持续回暖复苏，前三季度
服务业增加值同比增长 0.4%，9 月全国服务业生产指数同比增长 5.4%，连

---

* 解三明，工业和信息化部运行监测协调局研究员；张亚丽，中国电子信息产业发展研究院
高级工程师；张洁，中国信息通信研究院高级工程师。

续 5 个月保持增长。就业基本稳定。前三季度城镇新增就业 898 万人，基本完成全年的目标任务。9 月全国城镇调查失业率为 5.4%，较上月下降了 0.2 个百分点。物价涨势温和。前三季度居民消费价格（CPI）同比上涨 3.3%，9 月同比上涨 1.7%。货币政策总体稳健。9 月末，广义货币供应量（M2）增长 10.9%，增速比上月末提高 0.5 个百分点。前三季度人民币贷款增加 16.26 万亿元，同比多增 2.63 万亿元。财政收支有所下降。1~9 月，全国一般公共预算收入 141002 亿元，同比下降 6.4%；一般公共预算支出 175185 亿元，同比下降 1.9%。综合分析，复工复产进展顺利，生产生活秩序逐步好转，国内宏观环境持续稳定恢复。

（二）工业增速逐季回升

工业增速逐季回升。2020 年 1~9 月，规模以上工业增加值同比增长 1.2%。分季度看，一季度下降 8.4%，二季度增长 4.4%（4 月、5 月、6 月分别增长 3.9%、4.4% 和 4.8%），三季度增长 5.8%（7 月、8 月、9 月分别增长 4.8%、5.6% 和 6.9%），呈逐季回升态势。分三大门类看，1~9 月，采矿业增加值同比下降 0.6%，降幅较上半年收窄 0.5 个百分点，制造业以及电力、热力、燃气及水生产和供应业分别增长 1.7%、0.8%（上半年分别为下降 1.4% 和 0.9%）；9 月，三大门类分别增长 2.2%、7.6%、4.5%，其中制造业较上月回升 1.6 个百分点，高于上年同期 2.0 个百分点。可见，制造业的较快回升有力支撑了工业生产稳步恢复，复产水平不断提高。

四大板块增长集体加快，东部和东北地区涨幅较大。9 月，东部地区工业同比增长 8%，较上月提高 1.2 个百分点；中部地区同比增长 6.5%，较上月提高 1.1 个百分点；西部地区同比增长 4.7%，较上月提高 0.2 个百分点；东北地区同比增长 8.5%，较上月提高 1.9 个百分点。

（三）工业和制造业投资降幅进一步收窄

随着国内疫情得到有效控制和经济社会秩序有序恢复，在一系列稳投资政策的作用下，投资项目建设持续加快。一是工业和制造业投资降幅收窄。

前三季度，工业投资同比下降 3.3%，降幅比 1~8 月收窄 1.2 个百分点；制造业投资逐步恢复，制造业投资同比下降 6.5%，降幅比 1~8 月收窄 1.6 个百分点。其中，装备制造业投资降幅收窄 1.6 个百分点，消费品制造业投资降幅收窄 2.2 个百分点，高耗能制造业投资降幅收窄 0.8 个百分点。二是高技术制造业投资加快。前三季度同比增长 9.3%，增速比 1~8 月加快 0.5 个百分点。其中，医药制造业投资增长 21.2%，计算机及办公设备制造业投资增长 9.3%，电子及通信设备制造业投资增长 7.4%，医疗仪器设备及仪器仪表制造业投资增长 4.1%。

（四）进出口明显好于预期

2020 年前三季度，稳外贸政策效应持续显现，进出口明显好于预期。据海关统计，前三季度，中国货物贸易进出口总额 23.12 万亿元（人民币），比上年同期增长 0.7%。其中，出口 12.71 万亿元，增长 1.8%；进口 10.41 万亿元，下降 0.6%。具体来看，一是外贸进出口逐季回稳，累计增速转负为正。2020 年一、二季度，中国进出口增速分别为 -6.5%、-0.2%，三季度中国进出口 8.88 万亿元，同比增长 7.5%，其中出口 5 万亿元，增长 10.2%，进口 3.88 万亿元，增长 4.3%。三季度进出口总额、出口总额、进口总额均创下近年来季度历史新高。前 8 个月累计出口实现正增长，前三季度累计进出口实现正增长。二是民营企业进出口增长明显，外贸"稳定器"作用更加突出。前三季度，我国民营企业进出口 10.66 万亿元，增长 10.2%，占中国外贸总额的 46.1%，比上年同期提升 4 个百分点。外商投资企业进出口 8.91 万亿元，占比为 38.5%。国有企业进出口 3.46 万亿元，占比为 15%。三是对主要贸易伙伴进出口保持增长，东盟为中国第一大贸易伙伴。前三季度，对东盟、欧盟、美国、日本、韩国进出口分别为 3.38 万亿元、3.23 万亿元、2.82 万亿元、1.61 万亿元、1.45 万亿元，同比分别增长 7.7%、2.9%、2%、1.4%、1.1%。其中，东盟为中国第一大贸易伙伴，占中国外贸总额的 14.6%。此外，中国对"一带一路"沿线国家进出口 6.75 万亿元，增长 1.5%。四是机电产品出口增速由负转正，防疫物资出口增长较快。前三季度，中国机电产品出口 7.46 万亿元，

同比增长 3.2%，增速较上半年提升 5.5 个百分点，占出口总额的 58.7%。其中，疫情对生活方式的改变带动笔记本电脑、家电出口同比分别增长 17.6%、17.3%。同时，纺织服装等七大类劳动密集型产品出口 2.59 万亿元，增长 5.4%，其中包括口罩在内的纺织品出口 8287.8 亿元，增长 37.5%。

（五）工业企业利润稳步回升

2020 年 1~9 月，规模以上工业企业实现利润 43665.0 亿元，同比下降 2.4%，降幅比 1~8 月收窄 2.0 个百分点。一是工业企业利润增速逐季加快。增速由一季度下降 36.7%，到二季度增长 4.8%，再到三季度加快增长至 15.9%，呈现"由降转升、增长加快"的走势。新增利润最多的行业主要是：汽车制造业增长 53.8%，有色金属冶炼和压延加工业增长 52.0%，黑色金属冶炼和压延加工业增长 39.1%，通用设备制造业增长 32.4%，电力、热力生产和供应业增长 22.4%，电气机械和器材制造业增长 16.8%，这六个行业合计拉动三季度规模以上工业企业利润同比增长 10.0 个百分点。二是单位成本下降，盈利能力增强。三季度，规模以上工业企业每百元营业收入中的成本比二季度下降 0.71 元，比上年同期下降 0.53 元，有效缓解了上半年成本大幅上升给企业生产经营带来的压力。企业盈利能力明显增强，三季度，规模以上工业企业营业收入利润率同比提高 0.64 个百分点，在二季度同比增速由降转升的基础上提升幅度进一步加大。

（六）世界经济运行情况分析

从发达国家经济景气程度看，美国经济增速未达到预期。2020 年 9 月美国制造业 PMI 为 55.4，环比下降 0.6 个点，比预期少 1 个点。美国经济从衰退中复苏的势头正在减弱，制造业 PMI 进一步回落可能性较大。欧洲经济景气程度有所回升。9 月，欧元区制造业 PMI 为 53.7，与上月相比上升 2 个点，为两年来最高。在新订单和出口的带动下，欧元区制造业复苏势头进一步提升。但随着第二波疫情高峰的到来，有可能导致 10 月商业活动加速下滑。日本制造业数据小幅改善。日本 9 月制造业 PMI 录得 47.7，虽然连续 17 个月萎

缩，但较前月继续改善。英国制造业活动小幅下降。9 月，英国制造业 PMI
由前值 54.3 下降至 54.1，稍有回落。随着国内和海外市场的岗位增加，英国
制造业产量和新订单都有所增长。从新兴经济体经济景气程度看。俄罗斯制
造业略有回落，9 月制造业 PMI 小幅下跌，由 8 月的 51.1 降至 48.9。巴西制
造业小幅上涨。巴西制造业 PMI 从 8 月的 64.7 小幅上涨至 64.9，再创新高，
连续 6 个月实现增长。印度制造业快速上涨。印度 9 月制造业 PMI 由 8 月的
52 上升至 56.8。综合上述分析，全球制造业保持良好复苏势头，需求订单量
全面回升，国际贸易正逐渐从疫情的冲击中恢复。但多国新冠肺炎疫情出现
反弹、部分国家仍未得到有效控制，经济增长依然存在较大不确定性。

二　工业运行因素分析

（一）有利因素

1. 中国工业基本面稳定向好

"十三五"时期以来中国工业经济总体处于稳步换档期，特别是 2020 年
以来，国家陆续颁布多项税费优惠政策，出台《关于以新业态新模式引领新
型消费加快发展的意见》等政策刺激消费提质升级，推进完善中小企业发展
制度，进一步为企业松绑减负，激发企业活力，并针对集成电路产业、软件
产业等关键行业领域制定财税、投融资、研发、人才支持等政策，优化产业
发展环境。一系列的减费降税、惠企惠民政策将为工业经济良好运转提供政
策空间和自由度。

2. 装备制造业和高技术制造业增势持续较好，有力地支撑了工
业增长

一是装备制造业增长加快，其带动作用进一步增强。三季度，装备制造
业增加值同比增长 11.8%，较二季度加快 2.3 个百分点，高于上年同期 6.7 个
百分点，对工业生产增长的带动作用凸显。9 月，装备制造业增长 11.6%，较
上月继续加快 0.8 个百分点，拉动工业生产增长 3.8 个百分点。其中，汽车行
业延续快速增长态势，9 月增速为 16.4%，较上月加快 1.6 个百分点；新能源

汽车生产和消费从年初低点逐步加速恢复,产量增速大幅升至51.1%。金属制品、通用设备、电气机械行业生产继续加快,增速均在12%以上。电子、专用设备行业保持8%的较快增长。二是高技术制造业保持较快增长,新兴产品增长强劲。三季度,高技术制造业增加值同比增长8.4%,高于上年同期水平。9月,高技术制造业增长7.8%,较上月有所回升,其中医疗仪器、电子通信设备连续6个月保持8%以上较快增长。新兴产品增长动力强劲,9月,3D打印设备、平衡车、服务机器人、智能手表等新兴智能产品继续保持70%以上的高速增长,城市轨道车辆、充电桩等新基建产品增速均在20%以上。

3. 产能利用率逐季提升,工业企业复产持续好转

一是产能利用率环比、同比均回升。三季度,全国工业产能利用率为76.7%,较二季度回升2.3个百分点,较上年同期回升0.3个百分点,已恢复到近年较高水平。41个大类行业中,有38个行业产能利用率较二季度提高,有26个行业产能利用率超过上年同期水平。其中,装备制造业产能利用率达到78.6%,汽车、电气机械、金属制品、通用设备制造业产能利用率回升到76.6%~80.9%的较高水平。前三季度,全国工业产能利用率为73.1%,较上半年提升2.0个百分点。二是二季度以来工业企业复产达产速度加快。截至9月下旬,有73.2%的企业达到正常生产水平八成以上,较6月中旬上升4.8个百分点,部分企业持续满负荷生产,规模以上工业企业开工情况整体接近正常水平。

4. 消费市场持续好转,新业态消费增长较快

2020年9月,社会消费品零售总额同比名义增长3.3%,增速较上月加快2.8个百分点,市场销售连续两个月同比正增长,月度增速连续七个月提高。在有效防控疫情的背景下,扩大内需政策成效显现。一是消费基础总体良好。前三季度全国人均可支配收入同比增长0.6%,与GDP增速基本相当。随着居民收入逐步恢复,市场销售将持续改善。二是新业态消费增长较快。前三季度,全国实物商品网上零售额同比增长15.3%,增速比上半年加快1.0个百分点,实物商品网上零售额占社会消费品零售总额的比重为24.3%,成为消费增长的有力支撑。

5. 工业投资降幅收窄

2020 年 1~9 月,全国固定资产投资同比增长 0.8%,增速实现年内首次转正。工业投资同比下降 3.3%,降幅比 1~8 月收窄 1.2 个百分点,呈现明显的回暖态势。一是投资结构持续优化。前三季度高技术制造业投资同比增长 9.3%,增速比 1~8 月加快 0.5 个百分点。二是"新基建"持续挖掘市场投资潜力。三是宏观刺激政策陆续出台为持续扩大有效投资提供良好的保障。前三季度,地方政府债券累计发行 56789 亿元,同比增长超三成。为激发市场主体活力,国家层面出台提供小微企业信用贷款支持政策,强化中小微企业金融服务。

6. 外贸形势总体回稳

2020 年前三季度,外贸出口回稳向好、好于预期。一是出口结构优化。前三季度机电产品出口增长 3.2%,增速较上半年提升 5.5 个百分点,笔记本电脑、家电等产品出口同比增速均超过 17%,汽车零部件、化工品出口也有所改善。二是新业态新模式进入快车道。前三季度跨境电商进出口、市场采购贸易出口分别增长 52.8% 和 35.5%,市场主体活力加快释放。三是外贸环境不确定性较大。疫情期间,部分发达国家加快"逆全球化"进程,向区域化发展,国际经贸关系存在一定变数,外部安全环境风险和隐患增多。

(二)不利因素

1. 制造业投资动力不足

一是企业效益持续下降影响投资信心。2019 年以来,中国工业企业盈利能力下降,2020 年一季度、上半年的实现利润情况更是呈现两位数的负增长。尽管前三季度工业企业利润持续稳定恢复,但当前累计工业企业营业收入和利润增速均尚未转正,应收账款和产成品存货增速仍然较高,企业利润持续向好基础仍需巩固。二是国际疫情蔓延直接影响中国实际利用外商直接投资规模。当前,各国为应对疫情出台的各类管控措施,使跨境投资活动受到明显抑制或延迟,投资效率大幅降低。日本和美国等发达国家纷纷借机鼓励跨国企业从中国回流,打乱中国利用外资步伐。国际疫情蔓延导致全球金融市场震荡下行,增加跨境投资的金融风险,进而影响中国利用外资。

2. 工业企业经营困难仍未有效缓解

近年来，劳动力成本和融资成本较高，节能环保达标压力持续加大，企业生产和经营成本居高不下，部分行业仍然面临"去库存化""去产能化"压力，全国工业企业利润连续两年位于负增长区间。同时，疫情下众多中小微企业直接面临歇业、裁员、破产等状况，市场主体活力还有待激发。出口保持高速增长压力加大。2020年三季度出口超预期增长弥补了消费低迷，投资承担了逆周期调节作用，但主要拉动力量是防疫物资出口、居家办公带来的"宅经济"产品出口以及二季度和三季度欧美深陷疫情带来的中国生产替代效应。随着欧美经济逐步恢复、疫苗大面积使用，未来中国出口保持高增长压力加大。

3. 全球贸易放缓，出口不确定性增加

一是全球经济深陷衰退，需求疲软。国际货币基金组织（IMF）发布最新《世界经济展望报告》预计，2020年全球经济将深度衰退，预测2020年全球经济将萎缩4.4%。10月21日发布的《地区经济展望》预计，2020年亚太地区经济活动将收缩2.2%。其原因是该地区主要新兴市场经济急剧收缩超出预期，尤其是印度、菲律宾和马来西亚。二是中美经贸摩擦仍存较大不确定性。当前，中美第一阶段经贸协议履约难度较大，可能导致中美关税战再度升级，不利于中国对美国出口。另外，美国将中国33家企业和机构列入"实体名单"，限制中国高科技领域中间品和技术进口，将间接影响到中国高技术产品生产及其下游制成品的出口。三是国际宏观环境存在较大不确定性。当前，发达国家疫情仍未得到有效控制，新兴市场和发展中经济体经济尚未有效恢复，全球需求总体较为疲软。与此同时，美国大选后的政策、局部地区冲突、经贸摩擦等也给国际经贸关系、国际大宗商品价格走势带来较大的不确定性。

三 工业增速模型预测及展望

本文分别利用SARIMA增速预测模型和SARIMA增速预测区间模型对2020年10~12月规模以上工业增加值进行预测。最后，根据经验判断和影响因素分析，结合模型的预测结果，预计 10~12 月，中国规模以上工业增加值同比分别增长 6.7%、6.5% 和 6.3%，预计 2020 年全年增速为 2.5%~2.7%。

展望 2021 年，全球疫情防控形势仍存在一定不确定性，世界贸易组织（WTO）发布的《贸易统计与展望》指出，尽管全球贸易已从新冠肺炎疫情引发的深度衰退中出现反弹迹象，但全球复苏进程仍有可能被持续的疫情影响所破坏。预测 2020 年全球商品贸易量将下降 9.2%，2021 年全球商品贸易量将增长 7.2%。全球贸易实际表现将取决于疫情演变和各国政府对疫情的反应。国际货币基金组织（IMF）发布的《地区经济展望》显示，由于中国二季度国民经济反弹速度快于预期，2020 年的经济增长预期被上调至 1.9%，预计 2021 年经济增长将进一步回升至 8.2%。总体来看，基于上文对国内外经济形势的分析，结合有利因素和不利因素，我们预测 2020 年我国国民经济（GDP）将实现 2.2% 左右的增长，2021 年预期增长速度为 7.5% 左右。相应地，预测 2021 年我国工业经济持续恢复性增长，但也存在外部环境恶化下导致一定程度的增长压力，但随着国家宏观调控政策进一步发力，工业经济将整体保持平稳增长。预测 2021 年工业增长速度为 7%~7.5%，较国民经济（GDP）增长速度持平或低 0.5 个百分点左右。

四 对策建议

（一）积极融入"双循环"，助力制造业企业做大做强

应抓住新冠肺炎疫情的窗口期，深度参与全球产业链供应链重构，加快形成以国内大循环为主体、国内国际双循环相互促进的新发展格局，助力中国制造业企业继续做大做强。具体来说，一方面要立足国内大循环，鼓励和引导企业通过工业互联网平台等信息化手段，更好地开拓国内市场、挖掘潜在市场需求，加强成功模式和有益经验的总结推广；另一方面，积极融入国际大循环，引导龙头企业进一步整合国内外资源，通过兼并重组等手段提升企业规模，学习先进技术和管理经验，提升中国制造业企业的核心竞争力。

（二）刺激消费，积极拓展国外市场，加快完善出口转内销体制机制

一方面，商务部门和对外商会组织可帮扶出口依赖型企业，使其充分运用多种途径拓展国际市场。例如，各类跨境电商平台、社交平台和自媒体、新媒体渠道，以及有丰富外贸会展经验的公司等，要大力开展线上展销和线上洽谈交易。同时，可由银保监部门协调相关机构扩展疫情期间出运前保险责任，对受疫情影响的重点外贸企业，要加强出运前的风险保障。另一方面，面对国际市场的不确定性，通过激活国内市场，推动出口转内销，在一定程度上破解外向型企业的困境。但出口转内销会面临生产标准、市场需求等方面的差异，一些企业需转变产品设计、调整生产线，短期内可能会增加成本。为此，一是尽早出台必要的支持政策，包括国内国际标准转换衔接、减税降费、信贷支持等。二是加快搭建出口转内销供需对接平台，梳理整合产品信息，推动相关产品的销售。

B.15
中国服务业发展形势分析、展望及政策建议

张 巍[*]

摘　要：新冠肺炎疫情冲击下，服务业展现出了强大的韧性，新动能快速发展，新业态新模式不断涌现，投资结构和外贸结构逐步改善，对经济增长拉动作用持续增强，前三季度实现 0.4% 的正增长，服务业增加值占国内生产总值的比重为 55.4%。2021 年，随着各项政策的实施落地，新基建加速推进，以数字经济为代表的新兴服务业将进一步提速发展，但是也要注意到，短期内服务业面临的结构性失业问题难以消除，消费呈现边际放缓的态势。对此，应采取多种方式促进就业，提高居民收入夯实民生基础，落实好减税降费举措，加快培养服务业新业态新模式，努力为服务业健康发展创造有利条件。

关键词：服务业　新业态　消费

一　服务业稳步恢复，结构优化步伐加快

（一）服务业生产经营稳步复苏

总的来看，受到疫情冲击后，服务业各行业能迅速调整发展模式，保持各项指标平稳回复，对经济平稳复苏发挥了较强的带动作用。

---

* 张巍，财政部政策研究室社会处调研员。

服务业对经济增长的带动作用增强。前三季度，中国服务业增加值增速呈现逐季好转的态势，当季分别实现增加值 12.2 万亿元、13.5 万亿元和 14.2 万亿元，同比增长 -5.2%、1.9% 和 4.3%，前三季度服务业增加值实现累计增长 0.4%，服务业增加值占国内生产总值比重为 55.4%，比上年同期提高 0.3 个百分点，高出第二产业 17.5 个百分点。市场主体发展活跃，前三季度工商新登记服务业企业 435.8 万户，同比增长 8.4%，占全部工商新登记企业数量的 80.4%。

服务业生产经营持续回暖。受到疫情影响，服务业生产指数同比增长在 2020 年 2 月出现了历史低点 -13%，此后逐渐好转，在 5 月增速由负转正，实现连续 5 个月正增长，9 月当月服务业生产指数同比增长 5.4%，仅低于上年同期 1.3 个百分点。从投资看，服务业固定资产投资增速年内低点出现在 2 月，下降 23%，3 月以来降幅逐渐收窄，从三季度开始服务业固定资产投资增速实现正增长，1~9 月，服务业固定资产投资完成额累计 29.8 万亿元，同比增长 2.3%。从收入情况看，1~8 月，规模以上服务业企业营业收入同比下降 2.5%，降幅比二季度收窄 3.9 个百分点，比一季度收窄 9.0 个百分点，其中规模以上高技术服务业、科技服务业和战略性新兴服务业企业营业收入同比分别增长 9.2%、7.9% 和 6.0%。

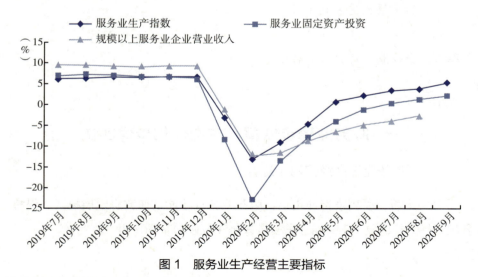

图 1 服务业生产经营主要指标

资料来源：根据国家统计局公布数据整理。

（二）服务业新动能带动作用明显

金融支持实体经济力度加大。前三季度金融业增加值增长 7.0%，增速比上半年提高 0.4 个百分点。信贷投放增加，前三季度社会融资规模累计增量 29.62 万亿元，比上年同期多增 9.01 万亿元，9 月当月社会融资规模增量 3.48 万亿元，比上年同期多增 9630 亿。9 月末不含房地产的服务业中长期贷款余额增长 17.3%，是 2018 年以来的最高点。对受疫情影响较大行业的金融支持力度加大，9 月末批发和零售业中长期贷款余额同比增长 15.2%，交通运输、仓储和邮政业中长期贷款余额同比增长 13.4%，文化、体育和娱乐行业中长期贷款余额同比增长 7.3%，卫生行业中长期贷款余额同比增长 21.1%。9 月末普惠小微贷款余额 14.6 万亿元，同比增长 29.6%，增速比上年末提高 6.5 个百分点，连续 7 个月创新高。

表 1　中国服务业主要行业生产指数同比增速

单位：%

时间	服务业	信息传输、软件和信息技术服务业	金融业	房地产业
2020 年 2 月	−13.0	3.8	4.5	
2020 年 3 月	−9.1	8.2	3.8	
2020 年 4 月	−4.5	5.2	4.4	1.1
2020 年 5 月	1.0	12.9	5.2	7.1
2020 年 6 月	2.3	13.7	7.5	3.9
2020 年 7 月	3.5	13.7	10.4	7.8
2020 年 8 月	4.0	13.8		9.4
2020 年 9 月	5.4	16.2	8.3	

资料来源：根据国家统计局各月数据整理，有部分月度数据缺失。

互联网、数字经济逆势发力。前三季度，信息传输、软件和信息技术服务业增加值同比增长 15.9%，高于同期服务业增加值增速 15.5 个百分点；9 月，信息传输、软件和信息技术服务业生产指数同比增长 16.2%，快于全国服务业生产指数同比增速 10.8 个百分点。受疫情影响，线上消费加速普及，在

线教育、远程办公等线上服务需求旺盛，1~9月，全国移动互联网累计流量达1184亿GB；同比增长33.5%，1~8月规模以上互联网和相关服务、软件和信息技术服务业企业营业收入同比分别增长17.1%和13.8%。网络消费、平台消费、智能消费等需求持续释放，2020年前三季度，全国实物商品网上零售总额66476.9亿元，同比增长15.3%，增速比上半年加快1.0个百分点，实物商品网上零售额占社会消费品零售总额的比重为24.3%。疫情期间跨境电商企业发挥"不接触"优势，跨境电商零售进出口逆势增长，为中小微企业开拓海外市场发挥了积极作用，2020年上半年，中国通过海关跨境电商管理平台进出口增长26.2%。

（三）服务业高技术投资稳中有进

2020年以来，中国高技术服务业投资增速明显快于服务业整体固定资产投资增速，2月增速下降20.8%，此后降幅收窄，5月开始转为正增长，7月达到了年内高点9.1%，此后虽有所回落，但9月还是实现了8.7%的增速，高于同期服务业固定资产投资增速6.4个百分点。

表2　主要高技术服务业行业投资增速

单位：%

时间	服务业固定资产投资	高技术服务业	电子商务服务业	科技成果转化服务业	信息服务业	高技术服务业实际使用外资
2020年2月	−23.0	−20.8				45.5
2020年3月	−13.5	−9.0	39.6	17.4		15.5
2020年4月	−7.8	−1.7	25.6	28.0		
2020年5月	−3.9	0.5	25.4	25.2		
2020年6月	−1.0	7.2	32.0	21.8	9.4	19.2
2020年7月	—	9.1	26.4	24.4	14.2	27.4
2020年8月	1.5	7.2	29.7	18.2	15.2	28.2
2020年9月	2.3	8.7	20.4	16.8	16.9	26.4

资料来源：根据国家统计局各月数据整理，有部分月度数据缺失。

分结构看，2020 年服务业高技术投资中，发挥主要带动作用的行业出现了变化，电子商务服务业继续领跑，科技成果转化服务业和信息服务业代替研发与设计服务业成为新的投资动力。2020 年以来电子商务服务业增速一直保持在 20% 以上，9 月增速为 20.4%，高于同期高技术服务业增速 11.7 个百分点；得益于 2020 年信息化"互联网＋"的快速发展，2020 年的信息服务业呈现了快速增长的态势，6 月增速 9.4%，9 月增速达到了 16.9%。2020 年高技术服务业投资的另一个重要特点就是科技成果转化服务业异军突起，9 月增速达到了 16.8%，表明随着新技术、新产业、新业态加速成长，中国科技创新经济融合加深，科技成果转化加快，带动了相关投资的快速增长。

高技术服务业是外商企业对华投资热门选项，前三季度，服务业实际使用外资 5596.8 亿元，同比增长 15%；高技术服务业实际使用外资同比增长 26.4%，其中电子商务服务业、专业技术服务业、研发与设计服务业、科技成果转化服务业实际使用外资同比分别增长 18.5%、92.5%、72.8%、31.2%。

（四）服务贸易结构优化步伐加快

服务贸易规模有所下降，服务出口整体好于服务进口。2020 年前 8 个月，中国服务进出口总额 29896.2 亿元人民币，同比下降 16.3%。中国服务贸易规模下降主要是受到旅行服务的影响，叠加新冠肺炎疫情等因素影响，1~8 月，中国旅行服务进出口 7248.9 亿元，下降 45.8%，其中出口下降 42.5%，进口下降 46.2%，剔除旅行服务，1~8 月中国服务进出口与上年同期基本持平。分结构看，服务出口表现明显好于进口，1~8 月服务出口总额 12370 亿元，下降 2.2%，服务进口总额 17526.2 亿元，下降 24%，服务出口降幅小于进口降幅。2020 年以来，服务贸易出口增速远高于服务贸易进口增速，带动服务贸易逆差持续下降，截至 8 月底，服务贸易逆差 5156.2 亿元，下降 50.6%，同比减少 5275.2 亿元。

服务贸易结构调整升级速度加快。2020 年以来，尽管受到疫情和中美经贸摩擦等因素叠加带来的严重冲击，知识密集型服务贸易始终呈现较好发展态势。1~8 月，知识密集型服务进出口 13173.9 亿元，增长 8.5%，占服务进出

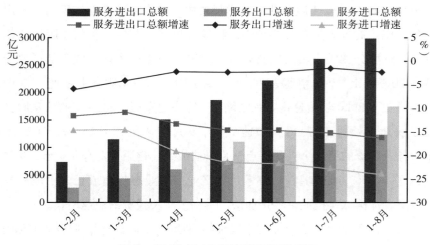

图 2　2020 年中国服务贸易相关情况

资料来源：根据商务部各月数据整理。

口总额的比重达到 44.1%，较上年同期提升 10.1 个百分点。其中，知识密集型服务出口 6928.9 亿元，增长 8.5%，占服务出口总额的比重达到 56%，较上年同期提升 5.5 个百分点；出口增长较快的领域是知识产权使用费、电信计算机和信息服务、保险服务，分别增长 29.9%、15.8%、13.4%。知识密集型服务进口 6245 亿元，增长 8.5%，占服务进口总额的比重达到 35.6%，较上年同期提升 10.7 个百分点；进口增长较快的领域是金融服务、电信计算机和信息服务、保险服务，分别增长 26.7%、25.3%、20.1%。

二　当前服务业运行存在的突出问题

（一）生产性服务业需求增长动力不足

中国生产性服务业整体发展明显滞后，供给质量不高、市场化程度较低，2018 年，中国生产性服务业增加值占 GDP 比重只有 22%，远低于发达国家的 70% 的水平。受到疫情影响，中国工业生产大幅下挫，三季度末实现 1.2% 的增长，尽管复工复产稳步推进，制造业投资仍然呈现弱复苏态势，三季度末制造业固定资产投资完成额下降 6.9%，表明中国工业生产下行压力加大。在企业经营不景气的情况下，生产性服务消费很容易成为首先被压缩的对象，容易导致与传统产业相关的服务业尤其是生产性服务业增长动力弱化，特别是与工业生产关系密切的研发设计、融资租赁等新兴服务业的发展将会受到较大影响，以研发与设计服务业投资为例，2019 年研发与设计服务业投资增长 29.1%，2020 年上半年仅增长了 4.5%。

（二）服务业结构性失业短期难以改善

接触性服务业是受到疫情冲击最大、影响时间最长的行业之一，从从业人员指数看，2020 年以来，服务业从业人员指数一直低于 50%，最低值为 2 月的 38.9%，年初至今始终维持在 2013 年以来同期最低水平，7 月以来，服务业从业人员指数 3 个月连续上涨，在 9 月达到了年内高点 48.1%。但需要注意，指数高涨主要源于房地产业快速反弹带来的相关就业增长，从建筑业从业人员指数看，在 2 月下降到历史低点后，建筑业从业人员指数迅速反弹，并在 5 月达到了历史高点 58.8%，此后虽有所回落，但是仍然维持在 54%~55%，9 月当月为 54.6%，反映当前服务业特别是生活性服务业就业压力仍大。

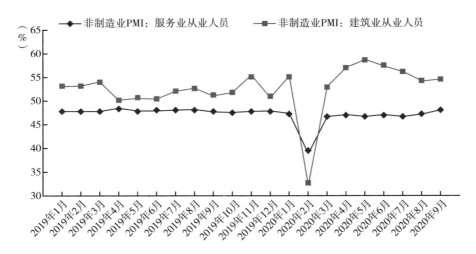

图 3　中国服务业和建筑业从业人员指数

从线下实体店的数据看，接触性服务业仍然没有实现正增长，前三季度，百货店、专业店和专卖店商品零售额分别下降16.6%、9.2%和6.8%；三季度，餐饮收入同比下降6.9%，其中，9月餐饮收入下降2.9%。据测算，受到消费需求下降的影响，餐饮和旅游等行业有五六千万人没有就业，[①] 即使中国已经复工复产，疫情防控导致接触性消费恢复缓慢，服务业结构性失业问题仍然比较严重。

（三）服务贸易抵御外贸风险能力有待加强

无论出口还是进口，中国服务贸易都以传统的旅游、运输等行业作为支撑，主要属于资源型和劳动密集型产业，而知识产权、电影音像、咨询等新兴服务行业所占比重较小，新兴服务占中国服务贸易总额的35%左右，无法逆转以旅行服务为代表的传统服务贸易下降大势。疫情导致中国旅行服务受到重创，2020年的疫情及各国采取的严格限制人员跨境流动的措施严重影响世界范围内旅行服务进出口，旅行服务下降幅度不断扩大，1~8月，中国旅行服务进出口7248.9亿元，下降45.8%，降幅比1~7月扩大1.2个百分点，其中，出口下降42.5%，进口下降46.2%，成为中国服务贸易下降的主要因素。

三 服务业发展趋势展望

新冠肺炎疫情发生以来，服务业短期内受到一定影响，但从中长期看，疫情难以改变服务业加快发展、创新发展的大趋势，特别是在疫情防控中一些新的服务需求和供给应运而生，对稳定服务业增长起到重要作用，并且在很大程度上反映了未来市场需求和技术创新的方向。

（一）政策落地保障服务业快速增长

5月国务院发布《关于新时代加快完善社会主义市场经济体制的意见》，

---

① 祝宝良：《财政、货币政策应该在三个方面做出适当的调整》，https://finance.ifeng.com/c/7ySPjxfirFI，2020年7月27日。

全面推进中国金融对外开放。7月十五部门发布《关于进一步促进服务型制造发展的指导意见》，大力推动先进制造业和现代服务业深度融合发展。国家发展改革委2019年发布《关于新时代服务业高质量发展的指导意见》，对2025年前的服务业高质量发展提出了要求。在服务业开放方面，国家发展改革委2019年发布《关于进一步推进服务业改革开放发展的指导意见》，分类放宽服务业准入限制，构建监管体系，深化重点领域改革。商务部发布《全面深化服务贸易创新发展试点总体方案》，加快制订全国版跨境服务贸易负面清单，推进全面深化服务贸易创新发展试点和服务外包示范城市建设。2021年是"十四五"规划开局之年，各项服务业高质量发展政策将逐步推进实施，政策的落实落地落细，将极大帮助服务业企业增强信心、加速复工复产，推动中国服务业持续稳定高质量发展。

（二）新基建将极大完善服务业发展基础

一是新基建将极大完善服务业基础。新基建主要包括信息基础设施、融合基础设施、创新基础设施三个方面，旨在完善数字经济时代的关键基础设施，信息传输、软件和信息服务业以及科学研究、技术服务等行业成为新基建投资的重要方向，随着国内疫情防控逐步有序到位和政策红利充分释放，以5G、数据中心、人工智能、工业互联网为主的数字"新基建"将迎来发展窗口期，极大地完善服务业的基础，为数字服务业的创新和广泛应用带来更大发展空间。二是新基建有助于公共服务的快速发展。地方政府专项债和抗疫特别国债使用的范畴除了基建投资的三个行业之外，还包括职业教育和托幼、医疗、养老等民生服务，以及公共卫生和重大疫情防控救治体系建设，应急物资保障体系建设，城镇老旧小区改造，这些领域的资金投入会增加教育、卫生和社会工作行业，甚至是房地产行业的固定资产投资，促进相关服务业的快速发展。三是新基建有助于服务业数字化。服务业在国内生产总值中的占比已超过半壁江山，但由于以中小企业和个体商户为主，受制于规模小、布局散等特点，目前还有80%的服务业没有数字化。新基建将让服务业数字化，并加快向全产业链渗透，网络

和数字技术正在从客户引流、在线订单、售后服务等前端环节向供应链管理、人员管理、运营决策等后端环节渗透，通过打通前后端数据，增强联动，推动企业管理效能提升。

（三）疫情催生服务业发展新模式新业态

疫情催生了 2020 年中国"宅经济"的爆发式增长，新需求和新供给应运而生，"互联网 +"成为企业和用户首选的解决方案，带来了一系列新产品、新应用、新模式。例如，旅游行业方面，利用线上旅游、云端展览等线上化的技术提供无接触的服务，催生了分散化、个性化、定制化、预约化的旅游新模式，为旅游业重启和经济复苏打开新的机遇之门，疫情倒逼旅游业构建更加完善的旅游消费链和旅游服务体系，以"云旅游"为代表的数字文旅产业的兴起，推动了文旅产业结构优化和轻型升级，旅游业呈现了低密度与高质量发展的新常态。交通运输行业方面，部分快递公司针对用户新需求，加快生鲜产品冷库与网销产品仓储网点建设，大力发展农产品"生鲜电商 + 冷链宅配""中央厨房 + 食材冷链配送"等新模式，完善产地预冷集配、低温加工仓储配送设施。社会服务业方面，疫情倒逼养老行业加快革新以求自救，部分养老驿站社区在小区封闭区间，通过社区网上生活物品购物频道实现了销售收入的大幅增加；开发针对康复对象进行远程康复指导的 App，发展了大批线下稳定用户；鼓励养老机构开展在线服务，进行健康宣传指导、居家学观察指导等，并与线上网站融合发展，推动养老行业平台企业发展，推动要素和用户的有效整合。

（四）数字经济是后疫情时代的发展方向

一是中国数字经济发展全面提速。从国家层面到各地各部门，再到各行业企业，危中寻机加快数字化转型正在成为共识。据测算，在不考虑疫情影响的情况下，数字化转型可使制造业企业成本降低 17.6%、营收增加 22.6%，使物流服务业成本降低 34.2%、营收增加 33.6%，使零售业成本降低 7.8%、营收增加 33.3%。① 随着 5G 网络、数据中心等新基建的加快建设，人工智能、区块链、云计算、大数据、边缘计算、物联网等数字技术将更为广泛地应用实施，数字经济继续成为中国经济的新动能和新增长点。二是企业数字化转型需求增加。领先的制造企业将依托数字化平台，打通设计、生产、物流、运维、金融等产业链环节，紧密连接配套企业和用户，以增强产业链协同，强化生态控制；中小企业将追求轻量化，减小经营成本，企业的数字化运维以及法务、财务、知识产权等辅助性业务外包空间更大，企业云化趋势更强，数据中台、云服务以及各种在线专业化服务将迎来机遇。

（五）居民消费将呈现缓慢复苏态势

一是居民收入增长放缓制约消费能力恢复。前三季度，全国居民人均可支配收入 23781 元，比上年同期名义增长 3.9%，扣除价格因素，实际增速为 0.6%，其中，城镇居民人均可支配收入 32821 元，增长 2.8%，扣除价格因素，实际下降 0.3%，农村居民人均可支配收入 12297 元，增长 5.8%，扣除价格因素，实际仅增长 1.6%。二是居民负债率的持续提升，会对消费形成挤出。据央行统计，截至 2020 年三季度，中国住户部门总债务余额为 61.4 万亿元，若计入来自非银行机构的贷款，负债率还会更高，而住户部门的中长期贷款一般以购房贷款为主，从 2020 年分季度增幅看，2020 年一季度中长期住户部门贷款新增 1.21 万亿元，二季度新增 1.59 万亿元，三季度新增 1.8 万亿元，居民可支配收入的较大部分被房贷支出挤占，子女教育、大病医疗、养老等支出压力较大，严重影响了居民消费潜力释放。三是海外疫情仍然存在输入型风险，且国内开始出现局部反复，居民警惕性依然较高，对于线下消费仍然存在一定程度的压制。以比较典型的接触性服务业——餐饮业为例，前三季度，限额以上餐饮收入同比下降 6.9%，尽管 9 月中国已经放开了绝大多数地区的出行管控，9 月餐饮收入仍然下降 2.9%，预计整体消费的恢复还是会贴近疫情的增长曲线，在疫情完全结束前，消费将呈现缓慢恢复的趋势。

① 国家发展和改革委员会：《推进中小微企业数字化转型，培育数字经济发展》，http://www.stats.gov.cn/tjsj/sjjd/202010/t20201020_1795007.html，2020 年 6 月 5 日。

四 政策建议

在疫情防控常态化前提下，统筹推进疫情防控和经济社会发展，要着眼长远、化危为机，采取更加积极有效的措施，加快服务业恢复稳定增长。

（一）积极培育服务业新业态新模式

紧抓数字经济发展红利，大力培育新热点、新消费。一是深化5G技术场景融合应用，加快关键核心技术研发，积极发展在线办公、在线教育、在线医疗等新业态、新模式。二是以消费品工业为主导，通过线上平台推广＋商家直播促销方式，探索互联网销售新模式。鼓励线上线下融合等新消费模式发展，鼓励运用大数据、云计算、人工智能等新技术手段，加快智能服务、无接触配送、无接触自取等新供给方式发展。三是探索金融、科技服务和相关产业的深度融合，建成一批产业融合示范项目，利用金融科技手段更好地服务实体经济。四是强化平台支撑和流通体系建设。推广应用物联网、云计算、大数据及条形码等信息技术，强化大型农产品批发市场、农贸市场、大型电商平台和社区电商综合服务平台建设，支持商贸企业利用App、小程序等维护和拓展客户，鼓励发展平台经济、共享经济、跨境电商、外贸综合服务等新业态。

加快拓展服务外贸新业态。一是推进跨境电商综试区建设，促进传统外贸企业与跨境电商平台融合发展，引导重点跨境电商产业园区发展网红直播、短视频等新型商业模式，充分利用线上下单、"不见面"交易等优势积极拓展业务。二是培育知名跨境电商进口平台及综合服务企业，从平台建设、融资贴息、出口信保、通关便利化等方面着手，加大对外贸综合服务企业支持力度，带动周边地区商品出口。三是更大力度支持在相关国家，特别是重要贸易国家和地区建设一批高质量的海外仓，发挥企业国际营销体系公共服务平台作用，整合各类境外展会资源，积极扩大出口订单成交规模。

（二）采取多种方式积极促进就业

创新就业机制。进一步发挥线上服务和共享经济吸纳就业的"蓄水池"

作用，进一步明确灵活用工政策，鼓励服务业企业开展共享员工、兼职、非全日制就业等灵活就业方式探索。创新保障模式，支持企业实施综合工时制和适当放宽非全日制员工每天工作时间限制，探索周薪制，完善劳动合同制度及社保缴纳规定。

创造更多农民工就地就近就业岗位。一是引导农民工积极投身新产业新业态。加快实施职业技能提升行动，设立农民工转岗转业培训专项，支持地方政府与行业龙头企业合作，对输出地农民工开展现代农业、农村电商等领域技能培训，并按规定发放培训补贴，鼓励引导农民工就业创业。二是加强农村基础设施建设带动就业。引导地方加大农村公路、小型水利、垃圾污水处理公共卫生、冷链物流等农村基础设施建设领域投资力度，新上一批带动就业能力强的项目，优先吸纳本地无法外出的农民工。

强化就业的信息化引导。一是加快提升就业服务信息化水平。推进乡村公共就业服务全程信息化，打造线上线下一体的服务模式，推动大数据等新技术应用，加快推进就业服务数字化转型，建设突破时空限制、功能完备、便捷高效的智能化服务平台，提高服务效能。二是不断完善供求信息匹配对接机制。加强人力资源市场供求监测，利用微信、微博等互联网渠道，建立完善常态化、高效率的供求信息发布和对接机制，及时将信息传递给用人单位和失业人员等求职者。

（三）巩固和扩大居民的消费基础

稳定居民收入。积极落实个税改革方案，减少工薪阶层的税收负担；推动公共服务均等化改革，提高公共服务的可获得性；针对2020年收入波动风险，做好针对低收入阶层的消费补贴预案，防止宏观经济波动对低收入阶层的过度波动。制定对中产阶层消费启动战略，特别是消费升级的促进战略，重视中产阶层家庭杠杆率的过快上升，尊重杠杆率的演化规律，通过建立相应的债务风险缓释机制，促进消费平稳增长。探索新的消费券发放模式，消费券发放要注重普适性，可与现金发放结合，增加米面油等民生相关产品的消费券发放以及对低保人员的现金补贴。

完善国内消费环境。一是完善免税购物政策。扩大国内免税店试点范围，允许国内居民出境前在国内免税店购物预定、出境后或者进境时在口岸隔离区提货。延长曾有出境记录的消费者在免税店"补购"期限。提高进境免税店购物限额。对免税商品推行负面清单管理。二是放开跨境零售线下自提业务，优化退货通路。进一步提升消费体验，应允许跨境零售实行"门店展示、线上交易、门店自提"。放开准予退货的条件，延长准予退货的时限，为企业在保税仓内二次理货提供政策支持。三是优化节假日制度。在保持节假日天数总体稳定前提下通过调休来增加加长版的小长假。四是鼓励创新，完善旅游服务。鼓励有能力的地方发放旅游消费券，抵减景点门票、住宿和餐饮费用，更多让利于消费者。鼓励发展夜间经济，延长重点旅游景区的营业时间和热门文化场所的开放时间，有效分流游客，提升旅游体验。

参考文献

财政部:《"六保"财政政策措施问答》，http://www.mof.gov.cn/zhengwuxinxi/caizhengxinwen/ 202007/t20200716_3550843.htm，2020年7月1日。

国家发展和改革委员会:《推进中小微企业数字化转型，培育数字经济发展》，https://www.ndrc.gov.cn/xwdt/ztzl/szhzxhbxd/xdcy/202006/t20200605_1230420.html，2020年6月5日。

商务部:《2020年1~8月服务贸易发展情况》，http://www.stats.gov.cn/tjsj/sjjd/202010/t20201020_1795007.html，2020年10月20日。

国家统计局:《服务业稳步恢复 新动能快速发展》，http://www.stats.gov.cn/tjsj/sjjd/202010/t20201020_1795007.html，2020年10月20日。

祝宝良:《财政、货币政策应该在三个方面做出适当的调整》，https://finance.ifeng.com/c/7ySPjxfirFI，2020年7月27日。

投资、消费与对外贸易篇

Investment, Consumption and Foreign Trade

B.16

中国投资形势分析及 2021 年展望

张长春 *

摘　要：2020 年前三季度，各地区各部门统筹做好疫情防控与经济社会发展工作，投资增长快速恢复，有力地推动了经济增速由降转升。如果疫情、外部市场等方面不出现预期之外的大的变化，投资增速会继续保持回升势头，2021 年恢复至正常增长水平。今后一段时期，要通过支持社会投资稳定产业链供应链、用好政府投资为畅通循环夯实产业基础、拓展投资空间为畅通循环提供良好宏观环境、深化改革为投资畅通循环增添新动力等措施，保持投资合理增长，促进形成新发展格局。

---

* 张长春，中国宏观经济研究院投资研究所研究员，主要研究方向为投资政策、经济增长。

关键词：社会投资　政府投资　新型基础设施　要素配置市场化

一　投资增速由大幅下降恢复至正增长

2020年前三季度，各地区各部门统筹做好疫情防控与经济社会发展工作，投资增长快速恢复，有力地推动了经济增速由降转升。

（一）投资从谷底恢复至正增长

2020年初，受突如其来的新冠肺炎疫情严重冲击，全国许多地区的投资活动几乎停滞，投资完成额大幅下降，全国投资增速由2019年全年的5.4%大幅下降至2020年1~2月的-24.5%。各地区各部门认真贯彻落实中央一系列决策部署，打好疫情防控总体战、阻击战。同时，统筹推进疫情防控和经济社会发展工作，积极应对疫情，针对疫情中暴露出来的短板弱项加大投资支持力度，加快重大项目开复工进度，紧急安排中央预算内投资支持湖北等地公共卫生建设，部署加强投资项目远程审批服务和监测调度，出台帮扶服务业小微企业和个体工商户缓解房租压力等政策，综合施策扼制投资急速下滑势头。

随着国内疫情防控取得显著成效以及稳投资政策效果的显现，全国投资增速探底后快速回升，从1~2月的低谷逐渐回升到1~3月的-16.1%和1~6月的-3.1%，1~9月进一步回升到0.8%的正增长。分产业看，第一产业投资回升最快，同比增速由2020年1~2月的谷底-25.6%回升至1~9月的14.5%，高出2019年同期（-2.1%）16.6个百分点，也显著高于2019年全年（0.6%）增速；第二产业投资同比增速由2020年1~2月的谷底-25.2%回升至1~9月的-3.4%；第三产业投资同比增速由2020年1~2月的谷底-23%回升至1~9月的2.3%。分地区看，中部、西部地区投资增速经历了从2020年1~2月谷底大幅回升的过程。1~9月，中部地区投资增长-4.3%，但从2020年1~2月的谷底-32.7%回升了28.4个百分点，在四大区域中回升幅度最大；

西部地区投资增长 3.3%，从 2020 年 1~2 月的谷底 -25% 回升了 28.3 个百分点；东部、东北地区投资分别增长 2.5%、2.9%，从 2020 年 1~2 月谷底均经历了 22 个百分点左右的回升。

（二）市场化投资继续恢复

受疫情冲击和市场恢复进程影响，制造业投资以及制造业投资中占比较大的民间投资恢复相对缓慢。1~9 月，制造业投资同比下降 8.1%，相较于 1~6 月下降 11.7%、1~3 月下降 25.2%，下降幅度显著收窄。制造业中的医药制造业、黑色金属冶炼和压延加工业、计算机通信和其他电子设备制造业、石油煤炭及其他燃料加工业投资快速恢复，其中，受国内市场需求或出口需求带动，医药制造业投资增长 21.2%，计算机及办公设备制造业投资增长 9.3%，电子及通信设备制造业投资增长 7.4%。民间投资主要分布于制造业，制造业投资恢复较慢，民间投资恢复弱于整体投资。1~9 月，民间投资同比下降 1.5%，相较于 1~6 月下降 7.3%、1~3 月下降 18.8%，投资增长已有明显改善。

制造业、民间投资的市场化投融资机制相对健全，投资活动主要受市场预期影响。减税降费、金融服务、稳岗就业补助等一系列政策措施一定程度上缓解了疫情给企业生产经营带来的困难，有利于恢复企业信心。疫情催生了大量的市场需求和投资机遇。一些技术雄厚的制造业企业抓住了疫情带来的机会窗口，做出前瞻性的投资调整布局，加快创新和数字化转型，由此创造了新的投资需求。疫情扩散造成的全球制造业供应链紧张，增强了制造业外商投资的信心。但是，国内经济仍处于恢复之中，世界经济深度衰退，单边主义与贸易保护盛行，制造业、民间资本或在消化已有产能，或在等待观望市场进一步明朗，投资恢复到正常增长状态仍需时间。

（三）政府性投资持续回升

稳投资的政策措施通过扩大基础设施、公共服务等公共领域投资，稳定国内需求，稳定市场预期。在一系列逆周期政策干预下，1~9 月，基础设施投资增长 0.2%，其中，新型基础设施中的信息传输业投资增长 19.2%。为应对经济下行，国家上马了一批有利于强基础、利长远的交通基础设施补短板重大项目，1~9月，铁路运输业、道路运输业投资分别增长4.5%、3%。持续推进污染防治，1~9月，生态保护和环境治理投资增长4.7%。随着经济社会活动的快速恢复，电力、热力生产和供应业投资增长16.1%，燃气生产和供应业投资增长14.6%，水的生产和供应业投资增长22.7%。社会民生服务与普通群众的基本生活息息相关，也是此次应对疫情中政府投资重点支持的领域。1~9月，社会领域投资增长9.2%，远高于整体投资增速，其中，教育投资增长12.7%，卫生投资增长20.3%。

公共领域的投资主体是政府和国企，1~9月，反映这两类投资主体的国有控股投资同比增长7.3%，高于2019年同期增速3.3个百分点，高于2019年全年增速0.5个百分点。在社会投资急速大幅下滑时，扩大预算内投资、地方专项债券和抗疫特别国债等政策措施对推动投资增速快速回升发挥了至关重要的作用。这些公共投资既是当期做好"六稳"工作、落实"六保"任务必要的手段，也为今后长期发展打下了坚实的物质基础和人力资源基础。

（四）房地产开发投资较快增长

1~9月，全国房地产开发投资同比增长5.6%。从月度变化看，房地产开发投资由2019年全年增长9.9%急速下降至2020年1~2月的-16.3%，到1~6月投资增速回升至1.9%。7~9月三个月的月度投资增速分别达到11.7%、11.8%、12%，均超过2019年全年增速。从物业类型看，房地产开发投资增速快速回升主要来源于住宅投资增长，1~9月，住宅投资增长6.1%，办公楼投资增长0.5%，商业营业用房投资增长-2.5%。从区域看，西部地区房地产开发投资增长最快，1~9月，东部、中部、西部、东北地区房地产开发投资增速分别为6.5%、0.9%、8.1%、4.4%。

房屋建设和销售回升。1~9月，房地产开发企业房屋施工面积同比增长3.1%，其中，住宅施工面积增长4%。同期，商品房销售面积同比下降1.8%，其中，办公楼销售面积下降16.5%，商业营业用房销售面积下降15.3%，反映了商业办公活动仍面临不小困难，市场信心有待进一步恢复。

住房事关百姓安居，土地开发与销售影响城市政府财力，房地产是受政策深度干预的市场化配置资源领域。在经济恢复过程中，受商品房市场需求拉动和城市政府缓解财政收入压力推动，房地产开发投资和房屋销售快速回升。随着房地产金融审慎管理制度的实施，房地产企业资金监测和融资管理"三条红线"的划定，加上部分城市相继出台更严调控政策，未来房地产开发投资增长将会趋缓。

二 巩固投资回升势头有条件也有困难

2020 年四季度和 2021 年，随着稳投资政策的持续推出和落实，全国投资将继续保持回升势头，同时，长短期矛盾和问题交织，稳投资也存在诸多困难。

（一）保持投资合理增长具备现实基础

现阶段中国总储蓄率较高，投资较快增长具备坚实的基础。中国正处于新型工业化、信息化、城镇化、农业现代化同步发展阶段，中等收入群体扩大，消费不断升级，这些重大结构升级会为投资持续较快增长提供强劲动力，具体来看，今后一段时期有利于投资持续较快增长的主要因素如下。

形成强大国内市场为投资增长提供有力支撑。中国人口规模、中等收入人口规模大，即将成为全球最大的商品零售市场，是全球最有潜力的消费市场。农村居民和城镇居民之间人均收入和人均消费水平存在十年左右的差距，未来收入差距的逐渐缩小和城乡特别是农村消费升级会给消费、投资增长带来持久动力。新型消费带来的消费升级也将带动消费品投资持续较快增长。

全面振兴乡村带来广阔投资空间。加大农业水利设施建设力度和实施高标准农田建设工程，需要提升防汛抗旱能力，整治田块，整修田间道路，开展丘陵山区农田宜机化改造等。强化农业科技和装备支撑，需要完善现代农业支撑体系，增强农业科技创新能力，加强智慧乡村和数字乡村建设。实施

乡村建设行动，需要提升农村基础设施和公共服务能力，完善乡村水、电、路、气、通信、广播电视、物流等基础设施，需要因地制宜推进农村改厕、生活垃圾处理和污水治理，综合整治河湖水系，改善农村人居环境。乡村投资未来将持续保持较快增长态势。

推进区域协调发展和新型城镇化促进投资持续增长。构建国土空间开发保护新格局，需要优化重大基础设施布局。推动区域协调发展，将不同区域板块和重要轴带相结合，推动区域之间经济要素更有效率地联通和区域发展相互促进，推动产业投资和公共基础设施投资的持续增长。城市群、都市圈将成为投资集中增长区域，京津冀、长三角、珠三角、成渝、长江中游等主要城市群聚集了六成全国人口，贡献了八成经济总量，城市群与都市圈的发展壮大将带动投资持续快速增长。推进以人为核心的新型城镇化，需要加强城镇老旧小区改造和社区建设，增强城市防洪排涝能力，推进城市生态修复和功能完善。适应农民日益增加的县城就业安家需求，需要大力提升县城公共设施和公共服务能力，这将有力地促进遍布全国的县城投资。

制造业结构升级将带动制造业投资增长。2013~2019年，中国高技术制造业投资年均增速达到15%以上，2019年高技术制造业投资占制造业投资比重达到20.1%，近年来制造业投资中技术改造投资比重稳步上升。推动全产业链优化升级，打造新兴产业链，补齐产业链供应链短板，发展战略性新兴产业，系统布局新兴基础设施，将带动相关制造业投资快速增长。

增进民生福祉需要加强社会领域投入。明显提高基本公共服务均等化水平，需要推动基本公共服务向基层延伸、向农村覆盖、向边远地区和生活困难群众倾斜，需要重点加强基层、农村、边远地区的基本公共服务投入。健全公共服务体系为社会资本在教育、医疗、养老、文化、体育等领域提供优质高效供给，提供广阔的投资空间。持续改善生态环境需要不断加大生态保护和环境治理投入。

改革开放为投资增长注入新动力。破除阻碍要素自由流动的制度性障碍有利于提高投资收益，降低投资风险，为提升投资效率和效益提供制度性条件。中国抗疫成效显著，经济稳定恢复，成为吸收国际投资的重要优势。中国拥有全球最为完整的产业配套体系、越来越便利的融资环境、大量高素质劳动力、日益增强的创新能力，全面提高对外开放水平的一系列重要举措将进一步增强对外商投资的吸引力。

（二）稳投资面临诸多困难与问题

基础设施投资资金面临较大压力。2012~2017 年，基础设施投资增速基本保持在 16%~17%，2018~2019 年快速下滑到不足 4%，2020 年前三季度仅增长 0.2%，其中重要原因是：近年来随着经济下行压力增大，投资资金来源中预算资金明显下降，加之地方政府融资能力受限，PPP 承接公共投资能力不足，各地在基础设施特别是民生设施领域有项目，但资金筹措难度大，项目难以上马。

制造业投资增长困难较多。制造业产能还在恢复之中，企业利润下降，国内需求和出口需求预期不稳。随着国内消费逐步复苏以及海外需求进入传统购物季可能带动国内出口回暖，四季度的制造业投资增速降幅会继续收窄，但年内要实现由负转正仍有难度。

民间投资活力有待进一步释放。2004~2018 年，民间投资增速高于全国投资增速 5 个百分点以上。2010 年以后，受多重因素影响，民间投资增速下降。进入"十三五"时期，民间投资增速在 2016 年、2019 年低于全国投资增速。2020 年前三季度，民间投资增速低于全国投资增速 2.3 个百分点。民间投资占全国投资的比重由 2005 年的 35.6% 上升到 2018 年的 62% 后，2019 年下降至 55.9%，比历史上的最高比重 64.2%（2015 年）下降约 8 个百分点。民间投资增速及其占全国投资比重持续下降，其中有外部市场需求增长放缓的原因，但主要还是投资领域受限、融资渠道不畅、产权保护预期不稳等方面的原因。

要素保障不到位影响投资项目的实施进度。近年来各地均反映土地指标越来紧张，不少投资项目因缺少用地指标、用地手续办理时间长等无法落地实施或按时开工。部分高速公路、铁路等亟须建设的线性工程

因涉及占用生态红线而无法办理相关手续。同时，能耗指标短缺以及城市规划、国土空间规划调整困难等，都不同程度地影响着项目落地实施。此外，环保要求趋严，砂石等建材生产的管控和约束加强，一些地方在执行环保政策时采取"一刀切"做法，导致部分已开工项目中途停建或缓建。

投资审批制度有待完善。投资审批的科学化水平有待提高，基层投资审批人员配备和专业能力不足，重大项目审批中的公众参与机制不完善。投资审批制度规则不规范，审批过程透明度有待提高，进一步制约投资审批的科学化水平。基层投资项目往往是政府常务会议研究决定后交由投资主管部门审批，投资主管部门更多地履行程序性的可批性审批工作，审批责任难以落实到位。针对投资项目的前置审批事项仍然较多，不同部门之间协调和协同机制不完善，不同部门的审核内容存在不同程度重复，部门之间的信息共享也存在不及时、不协调等问题。

综合来看，一系列有利于投资增长的条件将为投资回归正常水平提供坚实基础，同时，投资领域存在的诸多困难和问题严重制约投资活力。如果未来疫情、外部市场等方面不出现预期之外的大的变化，2020年全年投资增速预计将回升至3%左右，2021年进一步回升到5%左右。

三　发挥投资对构建新发展格局的重要作用

构建新发展格局是根据发展环境和发展条件变化对中国经济社会发展所提出的总体要求，投资领域要将推动投资增速回升与拓展投资空间有机结合起来，促进形成新发展格局。

（一）支持社会投资稳定产业链供应链

针对当前面临的关键技术断供、部分产能外迁、出口萎缩影响上游产业等产业链供应链风险与问题，加快补齐产业链供应链短板，不断提升产业链供应链现代化水平。

支持社会资本加大科技创新投入，增强关键技术和产品自主供应能力。关键核心零部件和软件受制于人对发展和安全的影响面广，不确定性强，应对措施见效慢。即使科技力量强大如美国也无力解决所有关键核心零部件和软件的自主供给问题，从市场效率角度考虑也不宜全部依靠自己供应，而是垄断部分关键核心技术，与他国形成相互制衡格局就能显著减少断供风险，增强自主科研能力。一是对先发优势不显著的核心技术环节，重点从需求侧加大支持力度，引导供给侧加大研发投入，逐步缩小与国外先进水平的差距。二是对需要大量基础研究支撑、长期试验验证和经验积累、已建立产业生态系统等先发优势明显的技术领域，用稳定透明的支持政策，从供给和需求两侧持续支持，突破关键核心技术。三是形成激励原始创新的长效机制。尊重科技创新规律，激发创新主体创新积极性，形成崇尚原始创新制度政策体系。加大对企业投入基础研究的税收优惠力度，完善科技评价体系，优化科技奖励机制，优化收益分配政策。

"尽量留"和"跟着走"，适应供应链多元化趋势。部分国家供应链多元化导致国内部分产能外迁，增大中国劳动就业、居民收入、财政收入、经济增长等方面压力。随着相关企业的适应性调整和内需市场的恢复，产能外迁的负面影响会逐渐减少。一是"尽量留"。以更好的营商环境增强中国相对产能外迁地在成本、配套等方面优势，尽可能留住企业，特别是留住国际知名公司。二是鼓励国内企业跟着产能外迁到他国。这种做法虽不能留住产能，但国内企业走向境外有利于对外投资，有利于国民财富积累。供应链多元化已成为包括中国在内的世界主要经济体供应链布局的普遍特征，要引导企业积极适应这种供应链在全球布局的新趋势。

转向国内需求，尽量吸收因出口下降而出现的过剩产能。出口萎缩使出口企业近期面临较大困难，降低上下游产能利用率。一是通过简化内销认证和办税程序等措施帮助企业出口转内销。二是稳步推进共建"一带一路"，支持出口企业开辟出口替代市场，或到境外建厂。三是支持出口企业和相关上游企业更新改造、转产，帮助企业解决调整过程中的资金和人员转岗等困难。

（二）用好政府投资为畅通循环夯实产业基础

加强共性技术平台建设。支持产业共性技术研发平台、科研成果中试基地、检验检测公共服务平台建设，提升产业基础能力。支持信息基础设施、融合基础设施、创新基础设施的创新平台建设，推动产业数字转型、智能升级、融合创新。

探索以市场化手段实现国家战略的投资方式。支持行业龙头企业、转制院所企业等整合社会创新资源建设创新平台，突破跨行业跨领域的关键共性技术难题，推动基础研究和产业技术创新融合发展。探索重大科技基础设施建设运营多元投入机制，支持社会资本参与关键技术研发。严格政府出资产业投资基金的功能定位，促进建设良好产业链生态，弥补创新市场失灵，实现公共政策目标和经济效益目标的有机统一。推动军工领域竞争性环节向社会资本开放，支持部分军用技术向民用技术转移转化，鼓励共建军民共享技术攻关平台。

完善从需求侧提升产业链供应链水平的政策。对关键技术和设备的早期用户和实验性用户实施投资补助，加强关键核心零部件和软件国产替代的风险补偿。充分发挥需求侧政策引发的市场扭曲较少的优点，运用政府采购、使用者补助等培育壮大市场的措施，将供给侧技术和产品的优劣交由分散的使用者去评判，减少因政府直接挑选优胜者而可能出现的偏差和扭曲。

保持政策的稳定透明。针对关键技术创新投入大、风险高的特点，对需要支持的关键核心技术领域的不同所有制企业和不同技术路线，实施稳定透明的支持政策，促进创新者形成明确、稳定的政策预期，持续加大研发投入。在支持力度上既要避免违背规律，急于求成，导致大量低水平重复投资，也要保持一定力度，有效补偿创新研发风险。

（三）拓展投资空间为畅通循环提供良好宏观环境

优化投资结构，保持投资合理增长，发挥投资优化供给结构的关键性作用，促进经济稳定回升，以总供给能力和总需求规模的持续较快增长，为稳定产业链供应链和提升产业链供应链现代化水平提供不断扩大的市场环境。

保持投资合理增长。有效利用储蓄资源，服务国家重大战略，加快补齐基础设施、公共服务设施、农业农村、公共安全、生态环保、物资储备、防灾减灾等领域短板。继续落实减税降费政策，支持有意愿有能力的企业加大技术改造与研发投入，扩大战略性新兴产业投资。推进新型基础设施、新型城镇化、交通水利等重大工程，支持有利于促进城乡区域协调发展的重大项目建设。实施一批交通水利、星际探测、北斗产业化等领域的重大工程，推进一批强基础增功能利长远的重大项目建设。增强民间投资政策的精准性和有效性，切实解决长期制约民间投资发展的制度政策问题，释放民间投资积极性和创造性。盘活存量国有资产，形成投资良性循环。加强用地、用能等要素保障。大力发展多层次资本市场，健全多层次银行机构体系，保障重点领域、重大工程、重大项目的融资需求。深入推进投资建设领域"放管服"改革，不断创新投融资体制机制。以投资合理增长带动投资品市场规模不断扩大，有力促进经济回升，充分发挥增长潜力，为畅通循环提供良好市场环境。

促进投资消费良性互动。加强扶贫扶困投资，改善弱势群众的生产生活条件，增强消费能力。健全农村地区物流服务网络，提升运行效率，促进农村家电、汽车、电商消费。大力提升县城公共设施和服务能力，改善基层消费和投资环境。引导社会资本改善景区和特色旅游资源地区的旅游交通等设施，扩大文化旅游消费。鼓励社会资本投资教育、医疗、养老等领域，满足群众不断增长的高品质民生服务需求，提升人力资本质量。通过消费增长带动投资增长，实现投资消费相互促进和良性循环。

加强国内国际联通设施建设。聚焦关键通道、关键城市和关键项目，着力推动陆上、海上、天上、网上四位一体联通，与有关各方共建高质量、可持续、抗风险、价格合理、包容可及的基础设施。围绕产业发展的重点国际资源、海外产业布局和主要国际市场，加快国际物流通道、枢纽、网络体系建设，补齐境外支线物流网络等短板。完善边境口岸和内陆港相关交通基础设施网络和服务设施，建设一批具备综合配套功能的物流枢纽。加强与海上丝绸之路国家海运基础设施的联通。健全国际快件等航空货运设施。通过

联通基础设施和完善物流供应链体系，促进商品和服务进出口，畅通国际循环。

（四）推进要素市场化改革为投资畅通循环增添新动力

重点围绕土地、劳动力、资本、技术等基础性要素，推出对长期发展和科技创新具有广泛和深远影响的关键性改革，为投资增添新动力。

健全城乡统一的建设用地市场。全面推开农村土地征收制度改革，缩小土地征收范围。加快推进农村集体经营性建设用地入市试点，及时将试点经验和成果推向全国。探索宅基地所有权、资格权、使用权分置实现形式。推动农村集体建设用地与国有建设用地、农村宅基地与城镇住宅用地同地同权，促进实现同权同价。

畅通人口地域流动。推进基本公共服务和公共资源按照常住人口配置，试行以经常居住地登记户口制度。完善异地结算、钱随人走等制度安排，保障外来人口与本地居民平等享有基本公共服务。缩小地区间基本公共服务保障水平差距，大力推进省域内基本公共服务均等化。持续改善基层公共服务软硬条件，实现以县城和中心镇为中心的基本公共服务区域全覆盖和城乡均等化。健全城市内部公共资源配置决策机制，推进中心与外围、户籍人口与常住人口享有均等化基本公共服务。通过解除劳动者享有公共服务的身份和地域限制，提升劳动要素配置效率，激发创新创业潜能，释放消费潜力，带动投资增长。

释放社会资本活力。通过资源出租、服务提供等方式，优化新型基础设施盈利模式，拓展盈利空间，实现长期可持续运营。推动传统基建项目的综合开发，在高速公路、港口、高铁、电网、通信网络等项目建设中，结合政府补贴、项目周边土地开发、生态补偿收益、其他经营性资产收益等渠道，构建项目还款来源，提高项目投资价值，吸引社会资本参与。建议将国家支持的"新建铁路站场与土地综合开发项目统一联建"模式扩展应用到水利、交通、环境、市政、民生等项目建设中。推广社会资本增加优质民生供给的成功模式，完善社会办教育、医疗、养老机构在准入、医保、用地、财税、投融资、监管以及个人执业、职称、社保、科研等方面政策。探索城市更新盈利模式，充分利用闲置土地和简陋房屋进行再开发，明确界定小区增加面积产权以及小区停车位、幼儿园、托老所综合收益归属，增强对社会资本吸引力。通过健全体制政策，改变社会资本风险预期，激发社会投资活力。

推进技术要素配置市场化。探索建立融合军事与民用、政府与市场、国有与民营、国内与国外创新资源的新型举国创新体制。加强财政资金支持科技创新活动的成果导向管理，进一步简除烦苛，减轻科研人员在经费使用上的不必要负担。深化国有单位科技成果使用权、处置权和收益权改革。加强知识产权保护和运用。推动数据资源开发利用，加快培育数据要素市场。培育技术转移机构和技术经理人。健全天使投资、风险投资、股权投资政策，促进技术与资本结合。鼓励商业性金融机构采用知识产权质押、预期收益质押等新型融资支持方式。畅通海外科学家来华工作通道，为外籍人才在华创新创业和家庭生活提供便利。深化基础研究国际合作，探索科技创新国际合作新模式，鼓励知识技术要素跨境流动。通过知识技术要素配置市场化，提高科技创新投入效益，激发创新创业投资。

参考文献

《中共中央关于制定国民经济和社会发展第十四个五年规划和二〇三五年远景目标的建议》，2020 年 11 月。

国家发改委编写组：《合理扩大有效投资》，中国计划出版社，2020。

张长春等：《促进经济中高速增长的路径与对策》，社会科学文献出版社，2018。

张长春等：《中国生产率研究：现状、问题与对策》，社会科学文献出版社，2018。

张长春等：《投资：推动中国快速增长的强大动力》，人民出版社，2019。

应晓妮等：《发挥投资优化供给结构的关键性作用》，《中国经贸导刊》2019 年第 7 期。

B.17
中国消费市场形势分析与 2021 年展望

王 微 王 念*

摘 要: 消费是稳定国民经济增长的"压舱石"。2020 年初疫情的出现和快速蔓延,对中国消费的冲击巨大,突出表现为短期消费需求受到较大抑制,市场出现大幅下滑。进入三季度以来,随着复工复产复市全面推进,国民经济复苏持续加快,带动消费市场逐步加快复苏,推动线上消费、国货消费、回流消费等新消费热点加速发展。全球经济加快复苏、中国经济加快发展、国内消费市场环境持续改善,将有利于消费信心恢复、意愿增强、能力提升和环境优化,预计 2020 年四季度社会消费品零售总额将保持 3% 左右的增长,全年消费规模接近上年同期水平,消费拉动经济增长的作用也将稳步提升。

关键词: 消费市场 新消费 服务消费

一 消费大幅下滑态势得到基本遏制,复苏步伐逐步加快

2020 年初暴发的新冠肺炎疫情对中国消费带来巨大冲击,突出表现在短期消费需求受到较大抑制,市场出现大幅下滑。进入二季度以来,随着疫情

---

* 王微,国务院发展研究中心市场经济研究所研究员;王念,国务院发展研究中心市场经济研究所。

得到有效管控和"六保""六稳"等一系列政策的实施,国民经济复苏持续加快,带动消费市场逐步复苏,呈现商品快于服务、农村快于城镇、东中西部地区快于东北地区等分化趋势,消费大幅下滑态势总体得到有效遏制,全年有望恢复到上年同期水平。

(一)受疫情冲击较大,消费复苏先抑后扬

第一,大幅下滑态势得到基本抑制,复苏步伐逐步加快。受疫情冲击及隔离、减少出行等防控措施影响,2020年上半年消费市场受疫情冲击严重,曾一度出现大幅下滑态势。其中1~2月下滑幅度超过20%。随着疫情防控取得初步成效和复产复工的带动,3月以来消费市场开始复苏且步伐逐步加快。分月度来看,3~9月社会消费品零售总额同比增速连续7个月稳步上升,其中8月、9月增速分别为0.5%和3.3%,连续两个月实现正增长(见图1);分季度来看,二季度社会消费品零售总额达到93676.5亿元,同比下降3.9%,降幅比一季度大幅收窄15.1个百分点,市场大幅下滑的态势已基本得到遏制;三季度同比增长达到0.9%,成为年内季度增速首次回正。这说明消费市场复苏成效显著,开始进入缓慢增长轨道。

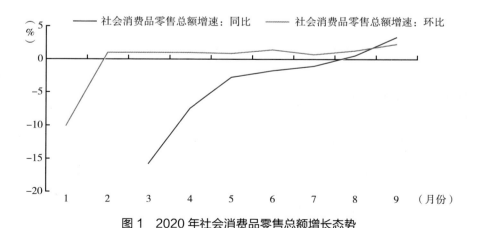

图1 2020年社会消费品零售总额增长态势

资料来源:国家统计局。

第二，消费对经济的贡献由负转正，拉动作用稳步增强。近年来消费已经成为中国拉动经济的第一动力。但在 2020 年一季度，消费对 GDP 的贡献为 −4.4 个百分点，成为拖累经济增长的最主要因素。二季度消费的动力作用进入恢复阶段，对 GDP 的拖累缩小到 −2.3 个百分点。进入三季度，最终消费对整个 GDP 的拉动作用由负转正，在当季增长 4.9% 中贡献了 1.7 个百分点，增长势头也开始超过投资和进出口。

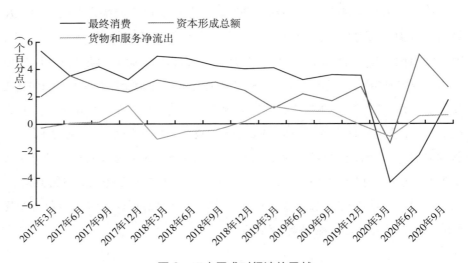

图 2　三大需求对经济的贡献

资料来源：国家统计局。

第三，消费市场供求总体平衡，价格水平呈波动回落态势。总体来看，疫情没有改变消费市场供求格局，前三季度 CPI 同比上涨 3.3%，涨幅比上半年回落 0.5 个百分点，总体呈现回落态势。分阶段来看，一季度市场供给受疫情影响较大，食品、药品及疫情防护用品、能源及部分原材料价格上涨较快。进入二季度后，受消费复苏滞后和国际疫情冲击外贸订单等因素影响，需求不足成为影响市场供求的首要因素，5~7 月当年价格因素对 CPI 的影响为负，为该指标近十年来首次为负，带动 CPI 逐步回落。9 月 CPI 同比上涨 1.7%，环比上涨 0.2%。此外，猪肉和蔬菜消费仍存在供不应求的压力，是推动居民消费价格上涨的重要结构性因素。

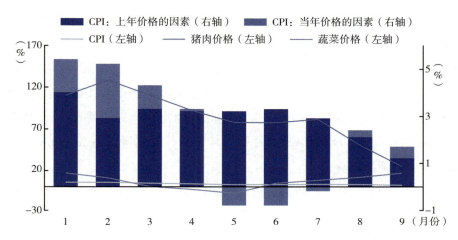

图 3　2020 年 1~9 月 CPI、猪肉、蔬菜价格及 CPI 影响因素

资料来源：国家统计局。

（二）刚性消费韧性凸显，消费复苏梯次渐进

第一，必需类[①]消费持续快速增长。疫情影响下，食品饮料、中西药品等消费对维持居民基本生活需要的重要性更加显著，需求具有刚性，疫情期间始终保持 10% 左右的较快增长。支付宝的网络消费数据显示，生存型消费 8 月同比增速为 12.9%，比享受型消费增速高 11.0 个百分点[②]。

第二，升级类消费逐步恢复增长。进入二季度，随着疫情得到有效控制、生产生活逐渐恢复，家电、建材装饰等大额商品消费开始较快复苏，

[①] 按需求层次，将商品消费分为必需类和升级类，汽车消费占比较大，因此单独统计。必需类主要是吃类商品，包括粮油食品、饮料、烟酒、中西药品等；升级类主要是穿、住、用类商品，包括服装鞋帽、针织纺织品、化妆品、金银珠宝、日用品、家用电器和音响器材、文化办公用品、家具、通信器材、石油及制品、建筑及装潢材料等。从结构看，前三季度必需类、升级类、汽车消费分别占比为 25.9%、44.1%、30.1%。统计范围是限上企业。

[②] 资料来源：支付宝 2020 年全国 10 亿多活跃用户 1~8 月的支付数据。按需求层次划分，生存型消费包括粮油食品、日用品、中西药等，享受型消费包括化妆品、体育娱乐、汽车、文化娱乐服务等。按消费内容划分，实物型消费包括吃、穿、住、用、行类商品，服务消费包括文化娱乐、医疗保健、生活服务、教育服务等。如无特殊说明，下文引用支付宝数据均为此口径。

逆转了年初 −30% 的大幅下降态势，迅速进入正增长轨道。三季度以来，升级类消费增速进一步加快，9 月化妆品类、金银珠宝类消费增速恢复到了两位数以上。由于各地出台购车补贴、放宽限购政策和加大促销力度，汽车消费明显改善，其中中高档汽车和新能源汽车消费增长更为迅速。据中国汽车工业协会统计，乘用车 9 月销量 208.8 万辆，同比增长 8%；其中，SUV 和新能源汽车分别为 98 万辆和 73.4 万辆，同比增长 16% 和 68%，均创同期历史新高。

第三，服务消费复苏依然缓慢。疫情以来，餐饮娱乐、旅游住宿、演艺影视等生活服务消费受到的冲击最为严重。上半年，由于各地对出行、社交距离等防控措施要求较为严格，服务消费复苏最为缓慢。以餐饮为例，上半年餐饮收入仅为 14609 亿元，同比下降 32.8%；进入三季度以来，餐饮、休闲、旅游等接触性、聚集性服务行业限制逐步放开，服务消费恢复增长的势头开始加快。以电影为例，8 月随着电影院限制的放宽，票房收入恢复至接近上年同期的一半，其中 8 月下旬票房收入的增速接近上年同期的 90% 左右，"十一"黄金周期间，电影票房达到历年国庆黄金周次高水平。9 月餐饮收入 3715 亿元，降幅大幅缩窄至 2.9%。

（三）城乡复苏交替加快，区域分化差异显现

第一，城乡市场复苏交替加快，乡村消费恢复情况略好于城镇。疫情之前，中国乡村消费增速始终高于城镇。但疫情打破了这一趋势，2020 年 3~9 月，有 3 月、6 月、8 月、9 月 4 个月乡村消费增速高于城镇，有 4 月、5 月、7 月 3 个月则是乡村消费增速低于城镇。三季度乡村消费品零售总额同比增长 1.3%，比二季度回升 5.2 个百分点，比同期城镇高 0.4 个百分点。其中，9 月乡村消费品零售总额同比增长 4.0%，比 8 月加快 3.3 个百分点，比同期城镇高 0.8 个百分点。城镇消费市场也在加快恢复，三季度城镇消费品零售总额同比增长 0.9%，实现年内首次转正。

第二，地区市场复苏态势分化，东部、中部、西部地区好于东北地区。东部和西部地区消费在一季度受疫情冲击比较严重，均同比下降 19 个百分点

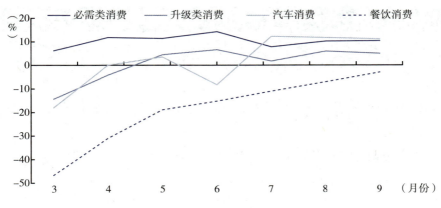

图 4　2020 年前三季度各类型消费恢复情况

资料来源：国家统计局。

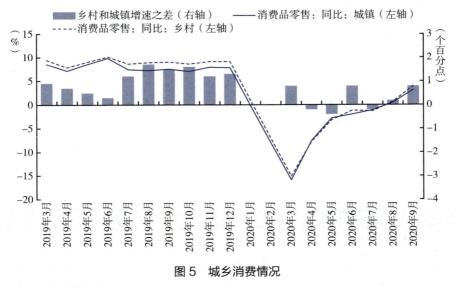

图 5　城乡消费情况

资料来源：国家统计局。

左右，但恢复速度相对较快，三季度降幅已缩窄至 7% 左右。中部地区一季
度受到的冲击最大，主要是湖北地区受疫情影响严重，同比下降 21.3%，但
恢复速度在各区域中最快，三季度降幅已缩窄至 8.5%。东北地区消费下滑情
况在四大板块中最为严重，恢复情况也相对不乐观（见表 1）。

表 1 东、中、西、东北地区消费增速情况

区域	一季度消费增速（%）	三季度消费增速（%）	三季度较一季度恢复程度*（个百分点）	三季度较一季度恢复速度**（个百分点）
东部	−19.5	−6.9	12.5	65.4
中部	−21.3	−8.5	12.8	68.7
西部	−19.2	−7.3	11.9	64.0
东北	−28.5	−14.3	14.2	49.9

注："*"，计算方法为用各省三季度增速减一季度增速，然后按东部、中部、西部、东北各区域计算各省算术平均值。"**"，计算方法为用各省恢复程度绝对值除以一季度增速降幅绝对值，然后按东部、中部、西部、东北各区域计算各省算术平均值。

资料来源：各省统计局。

第三，人口输出地复苏态势呈现前高后低，人口流入地复苏态势呈现前低后高。其中湖南、四川、河北等人口输出大省由于春节期间在外务工人员返乡并滞留，大量消费留在省内，对一季度消费形成一定支撑。随着复工复产推进和务工人员返城、消费流出，这些省份下半年消费恢复有所减缓。上海等城市居民消费水平高、经济秩序恢复较快，消费市场总体表现比较稳定。随着海南自贸港建设提速，海南省吸引了大量旅游消费，消费增势迅猛。北京等地由于疫情出现反复，加上防控措施相对严格，消费恢复受到影响（见表2）。

表 2 典型省份消费增速及恢复情况

项目		一季度增速	
		好于平均	慢于平均
恢复情况	好于平均	上海、河北、西藏	海南
	慢于平均	湖南、四川、云南、广西、宁夏	北京、天津、内蒙古、吉林

注：按一季度消费同比增速是否高于平均值，将各省划分为"好于平均"和"慢于平均"两类。按三季度消费增速较一季度恢复的绝对值，以及该绝对值与一季度的基础的比，作为衡量恢复情况的两条标准，按是否高于平均值，将各省划分为"好于平均"和"慢于平均"两类，得到表中结果。

资料来源：各省统计局。

二 疫情倒逼创新加速，新消费为经济复苏注入强大动力

当前，中国经济正处在从高速增长向高质量发展转型的关键阶段，居民消费呈现加快"提质、扩容、转型、分层和重塑"等一系列创新趋势。疫情虽然对中国消费市场形成巨大冲击，但也倒逼消费创新提速，新产品、新服务、新模式加速涌现，形成了新的消费热点，不仅有力地促进了消费复苏，也成为中国经济复苏和实现增长的新动力。

（一）线上消费全面提速

第一，实物消费线上化加速，渗透率大幅提升。疫情以来，网上零售始终保持了快速增长。前三季度，全国实物商品网上零售额实现 66477 亿元，同比增长 15.3%，其中 6 月增速 25.2%，达到全年最高点，明显好于同期社会消费品零售总额增长情况。前三季度实物商品网上零售额占社会消费品零售总额的比重为 24.3%，渗透率较上年末大幅提高 5 个百分点，增幅与2017~2019 年的水平相当。

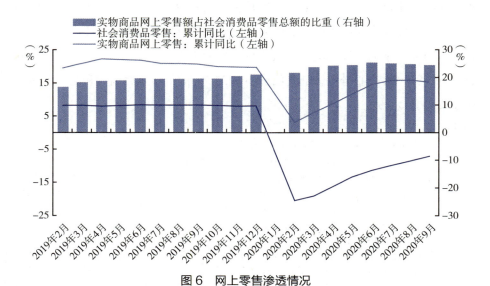

图 6 网上零售渗透情况

资料来源：国家统计局。

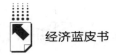

第二，服务消费向线上迁移，"无接触"服务加速创新。疫情期间，由于线下经营受阻，线上成为越来越多生活服务商户经营的新渠道，线上教育、医疗、娱乐、视听等一系列"无接触"互联网服务呈现爆发式增长。此外，传统服务商户加快通过数字化转型发展线上线下融合业务，实现了发展空间的拓展。以餐饮为例，疫情极大推动外卖、社区团购等消费模式普及，5月限额以上住宿和餐饮业企业通过互联网平台实现的餐饮收入同比增长超过20%。

第三，"直播带货"成为新亮点，营销方式创新快速涌现。直播以实时互动、声形并茂的特色，深受广大消费者特别是年轻消费者喜爱，截至2020年3月，中国直播用户规模达到5.60亿人，占总人口的40%，直播平台30岁以下用户占比超过65%。[1] 其中，抖音、快手等头部平台月活跃用户分别达5.18亿人和4.43亿人，约25%的用户每天、46%的用户每周观看。[2]

第四，线上支付和信贷消费的方式进一步普及。疫情期间，线下消费和现金支付受到抑制，网络支付、移动支付等线上支付模式在生活消费场景中的应用更为普及，居民无现金消费习惯已经基本养成。国庆假期，银联网络交易金额2.16万亿元，较上年同期增长6.3%；[3] 网联平台交易金额6.21万亿元，增长44%，[4] 网联平台交易金额约是银联网络交易金额的3倍。此外，互联网平台为更多低收入青年群体提供消费信贷支持，帮助其缓解流动性压力，青年用户在5万元以下的互联网消费信贷平台占比为18.7%，较信用卡和商业银行分别高6.2个、9.8个百分点；消费信贷还对35.3%的青年家庭创业和生意周转提供了支持。[5]

---

① 资料来源：网易科技，talkingdata，虎嗅，36氪。

② 《2020年上半年中国直播电商市场研究报告》，艾媒咨询，2020年10月。

③ 银联主要处理的是银行卡刷卡和转账支付。资料来源：《国庆长假前7天银联网络交易额2.16万亿元》，http://www.ce.cn/xwzx/gnsz/gdxw/202010/08/t20201008_35863669.shtml，2020年10月8日。

④ 网联主要处理的是非银行支付机构网络支付业务资金清算。资料来源：《网联平台：国庆中秋假期处理交易金额超7万亿元》，http://www.chinanews.com/cj/2020/10-09/9308713.shtml，2020年10月9日。

⑤ 资料来源：2020年一季度末，国务院发展研究中心市场经济研究所联合蚂蚁金服、西南财经大学中国家庭金融调查与研究中心合作开展的"2019年中国青年群体消费信贷问卷调查"，采取线上投放问卷的方式，对3万多名支付宝活跃用户进行调研。青年群体是指20~40岁人群。

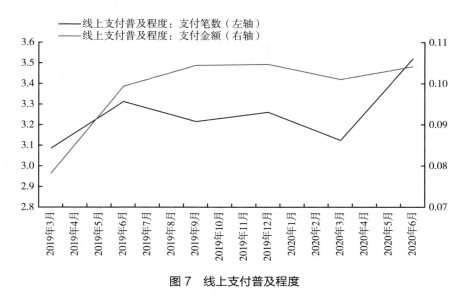

图 7　线上支付普及程度

注：支付笔数计算的是非银行支付机构与银行业金融机构电子支付笔数之比，支付金额计算的是非银行支付机构与银行业金融机构电子支付金额之比。

资料来源：中国人民银行。

（二）新消费带动作用凸显

2020 年，国货消费、健康消费、假日消费等新消费成为促进消费复苏的重要支撑。

第一，国货消费增长强劲。截至 2020 年 6 月，天猫商城线上国产品牌数量已经达到 2018 年的 2 倍，国产品牌的线上市场占有率已达到 72.0%。[1] 国产品牌中不仅有商务部在录的老字号品牌和品牌注册时间在 10 年以上的民族品牌，还包括品牌注册时间在 10 年以内的新锐品牌。尤其值得注意的是，新锐品牌近年来发展速度不断加快，天猫平台近 3 年增加了超过 10 万个新品牌，主要发展趋势：一是电商渠道以更高的流通效率缩短国产品牌的培育周期。以化妆品为例，互联网平台仅用三年时间就培育出"完美日记"这一国产品牌，其已经成为国产化妆品市场占有率排第一的新"头部"品牌。二是部分

---

[1]　阿里研究院：《2020 中国消费品牌发展报告》，2020 年 5 月。

国产消费品加快进入高端消费市场。以手机为例，2020 年 4 月，华为、vivo、OPPO 等三家国产手机品牌市场份额分别同比增长 3.9%、1.8% 和 1.2%，市场占有率达到 62.5%，而苹果手机市场份额下降 2.6%。[①] 再以汽车为例，9 月红旗汽车销量 2.15 万辆，同比增长 86%，远高于同期乘用车消费市场 8.0% 的平均增速。[②] 三是地方特色产品和小品牌成为深受消费者喜爱的特色国货。这些地方特色产品和小品牌，传统上处于市场边缘，借助新直播带货、地方特产专区等营销方式，成为能够直接与全国消费者"见面"的大众产品。四是国货产品更加重视中国消费者的消费体验。以小米为例，通过开发手机 App 帮助消费者对家用电子产品实现远程控制，有效提升了其使用的智能化水平和便捷度，2020 年 4 月底小米 App 月活跃用户规模达 212.2 万人，同比增长 142.2%。[③]

第二，健康消费成为消费市场的新亮点。疫情期间，消费者对于个人健康、卫生防疫、质量安全等的关注度提升，健康消费的理念得以全面普及，卫生防护用品、家用运动健身器材、保险产品等各类健康消费市场火爆。调查显示，有 37.6% 和 34.4% 的消费者分别将品质和卫生视为消费决策时的首要考虑因素，即使低收入人群也愿意为健康安全的商品支付更高的价格。[④] 健康消费需求并未随着疫情得到有效控制而下降，高达 80% 的消费者表示未来将继续关注饮食健康，75%、60% 及 59% 的消费者表示未来将分别增加运动和锻炼支出、定期体检支出及保险支出，表明健康消费正在成为大众消费的新选择，成为带动消费城市复苏的新动力。

第三，假期消费出现新变化。受疫情防控措施影响，2020 年无论是清明、端午、"五一"等小长假，还是超长"十一"黄金周，假期消费加快转变为以国内游、郊区游、自驾游、农家乐等短途游为主，这有利于促进本地城乡居民消费释放和回补。国庆 8 天假期间，全国零售和餐饮重点监测企业销售额约

---

① QuestMobile 研究院:《新国货崛起洞察报告：数字化助推"新国货"崛起，如何玩转流量闭环？》，2020 年 6 月。
② 资料来源：乘用车市场信息联席会。
③ QuestMobile 研究院:《新国货崛起洞察报告：数字化助推"新国货"崛起，如何玩转流量闭环？》，2020 年 6 月。
④ 资料来源于《第三只眼看零售》中的调查。

达 1.6 万亿元，日均销售额比上年"十一"黄金周增长 4.9%；^① 银联网络交易金额达到 25200 亿元，较上年国庆长假日均同比增长 8.3%。^② 相较之下，居民异地消费特别是跨省旅游消费恢复情况明显不及本地消费。国庆长假期间全国共接待国内游客 6.37 亿人次、实现国内旅游收入 4665.6 亿元，同比仅分别恢复 79.0% 和 69.9%。^③

（三）消费回流为消费市场复苏和提质扩容带来重要机遇

近年来，随着中国居民收入水平不断迈上新台阶，居民消费能力和需求层次快速提升，国内商品和服务供给尚无法充分满足中高端消费需求。在此背景下，中国居民大量中高端消费日益投向境外市场。文化和旅游部发布的《2019 年旅游市场基本情况》显示，中国公民出境旅游人次达到 1.55 亿人次，比上年同期增长 3.3%。初步测算，中国每年消费外流的规模高达 1.3 万亿元。^④

2020 年以来，受到海外疫情持续扩散和国际交通管制等因素制约，中国居民出境旅游和境外消费渠道受阻，消费回流成为中国消费市场复苏的重要支撑，免税市场和跨境电商成为吸引消费回流的重要载体。例如，2020 年海南自贸港建设进度加快，离境免税政策力度加大，吸引消费回流的成效极为显著。商务部数据显示，"十一"假期前 7 天，海南 4 家免税店零售额同比增长 167%，免税购物人次同比增长 64%；"十一"假期前 4 天，天猫国际跨境电商平台销售总额比"五一"假期增长 40%。同时，中国免税消费市场供给端也在加快发展。根据企查查《2020 年 Q3 企业发展大数据报告》，三季度免税行业企业注册量迎来指数级爆发，同比和环比增速最高，免税相关企业三季度新注册 1.1 万家，同比增长 7842.1%，环比增长 320.4%。

---

① http://www.mofcom.gov.cn/article/ae/ai/202010/20201003006215.shtml.
② https://cn.unionpay.com/upowhtml/cn/templates/newInfo/7885004da382485e8bde5a0ba000fdd3/20201009160707.html.
③ 资料来源：文化和旅游部数据中心。
④ 根据十三届全国人大一次会议新闻中心 2018 年 3 月 11 日记者会上商务部部长钟山部长回答记者问，初步估算，中国居民每年境外购物花费大约 2000 亿美元（按即期汇率 1 美元 =6.6527 元人民币换算，约 1.3 万亿元人民币）。

三 消费全面恢复和持续增长仍面临较大挑战

值得注意的是，虽然 2020 年前三季度消费复苏步伐不断加快，但仍整体滞后于经济复苏，滞后于工农业生产恢复，城乡居民消费能力和意愿趋于下降，不利于实现国民经济良性循环和促进经济稳步回升。

（一）消费复苏整体滞后于经济复苏

二季度以来，中国经济回暖态势明显，生产、投资及出口增速大幅回升。工业增加值同比增速从一季度的 -8.4% 回升至三季度的 6.0%，GDP 增长从一季度的 -6.8% 回升至三季度的 4.9%。前三季度，投资和出口均累计实现同比正增长，但消费市场尚未走出下行轨道，且较大幅度落后于工业生产及整体经济复苏。

（二）消费信心和消费倾向短期内难以扭转下降态势

第一，居民消费信心恢复较慢。受疫情影响，上半年消费信心持续下行，8 月末仍低于上年同期 5 个百分点。相当部分企业面临经营困难、停产歇业乃至倒闭等问题，导致居民就业和收入预期普遍下降，3~6 月就业信心持续快速下降，进一步推动消费预期和意愿快速下滑。同时，居民预防性储蓄动机大幅提升。根据人民银行统计，三季度城镇储户收入、就业、物价等信心指数低于上年同期 10 个百分点左右，而储蓄意愿远高于上年同期 10 个百分点。此外，对猪肉、蔬菜等持续涨价的担忧，以及对生鲜产品包装残留病毒的担心，也是影响居民消费特别是农产品消费信心的重要因素。

第二，居民消费倾向出现大幅下滑。三季度居民消费倾向仅为 62.8%，比上年同期下滑近 5 个百分点，相比一、二季度仅有小幅上升，是影响消费复苏速度的重要原因（见表 3）。从城乡对比来看，三季度城镇居民消费倾向同比降幅高于农村居民 1.4 个百分点左右；三季度末城镇居民消费倾向比一季

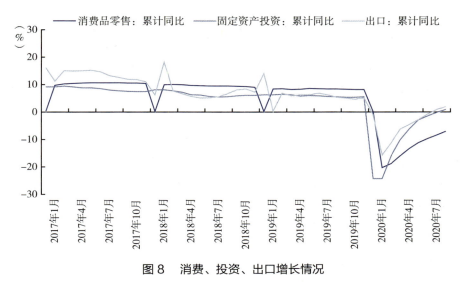

图 8　消费、投资、出口增长情况

资料来源：国家统计局，海关总署。

度提高 3.2 个百分点，而农村居民提高 4.9 个百分点，城镇居民消费倾向恢复
速度也相对更慢。消费倾向的恢复速度通常滞后于信心恢复速度，在消费信
心尚未恢复的情况下，消费倾向的下行趋势短期难以改变。

表 3　全体居民、城镇和农村居民消费倾向				
				单位：%
时间		消费倾向：全体居民	消费倾向：城镇居民	消费倾向：农村居民
2020 年	一季度	59.4	55.4	71.8
	二季度	62.0	57.7	76.9
	三季度	62.8	58.6	76.7
较上年同期	一季度	−5.8	−6.1	−4.8
	二季度	−5.5	−5.9	−4.2
	三季度	−4.8	−5.2	−3.8

注：消费倾向的计算公式为人均消费支出除以人均可支配收入（累计值）。

资料来源：国家统计局。

（三）就业压力增加和收入增速放缓持续影响居民消费能力

第一，居民就业压力依然较大。前三季度，全国城镇新增就业人员898万人，完成全年目标任务的99.8%。9月，全国城镇调查失业率为5.4%，比8月下降0.2个百分点，失业压力有所缓解。但是，农民工、个体工商户、小微企业创业者等重点群体就业压力依然较大。以农民工群体为例，虽然三季度外出务工劳动力比二季度有所增加，但比上年同期仍减少380多万人，同比下降2.1%，还存在农民工二次返乡的风险。互联网平台通过新增灵活就业岗位，解决了部分离岗人员短期收入问题，[①]但对劳动力的吸纳能力仍相对有限。

第二，居民收入持续提高的内生动力不稳。总的来看，前三季度居民人均可支配收入基本保持了稳步增长，城乡居民收入差距进一步缩小。其中转移支付发挥了较大的稳定作用，据统计，前三季度全国居民人均养老金和离

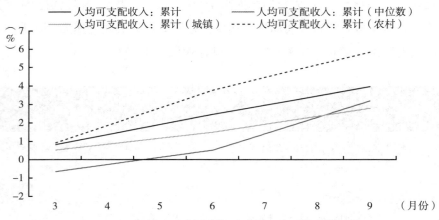

图9　2020年前三季度城乡居民人均可支配收入增速情况

资料来源：国家统计局。

---

① 据美团研究院《2020年上半年骑手就业报告》《2019年及2020年上半年中国外卖产业发展报告》，2020年上半年，美团新注册并且有收入的骑手超过100万人，37.6%来自餐饮等生活服务业，27.2%来自制造业，13.8%来自小微创业者，其中来自国家建档立卡贫困户的新增骑手近8万人。

退休金同比名义增长 8.7%，人均社会救济和补助收入增长 12.9%，人均政策性生活补贴收入增长 11.1%。但是，城镇居民经营净收入占比同比大幅下滑，工资性收入占比也逐季下降；农村居民工资性收入和经营净收入占比也同比下降（见表 4）。因此，居民收入持续增长的内生动力依然不稳，政府增加转移性支付的压力依然较大。

表 4　2020 年前三季度城乡居民收入结构

单位：%

时间		城镇居民收入结构（按收入来源）				农村居民收入结构（按收入来源）			
		工资性收入	经营净收入	财产净收入	转移净收入	工资性收入	经营净收入	财产净收入	转移净收入
2020年	一季度	61.7	10.8	10.5	17.0	43.0	32.7	2.8	21.4
	二季度	61.1	10.7	10.5	17.7	45.3	29.5	2.9	22.3
	三季度	60.3	11.0	10.6	18.2	44.6	30.8	2.6	22.0
较上年同期	一季度	0.5	−1.6	0.2	0.9	−0.6	−0.7	0.0	1.3
	二季度	0.2	−1.4	0.2	1.0	−0.5	−0.6	0.1	1.0
	三季度	−0.1	−1.1	0.3	0.9	−0.5	−0.4	0.1	0.8

资料来源：国家统计局。

第三，中等收入和低收入群体消费下降更明显。2020 年 5 月失业保险政策放宽、生活补助金发放力度加大，对低收入户或者困难群体收入起到一定改善作用。但是，仍有约两亿城镇外来就业者未被社保覆盖，很多因失业返回或滞留农村的进城农民工，也在城镇失业者统计之外。另据支付宝统计，前三季度大约有 30% 的商家店铺没有流水，大量个体经营者也面临失去收入来源的较大压力，[①] 低收入群体消费也因此受到更为显著的抑制。支付

---

① 资料来源于国务院发展研究中心市场经济研究所调研支付宝时了解到的情况。

宝大数据显示，中等收入和低收入群体消费增速相较上年同期降幅明显，分别减少20.87%、19.52%，而高收入群体消费增速仅下降4.01%。此外，中等收入群体和低收入群体的服务型消费和享受型消费支出下降情况更加严重（见图10）。[①]

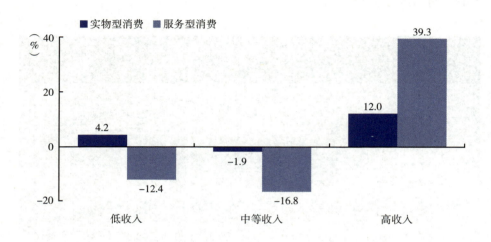

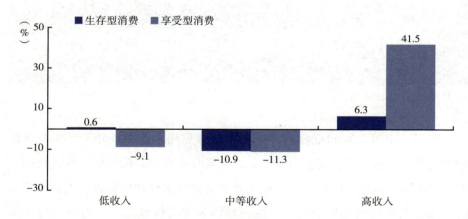

图10　不同收入等级群体消费支出情况

资料来源：国务院发展研究中心市场经济研究所调研支付宝而得。

---

① 资料来源：支付宝2020年全国10亿多活跃用户1~7月的支付数据。低收入是指10万元以下，中等收入是指10万~50万元，高收入是指50万元以上。

（四）疫情防控和进一步放开人员流动之间难以实现平衡

消费市场的恢复仍然受到物流和人流不畅的影响。总体来看，物流恢复情况较好，除航空运输外，各种交通运输方式货运量均已回到上年同期水平。从 PMI 供应商配送时间指数来看，已于 4 月回升到 50 以上，商品周转总体情况逐月向好（见图 11）。商品物流的堵点已经转向重点地区和重点产品，例如出现新增新冠肺炎病例的地区，以及高度依赖冷链运输的冰鲜食品。

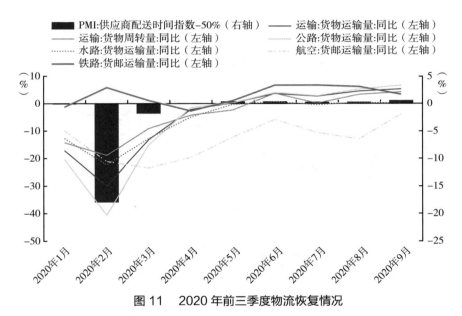

图 11　2020 年前三季度物流恢复情况

资料来源：国家统计局。

但是，人员流动仍存在较多限制，各类交通运输方式均远未达到上年同期水平（见图 12）。相较之下，居民异地消费特别是跨省旅游消费恢复情况明显不及本地消费。国庆长假期间全国共接待国内游客 6.37 亿人次、实现国内旅游收入 4665.6 亿元，同比分别仅恢复 79.0% 和 69.9%。[①] 北京消费市场复

---

① 资料来源：文化和旅游部数据中心。

苏相对缓慢，其中旅游消费市场规模超过 6000 亿元，其中 80% 以上来自国内旅游、商务活动及会议会展等带动的外来消费，因此疫情防控对国内外人员流动的限制，是影响北京消费市场恢复的重要原因。虽然国内疫情防控已经取得决定性的胜利，但全球疫情仍在加速蔓延，必要的人员流动限制是有效控制疫情的前提，短期内放开更大幅度的人员流动依然存在较多不确定因素和风险，因此人员流动管控仍将成为制约消费恢复的关键因素。

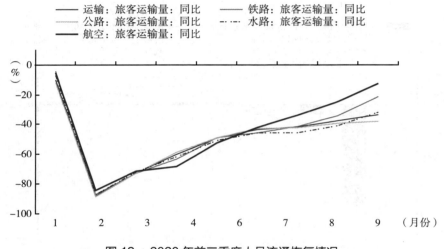

图 12　2020 年前三季度人员流通恢复情况

资料来源：国家统计局。

此外，消费环境和设施存在短板，也对部分前期压抑需求集中回补和释放存在一定程度的影响。例如，上半年受到抑制的旅游消费需求在国庆假期出现井喷，再次暴露出旅游服务供给不足问题。根据中国消费者协会统计，2020 年国庆假期消费负面信息主要集中在交通（交通拥堵、停车和充电难、乱收费等）、旅游（景区收费提示不清晰、设施不安全、经营管理不善、服务态度较差等）。又如，网络购物在提升消费便利度的同时，也出现质量问题、安全隐患、合同违约、配送不规范等诸多问题，引发了较多消费纠纷；线上服务创新加快的同时，质量监督管理相对滞后，娱乐服务消费中出现大量线上线下衔接不畅、以次充好和虚假宣传、手机 App 强制自动续费、大数据杀熟和价格虚高等方面的投诉。在商品消费领域,食品、医疗器械、卫生清洁用品等上半年消费需求显著增长的领域,投诉量上升也较快,同比分别上升242.5%、3948.1% 和 147.4%。①

四　未来消费趋势展望及促进消费的政策建议

(一)趋势展望

首先,国内外发展环境有望继续改善。2020 年疫情加速了国际经济格局调整变革的进程,中国成功地控制住了疫情,在全球经济负增长的情况下经济率先恢复增长,不仅为全球经济复苏提供了动力和支撑,也为国内消费市场加快恢复和实现增长、引领和带动国际消费提供了坚实的基础。

其次,2021 年经济恢复情况比较乐观。国际组织近期纷纷上调 2021 年全球经济增长预期,对中国经济表现的预期显著好于全球平均水平。IMF、世界银行、OECD 分别将 2021 年全球 GDP 实际增长率预测上调到 5.2%、4.2%、5.2%,较 2020 年提高 9.5 个、9.4 个、11.2 个百分点,全球经济有望重回增长轨道;三大国际组织对中国的预测更加乐观,2021 年中国 GDP 增速预测值分别为 8.2%、6.9%、6.8%,高于全球平均水平 3.0 个、2.7 个、1.6 个百分点,表明全球对中国经济增长有充分信心。

再次,中国市场供需将保持总体平稳。IMF 预测 2020 年、2021 年世界CPI 同比增速分别为 3.2% 和 3.4%,中国 CPI 同比增速分别为 2.7% 和 2.6%,在全球供需压力上升的同时,中国总体供求情况好于全球并持续改善,原油等部分国际商品价格抬升将不会对国内消费市场产生系统性影响。在全球疫情尚不明朗的情况下,国内市场人员流动、商品流通、服务供应等依然面临不同程度的限制,国际交流和人员流动继续受限,国内市场流通效率仍将受一定影响。但是,随着疫情防控机制不断完善、消费环境有所改善,居民消

---

① 资料来源于中国消费者协会《2020 年上半年全国消协组织受理投诉情况分析》。

费信心和消费意愿仍将稳步回升。

最后，政府将坚持把稳就业、稳市场主体作为政策的优先领域，在帮扶企业降低用工成本和融资成本、减免租金等方面继续给予政策支持，有利于就业稳定、经济运行恢复和居民收入稳步提升。随着"六稳""六保"政策持续发力，就业和民生底线进一步筑牢，城乡居民收入实际增速有望重新回到稳步增长轨道。

总体判断，随着全球经济增长预期改善和市场环境稳定，中国宏观经济仍将持续稳定回升，经济循环更加通畅。预计2020年四季度社会消费品零售总额将实现3%左右的增长，全年消费规模接近上年同期水平。在2020年全年较低基数的基础上，2021年社会消费品零售总额有望实现4%~5%的增长，消费拉动经济增长的作用进一步加强。

（二）促进消费稳定增长的政策建议

第一，加快夯实促进消费回补和保持稳定增长的基础。坚定不移地实施扩大内需战略，针对消费提振过程中遇到的堵点和难点问题，不断加强统筹协调和政策联动，加快补齐消费软硬短板，推动形成强大国内市场。全面贯彻"六稳""六保"各项任务，提升各项政策落地转化效率和实现救助合力，进一步稳住就业和民生的底盘，为扩大消费与促进消费释放和回补奠定坚实的基础。

第二，大力支持和引导新型消费发展。鼓励在线教育、互联网健康医疗、餐饮外卖等新型服务消费加快向线上转移，支持传统线下百货零售和电商平台、支付平台、数字技术企业加快合作与融合。鼓励有条件的地区和城市培育形成一批新型消费示范城市和领先企业。守住维权底线，加强新问题研究，针对重点投诉问题加快响应速度。提高新消费模式对各年龄层、不同收入水平消费者的宣传普及性、体验友好性和使用便利性。抓住消费回流机遇，推动免税市场创新发展，提高国内市场对高端消费的承载力和吸引力。

第三，促进升级类商品和服务消费持续增长。大力支持国产品牌发展，鼓励国产品牌加快数字服务能力建设，鼓励利用多种新消费渠道培育品牌、拓展市场。推动汽车和家电消费转型升级，促进汽车限购向引导使用转变，鼓励各地出台促进老旧汽车置换政策，推进主要公共建筑配建停车场、路侧停车位设施改造升级等建设，完善废旧家电回收处理体系。支持开展家电以旧换新活动，推动家电更新消费。积极发展住房租赁消费，满足居民住房需求，稳步推动影视娱乐、旅游恢复，提升国内服务供给质量。

第四，多渠道积极拓展城乡消费。针对农村消费的堵点问题，大力提升电商、快递进农村综合水平和农产品流通现代化水平，加快健全县、乡、村三级电子商务服务体系和快递物流配送体系。推动农村产品和服务品牌化、标准化、数字化、产业化改造，引导现代服务向农村延伸拓展。围绕国家重大区域发展战略，结合城市群、都市圈发展规划，统筹布局建设若干国家消费中心、区域消费中心和地方特色消费中心，加快形成梯次发展、衔接互动、优势互补并覆盖全国大市场的消费地区格局。

第五，稳步引导和促进消费信心恢复。加强猪肉、蔬菜、冰鲜冷链等重点产品安全消费的正面宣导，稳定消费预期和信心。维持猪肉市场供给稳定和生猪养殖户预期稳定，防范猪肉价格再次上涨。畅通农产品流通渠道，利用直播电商等多种消费渠道，促进当季蔬菜等农产品向消费地及时供应。严格把控冰鲜冷链物流进口环节检验、检疫等关口，提升冷链产业全链条疫情防控能力，出台支持水产行业复苏的专项政策。加快恢复人员流动，在保证疫情可防可控情况下，推动公路客运特别是跨省公路客运加快恢复。

第六，多措并举稳定就业底盘。鼓励劳动就业友好型平台发展，提高劳动者收入，不断健全灵活就业者保护制度。大力发展新业态和新就业形式，制定更加积极的支持政策，不断扩大就业蓄水池，创造更多新就业形态和灵活就业机会。地方政府全面放开参加社会保险的户籍限制，允许外地和农村户籍灵活就业人员在工作地参加社会保险，提高失业保险申领便捷度。对于重点困难群体，加大政策落实力度，通过社会救济、生活补助金等多种方式加大基本民生保障力度。

第七，利用数字手段提高政策精准性。利用数字技术提高对重点人群识别的精准度，提高对低收入人群的扶持力度，加大对低收入人群的定向消费券发放力度，防止因疫情致贫返贫。鼓励地方政府加强与平台企业、支付企

业合作，提高消费券、消费信贷等支持政策的及时性，进一步增强消费意愿，加强政策效果追踪和评估。

参考文献

王微：《消费市场持续升级趋势不改》，《经济日报》2020年2月9日。

王微：《以建设强大国内市场加快形成新发展格局》，《经济参考报》2020年10月9日。

王微：《持续发挥政策效应 促进消费提质扩容》，《中国经济时报》2020年5月6日。

阿里研究院：《2020中国消费品牌发展报告》，2020年5月。

蚂蚁集团研究院：《国内大循环下内需增长分析》，2020年9月。

QuestMobile研究院：《新国货崛起洞察报告：数字化助推"新国货"崛起，如何玩转流量闭环？》，2020年6月。

《2020年上半年中国直播电商市场研究报告》，艾媒咨询，2020年10月。

B.18
中国外贸形势分析、展望与政策建议

高凌云 *

摘　要： 2020 年中国对外贸易整体呈现"V"形走势，并呈现进出口商品结构持续优化、国际市场布局更加多元、外贸新业态日益活跃和国际市场份额稳步提升等特点。不仅如此，中美贸易摩擦和新冠肺炎疫情，并没有改变中国对美国出口的产品结构。但是，中国机械和交通运输设备、杂项制成品对美国出口占美国市场份额呈下降态势，需要引起关注。考虑到外部生产、消费有所恢复，中国内部经济形势明显好转，预计 2021 年中国进出口贸易将实现 6% 以上的增长。为巩固中国外贸进出口企稳向好的态势，建议在切实保护外贸市场主体的基础上，继续优化对外开放布局、着力加快贸易强国建设、积极扩大服务业对外开放。

关键词： 对外贸易　中美贸易　对外开放　服务业

2020 年以来，突如其来的新冠肺炎疫情，叠加保护主义和单边主义等的影响，导致全球产业链、供应链等进一步受阻，中国外贸发展面临的形势更加复杂严峻。在以习近平同志为核心的党中央坚强领导下，在切实做好疫情防控的基础上，中国出台了一系列大力度稳外贸的政策措施。在相关政策效应持续显现的影响下，中国对外贸易成功扭转了一季度的下行态势，前三季度表现明显好于预期，充分彰显出中国外贸发展优势强、动力大、后劲足的特质。

---

* 高凌云，中国社会科学院世界经济与政治研究所研究员，主要研究方向为国际投资与贸易。

一 2020年前三季度中国对外贸易基本情况

2020年以来，中国进出口贸易呈现较明显的"V"形走势（见图1）。据海关统计，1~9月累计进出口贸易总额32967.4亿美元，比上年同期下降1.8%。其中，进口14853.4亿美元，同比下降3.1%；出口18113.9亿美元，同比下降0.8%；贸易顺差3260.5亿美元，同比扩大9.3%。需要注意的是，中国进出口贸易自二、三季度开始反弹，可能存在一定程度的低基数效应。因为在中美累计各三轮加征关税措施逐渐生效的影响下，2019年1~9月中国进出口增速逐渐下降，从而形成较低基数。

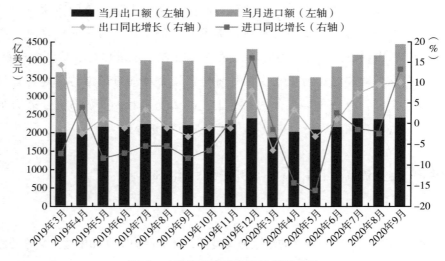

图1 中国进出口贸易额与增速变动

资料来源：海关总署。

（一）出口方面

从贸易方式上看，一般贸易出口小幅增长，加工贸易出口降幅较大。1~9月，一般贸易出口10780.4亿美元，同比上升1.2%（上半年为下降5.2%），占出口总额的 59.5%，份额比上年同期增加了 1.0 个百分点；加工贸易出口 4865.2 亿美元，同比下降 9.0%（降幅较上月减少 3.3 个百分点），占出口总额的 26.9%，份额比上年同期减少了 2.4 个百分点。

从市场分布上看，除中国台湾、英国、澳大利亚、加拿大、东盟、欧盟和俄罗斯外，中国大陆对主要贸易伙伴出口均出现下降。1~9 月，美国、欧盟、东盟、中国香港、日本列中国大陆出口市场前五位。其中，中国大陆对欧盟和东盟出口分别为 2795.4 亿美元和 2670.9 亿美元，同比分别增长 3.1% 和 4.9%；对美国、中国香港和日本出口分别为 3100.2 亿美元、1862.0 亿美元和 1034.2 亿美元，同比分别下降 0.8%、7.4% 和 2.7%。此外，中国大陆对中国台湾出口同比上升 8.2%，增幅较大，而对印度和南非出口分别同比下降 19.7% 和 15.4%。

从商品结构上看，传统劳动密集型产品、高新技术产品和机电产品出口均同比小幅增加。1~9 月，传统八大类劳动密集型产品合计出口 3995.6 亿美元，同比上升 3.5%，占同期出口总额的 22.1%，份额比上年同期增加 1.4 个百分点。其中，纺织品、塑料、灯具、家具出口分别同比增长 33.7%、13.5%、6.3% 和 2.3%，而箱包、鞋类、服装和玩具出口则分别同比下降 27.2%、25.3%、10.3% 和 1.9%。同期，农产品出口下降 2.7%，机电产品和高新技术产品出口分别同比上升 0.5% 和 2.5%。

（二）进口方面

从贸易方式上看，一般贸易进口小幅下降，加工贸易进口降幅较大。1~9 月，一般贸易进口 9071.3 亿美元，同比下降 2.4%，占进口总额的 61.1%，份额比上年同期增加了 0.3 个百分点；加工贸易进口 2820.6 亿美元，同比下降 8.1%，占进口总额的 19.0%，份额比上年同期减少 1.1 个百分点。

从市场分布上看，除印度、中国台湾、巴西、东盟、日本和美国外，中国大陆自主要贸易伙伴进口均呈现下降态势。1~9 月，东盟、欧盟、中国台湾、韩国、日本为中国大陆前五大进口来源地，进口额分别为 2147.2 亿美元、1816.7 亿美元、1423.3 亿美元、1264.8 亿美元和 1264.2 亿美元，分

别同比增长 5.1%、下降 3.6%、增长 13.7%、下降 1.7% 和增长 0.3%。此外，中国大陆自印度进口则同比大幅增长 14.6%，自美国进口三季度恢复正增长，增长 0.2%；而自南非、中国香港、加拿大和英国进口分别大幅下降 28.0%、27.6%、25.6% 和 16.7%。

从商品结构上看，大宗能源、原材料商品总体进口下降，农产品进口大幅增长，机电产品和高新技术产品进口小幅增长。1~9 月，大豆、铁矿砂、煤、原油、天然气、橡胶、钢材、铜及铜材等八项大宗商品的进口额总计 3407.4 亿美元，同比下降 8.1%，占进口总额的 22.9%，份额比上年同期减少了 1.3 个百分点。其中，铜及铜材、钢材、大豆、铁矿砂和橡胶均因量升价跌而进口额上升，原油和天然气则因量升价跌而进口额大幅下降；煤因量价齐跌而进口额大幅下降。同期，农产品进口同比增长 13.3%，机电产品和高新技术产品进口分别同比增长 1.4% 和 4.8%。

（三）贸易差额情况

从贸易方式上看，一般贸易顺差大幅扩张，加工贸易顺差收窄。1~9 月，一般贸易项下实现顺差 1709.0 亿美元，较上年同期扩大 22.7%，加工贸易项下实现顺差 2044.6 亿美元，同比收窄 10.3%。

从市场分布上看，除美国、中国香港和印度外，中国大陆对主要顺差来源地的顺差均扩大；除日本、巴西外，中国大陆对主要逆差来源地的逆差均扩大。1~9 月，美国、中国香港、欧盟为中国大陆前三大顺差来源地，贸易顺差分别为 2185.7 亿美元、1812.3 亿美元和 978.7 亿美元，分别同比收窄 1.2%、收窄 6.6% 和扩大 19.0%。中国台湾、澳大利亚、韩国为中国大陆前三大逆差来源地，分别产生逆差 992.8 亿美元、488.0 亿美元和 457.5 亿美元，分别同比扩大 16.3%、收窄 15.0%、收窄 2.1%。

从商品种类上看，农产品贸易逆差大幅扩大，机电产品和高新技术产品顺差均收窄。1~9 月，农产品产生贸易逆差 700.1 亿美元，同比扩大 29.9%；机电产品产生贸易顺差 3896.8 亿美元，同比收窄 1.0%；高新技术产品产生贸易顺差 489.1 亿美元，同比收窄 15.6%。

二 2020 年中国对外贸易的特点

新冠肺炎疫情发生之初，以习近平同志为核心的党中央坚持人民至上、生命至上，以坚定果敢的勇气和坚韧不拔的决心，领导全国各族人民赢得了全国抗疫斗争的重大胜利。后续在统筹推进疫情防控和经济社会发展工作的基础上，党和政府高度重视新形势下外贸发展面临的各类问题，在推动贸易便利化、完善出口退税机制、扩大出口信保规模、增加外贸信贷投放、推动出口转内销方面，出台了一系列新举措。总体来看，各类政策精准有效，不仅为推动中国外贸回暖复苏发挥了积极作用，[①] 更促使中国外贸呈现结构持续优化、市场更加多元、新业态日益活跃、国际份额稳步提升等特点。

（一）进出口商品结构持续优化

2020 年以来，中国机电产品进出口保持较快增长态势，占进出口总额的比重持续提升。一方面，中国机电产品竞争优势较明显，2020 年一至三季度，出口额分别为 2797.0 亿美元、3636.0 亿美元和 4204.3 亿美元，同比增速分别为 -13.7%、1.5% 和 11.3%；同期占中国出口总额的比重分别为 58.6%、58.6% 和 59.0%。另一方面，中国积极扩大重要设备和关键零部件等进口，2020 年一至三季度，中国机电产品进口额分别为 1964.3 亿美元、2190.6 亿美元和 2588.3 亿美元，同比增速分别为 -3.1%、-0.9% 和 7.9%；同期占中国进口总额的比重分别为 42.3%、47.0% 和 46.7%。虽然机电产品进出口占进出口总额比重随季度表现出较强的波动，但依据机电产品进出口占中国进出口总额比重 2018 年一季度至今数据所绘制的线性趋势线，仍具有明显的正向斜率。

另外，受新冠肺炎疫情影响，国际需求发生变化，中国出口商品结构随之出现小幅调整。中国传统劳动密集型产品出口中，服装及衣着附件占比、鞋靴占比一般保持相同的变动趋势，而纺织纱线、织物及制品占比与箱包及

---

① 庞超然：《外贸增速转正彰显中国经济韧性》，《经济参考报》2020 年 10 月 16 日。

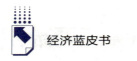

经济蓝皮书

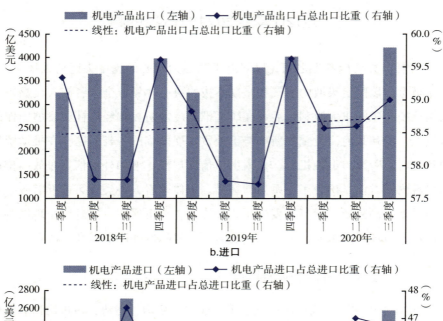

图2 中国机电产品进出口情况

资料来源：海关总署。

类似容器占比一般保持相同的变动趋势。但面对疫情冲击，2020年1~9月，一方面，遏制疫情扩散所必需的纺织纱线、织物及制品出口大幅增加，出口额为1179.5亿美元，同比上升33.7%。另一方面，因为大多数国家都是通过

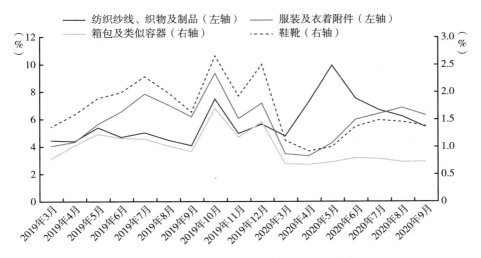

图3 服装等劳动密集型产品出口占比变动

资料来源：海关总署。

不同程度封闭等方式来抑制疫情传播，与之对应，与户外活动联系较为紧密的鞋靴出口额为250.2亿美元，同比下降25.3%；箱包及类似容器出口额为143.9亿美元，同比下降27.2%。

中美贸易第一阶段经贸协议纳入的部分产品进口大幅增加。随着人均国民收入不断攀升，中国消费者对农产品需求的层次不断提升。扩大自美国的部分农产品进口，有利于降低国内土地消耗、丰富消费者选择，更好因应中国国内基本矛盾变化带来的新挑战。2020年1~9月，我国农产品进口中变动较大的是与中美第一阶段协议相关的肉类、粮食和食用植物油。其中肉类进口额为231.9亿美元，同比上升82.6%，其中猪肉进口增长3倍左右，是肉类进口增长的主要推动力。粮食进口额为360.9亿美元，同比上升17.5%。大豆进口额为287.8亿美元，同比上升11.8%。食用植物油进口额为51.5亿美元，同比上升16.9%。

（二）国际市场布局更加多元

推进中国对外贸易高质量发展，关键是要继续开拓和优化进出口市场。

整体上看，截至 2020 年三季度末，表征中国进出口市场多元化程度的赫芬达尔指数 ① 尽管存在季节变动，但线性拟合线呈明显的下降态势，说明中国进出口市场更趋多元。从具体国别和地区来看，中国大陆排前十位的贸易伙伴分别为：东盟、欧盟、美国、日本、中国香港、韩国、中国台湾、澳大利亚、巴西、俄罗斯。中国与东盟的外贸交往尤其值得关注。因为中国已经连续 11 年保持东盟第一大贸易伙伴的地位，而自 2020 年一季度开始，东盟开始取代了欧盟，正式成为中国第一大贸易伙伴。截至 2020 年 9 月，中国对东盟进出口额 2670.9 亿美元，占中国外贸总额的 14.6%。在疫情全球蔓延的情况下，前三季度中国同东盟进出口的总额逆势增长，充分展示了中国和东盟合作的巨大潜力和强大的韧性。

不仅如此，海关总署发布的数据显示，2020 年 1~9 月，中国对"一带一路"沿线国家进出口 6.75 万亿元，增长 1.5%，高出进出口整体增速 0.8 个百分点，其中出口增长 2.8%，进口下降 0.3%，分别高出出口和进口整体增速 1.0 个、0.3 个百分点。对部分主要贸易国家进出口实现了较快增长。如对越南、

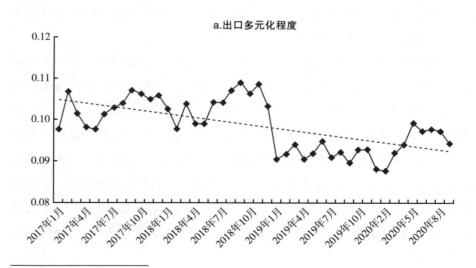

① 赫芬达尔指数是用来测量市场多元化程度的指标，公式表示为：$\sum_1^N\left(\frac{x_i}{x}\right)^2$。式中，$x$ 为进口或出口总额；x_i 为出口目的地或进口来源地中第 i 位国家或地区的规模；N 为出口目的地或进口来源地总数。该指数的数值越大表示市场越集中，反之则反。

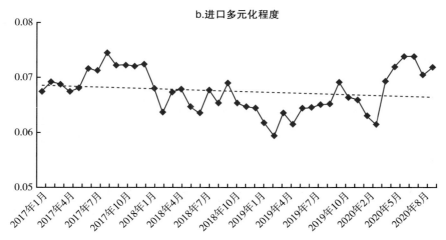

b.进口多元化程度

图 4 中国进出口市场多元程度变动

资料来源：根据海关总署数据计算。

土耳其、波兰、泰国进出口分别增长 18.5%、17.1%、13%、10.9%。[①] 这进一步凸显中国的贸易伙伴遍布全球、多点开花，市场多元化战略成效显著。

（三）外贸新业态日益活跃

2020 年以来，中国跨境电商进出口贸易额成为稳外贸的重要力量。一般贸易和加工贸易是中国对外贸易的主要方式，但是随着数字技术的深入发展，尽管一般贸易和加工贸易出口的绝对规模整体呈增长态势，但以一般贸易和加工贸易实现的出口在总出口中的占比呈明显下降态势，而包括跨境电商、市场采购贸易、外贸综合服务等在内的外贸新业态出口所占比重则呈明显上升态势。跨境电商、市场采购贸易、外贸综合服务等外贸新业态不同于一般贸易和加工贸易，是为中小微外贸企业量身打造、具有中国特色和创新价值的贸易方式。据海关统计，前三季度，通过海关跨境电商管理平台进出口 1873.9 亿元，增长 52.8%，[②] 高于出口整体增速 51 个百分点；市场采购出口 5098.6 亿元，增长 35.5%，[③] 高于出口整体增速 33.7 个百分点。

---

① 杜海涛：《前三季度进出口增长 0.7%》，《人民日报》2020 年 10 月 14 日。

② 邱海峰：《顶住压力，中国外贸转正了！》，《人民日报》（海外版）2020 年 10 月 14 日。

③ 杜海涛：《前三季度进出口增长 0.7%》，《人民日报》2020 年 10 月 14 日。

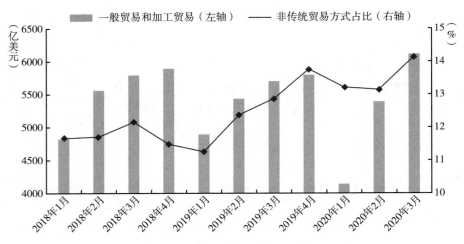

图5 中国非传统贸易方式出口占总出口的比重

资料来源：Wind 数据库。

外贸新业态的健康快速发展，与中国加大支持力度，进一步释放改革红利的努力密切相关。比如，海关总署从 7 月 1 日起，在北京等 10 个直属海关开展试点，将跨境电商监管创新成果从 B2C 推广到 B2B 领域，并配套通关便利措施，试点企业可适用"一次登记、一点对接、优先查验、允许转关、便利退货"等措施；9 月 1 日起，试点范围进一步扩大到 22 个直属海关。① 这必将进一步加快跨境电商的发展速度。

（四）国际市场份额稳步提升

中国作为全球消费市场、供应方和资本提供方的重要性日益凸显，外部世界对中国的依存度上升。新冠肺炎疫情使全球产业链、供应链的正常运转受到较大影响，对大多数国家而言，相关产品的供给大幅下降，而在各国争相推出扩张性财政政策和货币政策的情况下，需求面受到的影响相对较小，导致海外市场出现了供给与需求的缺口。而中国疫情防控精准有序、复工复产稳步推进，经济率先恢复，在国际市场上抢得先机。

---

① 彭婷婷：《我国外贸企稳向好势头继续巩固》，《中国商报》2020 年 10 月 16 日。

后疫情时代，中国产业配套齐全、市场规模巨大、经济稳定增长等特点，使其在全球产业链调整中获得更大的优势，作为世界工厂和世界市场的重要性更加凸显。根据世界贸易组织的数据，截至 2020 年 7 月，中国进出口贸易总额占国际市场的比重约为 12.6%，创历史新高。[①] 不仅如此，根据世界贸易组织 10 月 6 日发布的《全球贸易数据与展望》中的预测，全球货物贸易受新冠肺炎疫情影响，2020 年可能会下降 9.2% 左右；因此，即使中国进出口贸易仅能维持住前三季度的增速，2020 年全年其占全球贸易的份额也将从 2019 年的 12.0%、2020 年 1~7 月的 12.6% 进一步上升为 13.0%。

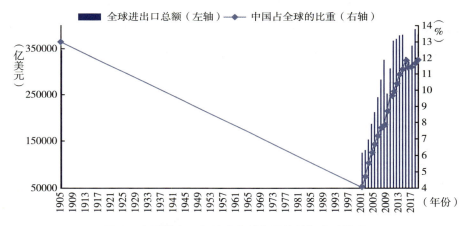

图 6　中国进出口贸易占全球贸易的份额变动情况

资料来源：根据世界贸易组织（WTO）发布数据推算。

三　中国对美国出口主要产品市场份额的变动及原因

中美贸易摩擦和新冠肺炎疫情，并没有改变中国对美国出口的产品结构。中国出口美国的产品品类虽然很多，但居主导地位的只有三大类，分别是以

[①]　张翼：《我国进出口累计增速转正》，《光明日报》2020 年 10 月 14 日。

材料分类的制成品、机械和交通运输设备、杂项制成品（按 SITC 分类）①，合计占中国出口美国总额的比重始终保持在九成以上，其中，又以机械和交通运输设备占比最高，大多数年份都超过五成。比如，2020 年二季度，这三大类产品出口占中国对美国出口的比重高达 91.2%，其中机械和交通运输设备占比为 50.4%。尽管机械和交通运输设备出口虽然占中国对美国出口的比重一半左右，但占美国的市场份额长期维持在 25% 左右，说明中国机械和交通运输设备出口对美国市场的依赖仍然大于美国对中国机械和交通运输设备出口的依赖。

在中美贸易摩擦和新冠肺炎疫情的影响下，中国对美国出口呈现两个特点。第一，受新冠肺炎疫情影响，上述三大类出口产品在 2020 年 1~3 月均出现了明显的下跌，但是从 4 月开始出现反弹；比如，杂项制成品占美国市场

a.以材料分类的制成品

---

① 《国际贸易标准分类》（SITC, Standard International Trade Classification）：（0）食品及主要供食用的活动物；（1）饮料及烟类；（2）燃料以外的非食用粗原料；（3）矿物燃料、润滑油及有关原料；（4）动植物油脂及油脂；（5）未列名化学名及有关产品；（6）主要按材料分类的制成品；（7）机械及运输设备；（8）杂项制品；（9）没有分类的其他商品。

图 7　中国对美国出口主要产品和市场份额变动

资料来源：Wind 数据库。

份额 1~3 月下降而后持续回升，8 月已基本与 1 月持平。第二，从 2018 年到疫情暴发，上述三类产品出口占美国市场份额均呈下降态势。此次疫情并没有改变机械和交通运输设备、杂项制成品的走势，但却翻转了以材料分类的制成品的走势。

美国加征关税是造成中国主要出口产品占美国市场份额下降的重要原因之一。转移产能的主要原因：首先是环境成本、劳动力成本和土地成本的上升。改革开放以来，中国抓住全球产业链转移的机会，利用自身劳动力充裕的优势，迅速融入全球经济，取得了巨大的发展成就。但随着近年来中国劳动力和环境等方面的成本逐步上升，企业开始将部分产能迁至海外。受中美贸易摩擦影响，一方面，美国加征的进口关税增加了美国进口商的成本，导致中国涉美国出口企业订单有不同程度的下降；另一方面，美国加征关税部分会发生传递，提升中国出口美国的成本，部分企业为规避关税上涨，把部分产能向海外转移。尽管中美双方已于2020年初签署了解决贸易摩擦的第一阶段协议，但从目前美国国内民主、共和两党的政治取向来看，中美贸易摩擦开始从贸易领域转向其他领域，美国可能会针对高科技领域的部分中国企业所必需的核心零配件、前沿技术等实施限制，企业出于避险心理又会进一步推动产能向外转移。

但疫情对部分产能转移起到了一定程度的缓解甚至翻转作用。美方加征关税的清单集中在机械和交通运输设备、杂项制成品等领域，这些领域的产品发生产能向外转移的情形较为普遍。但是，新冠肺炎疫情下，世界各国对以材料分类的制成品的需求大增。不过考虑到疫情后世界各国对以材料分类的制成品需求会大幅下降，而且，新冠肺炎疫情使各国意识到，关键物资的生产如果集中在少数国家，那么在危机时刻自身安全将面临众多挑战，今后肯定会有更多的国家争取医疗物资等关键产业的供应链回流，因此，短期缓解或翻转持续的难度较大。

四 2021年中国对外贸易展望

从外需来看，外部生产和消费有所恢复。从全球来看，2020年9月全球制造业采购经理人指数（PMI）为52.3，较8月上升0.5个点，已持续三个月处于荣枯线以上。主要发达经济体需求持续上升。美国9月制造业采购经理人指数终值为 55.4，前月 56.0，仍然保持扩张态势。欧元区 9 月制造业采购经理人指数终值为 53.7，较 8 月大幅上升 2 个点。日本 8 月制造业采购经理人指数终值为 47.7，较 8 月终值 47.2 上升 0.5 个点，已连续六个月呈上升态势。但是，随着疫苗研制取得进展，叠加前期大规模出口的"透支"，未来医疗物资出口增速回落概率较大，对出口带动作用可能会减弱。

从内需来看，中国经济形势明显好转。海外疫情尚未见顶，与"疫经济""宅经济"等相关的产品出口，短期内仍将维持较高增速。同时，从图 8 可以看出，中国的经济复苏相比美、欧等具有一个季度左右的提前量，在国内疫情防控已是常态化背景下，中国仍有机会借助自身产业链、供应链等优势，替代其他国家供货商进行贸易活动。不仅如此，伴随国内经济向着形成新发展格局迈进，对大宗商品和能源的需求量还是比较大，这将对进口起到重要支撑作用。9 月，中国制造业采购经理人指数（PMI）为 51.5，较上月上升 0.5 个点，制造业景气已连续 7 个月位于荣枯线以上。生产指数为 54.0，同样比上月上升 0.5 个点。新订单指数为 52.8，比上月上升 0.8 个点，表明制造业市场需求持续回升。分企业规模看，大型企业 PMI 为 52.5，比上月上升 0.5 个点；中型企业 PMI 为 50.7，比上月下降 0.9 个点，连续 4 个月位于扩张区间；小型企业 PMI 为 50.1，比上月上升 2.4 个点，近 4 个月以来首次位于荣枯线以上。学术界普遍认为，疫情对大中小型企业的冲击是不对称的，对中小企业冲击最大；而中国中小企业的亮丽表现，说明国家针对保市场主体出台的一系列纾困政策的效应开始显现。

结合国际货币基金组织 10 月 13 日对 2021 年中国和全球经济增长的最新预测，即 2021 年中国经济增长 8.2%，全球经济增长 5.2%；本文初步估计 2021 年中国进出口总额约为 48620.0 亿美元，同比上升 6.1%，其中，出口约为 27163.3 亿美元，同比上升约 7.5%，进口约为 21456.7 亿美元，同比增长约 4.3%。

五　政策建议

外贸"行稳"，是中国对外贸易事业"向好、致远"的前提，更是新发

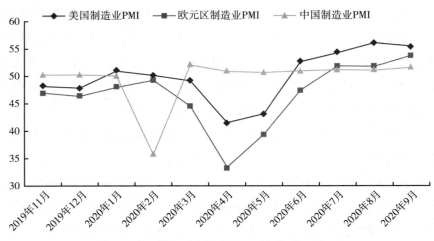

图 8　中、美、欧制造业 PMI 的 "V" 形变动

资料来源：Wind 数据库。

展格局的基础。为加快形成以国内大循环为主体、国内国际双循环相互促进的新发展格局，继续巩固中国外贸进出口企稳向好的态势，建议如下：

第一，持续优化对外开放布局。坚持双边、多边和区域次区域开放合作。妥善解决中美经贸合作中存在的突出问题。做好《区域全面经济伙伴关系协定》后续工作，推动中欧投资协定谈判、中日韩自贸区等早日达成。大力实施区域协调发展战略。进一步优化国际市场布局。巩固和提升中国在全球市场中的份额与影响力。

第二，着力加快贸易强国建设。夯实贸易强国的产业基础。推动中国产业向价值链中高端攀升。积极扩大和提升进口的规模和质量。积极创新贸易方式。做强一般贸易，提升加工贸易，大力发展边境贸易。[①]加快提升与外贸有关的国际标准制定能力。以更高标准、更高质量推动自贸试验区建设。

第三，积极扩大服务业对外开放。夯实服务业对外开放的基础。进一步推动服务贸易的自由化、便利化。建立跨境服务贸易负面清单管理制度。提升东部地区、自贸试验区在扩大服务贸易开放中的引领作用。加快推进与更

---

①　高凌云、臧成伟：《全球价值链发展趋势与我国对外开放战略》，《湖南师范大学社会科学学报》2020 年第 5 期。

多国家建立服务贸易的合作机制。

第四，切实保护外贸市场主体。要防范外贸主体关停破产风险，对外贸主体提供必要的财税金融支持措施，发挥国内超大规模市场优势，引导外贸产品出口转内销，牢牢稳定外贸发展基本盘。①

参考文献

杜海涛：《前三季度进出口增长 0.7%》，《人民日报》2020 年 10 月 14 日。

高凌云、臧成伟：《全球价值链发展趋势与我国对外开放战略》，《湖南师范大学社会科学学报》2020 年第 5 期。

庞超然：《外贸增速转正彰显中国经济韧性》，《经济参考报》2020 年 10 月 16 日。

彭婷婷：《我国外贸企稳向好势头继续巩固》，《中国商报》2020 年 10 月 16 日。

邱海峰：《顶住压力，中国外贸转正了！》，《人民日报》（海外版）2020 年 10 月 14 日。

张翼：《我国进出口累计增速转正》，《光明日报》2020 年 10 月 14 日。

---

① 庞超然：《外贸增速转正彰显中国经济韧性》，《经济参考报》2020 年 10 月 16 日。

就业形势与收入分配篇

Employment Situation and Income Distribution

B.19
中国劳动力市场分析、展望及政策建议

都　阳[*]

摘　要：得益于成功的疫情防控，中国经济和劳动力市场已经步入快速恢复的轨道，预计 2021 年劳动力市场的主要调控指标将恢复至疫情暴发前的正常水平。由于长期因素叠加疫情冲击的影响，以大学毕业生为主的部分群体仍然存在较为明显的就业困难，应引起就业政策的关注。

关键词：青年就业　周期性失业　劳动力市场

* 都阳，中国社会科学院人口与劳动经济研究所研究员，主要研究方向为劳动经济学、人口经济学等。

突如其来的新冠肺炎疫情对中国经济和劳动力市场产生了严重的冲击。通过众志成城的疫情防控，中国经济走上了快速恢复的轨道，劳动力市场的主要指标逐渐修复。2020 年抗疫和复工复产的进程表明，只有切实地控制疫情才能为经济恢复奠定坚实的基础。展望 2021 年，在常态化疫情防控的基础上，劳动力市场运行将重返正常轨迹，积极的就业政策既要结合疫情常态化防控的特点，也需要考虑国际疫情走势尚不明朗可能带来的负面影响。

一 劳动力市场在"大流行"中逐步趋于稳定

2020 年疫情的蔓延成为影响中国以及世界各国劳动力市场稳定的最主要的因素。在经历了疫情暴发初期的短暂而激烈的震荡后，伴随着疫情防控的常态化、复工复产进程的逐步推进以及主要经济指标的逐渐修复，中国劳动力市场也在世界主要经济体中率先趋于稳定。从总体上看，2020 年的劳动力市场运行表现出如下特点。

（一）劳动力市场波动的阶段性

目前，新冠肺炎疫情对中国经济和劳动力市场的影响还在持续，疫情防控已经进入常态化。回顾疫情暴发以来劳动力市场的变化，可以发现疫情对劳动力市场的影响呈现明显的阶段性，对疫情的反应也需要根据每个阶段的特点制定相应的政策，以发挥出最大、最好的政策效果。

从武汉封城到 2020 年春节假期结束，是疫情暴发的初期，可以大致认为是疫情对经济活动和劳动力市场产生影响的第一阶段。在这一阶段，全国人民众志成城地抗击新冠肺炎疫情，疫情防控是当时压倒一切的中心工作。疫情暴发初期，正值 2020 年春节长假，对经济与劳动力市场的影响，[①] 主要体

---

① 有人认为，与此次疫情最具可比性的是 2003 年的"非典"疫情。不过，"非典"疫情暴发时，中国经济结构的主导产业是第二产业，2003 年第二产业增加值占 GDP 的比重为 45.6%（工业为 40.3%），第三产业为 42%。根据国家统计局初步核算结果，2019 年第二产业增加值占 GDP 的比重为 39.0%，第三产业增加值占 GDP 的比重为 53.9%。

现为对部分春节处于旺季的服务业部门的冲击。疫情对第二产业和第三产业的经济活动的影响机制存在明显的差异，对于第二产业的影响主要集中于供给侧（生产）行为，其恢复和后续补救的弹性相对较大。相形之下，疫情对第三产业的影响集中于即期需求，造成的损失更加直接，且无法恢复。由于严格的隔离措施，旅游、餐饮、住宿、文化娱乐、批发零售、交通等原本处于销售或服务旺季的行业，遭受了巨大冲击，直接影响其营收。而最终服务需求的萎缩，必然引致就业需求的减少。因此，上述几个服务业部门也成为疫情初期就业损失最严重的行业。加之这些行业小微企业和个体经营户集中，因此，大量的就业损失产生的民生问题一度非常突出。

从 2020 年 2 月 10 日春节假期结束至国际疫情加速暴发（以国际卫生组织正式宣布新型冠状病毒为全球大流行疾病为标志），可以大致认为是疫情冲击的第二阶段。2020 年 2 月 4 日湖北以外地区新型冠状病毒肺炎新增确诊病例首次出现下降，此后，湖北以外地区一直保持新增病例持续下降的趋势。到春节假期结束后，部分地区已经具备防控疫情与复工复产两手抓的可能性。在第二阶段，随着疫情的防控取得积极进展，社会各界对恢复经济活动的预期也逐步增强。然而，综合各方面的资料来源看，恢复经济活动的困难程度远远大于预期。[1]尤其是人员流动的障碍大大增加，使得大量农民工滞留于劳动力输出地，制约了复工复产进程的推进。

第三阶段主要的特点是疫情在全球蔓延，病毒以输入的方式对中国的疫情防控产生影响，中国的疫情防控进入常态化。可以大致认为始自 2020 年 3 月 11 日世界卫生组织正式宣布新冠病毒肺炎全球大流行开始。"外防输入"成为常态化防控的主要内容，无论是北京新发地，还是青岛的疫情防控，都是对病毒输入防控的典型案例。由于疫情以超出预期的速度和程度在全球蔓延，对中国经济复工复产的影响也具有很强的突然性。北京和青岛等地出现的疫情反复，充分反映了新冠病毒的多变和复杂性，也增加了经济和劳动力市场恢复的不确定性。受疫情冲击严重的国家是与中国经济联系紧密的发达

---

[1]　都阳：《复工复产的进程与对策》，载蔡昉主编《"大流行"经济学：应对疫情冲击与恢复经济增长》，中国社会科学出版社，2020。

经济体，如美国、欧盟等主要贸易伙伴。这些国家受疫情冲击，一度引起需求萎缩，不仅减少了外贸订单，在经济全球化时代，国外供应链的损失也会波及国内相关的产业。而这些国家疫情的反复，无疑仍然会从需求和供给两端对中国经济产生影响，也是未来需要密切关注和积极做出政策应对的领域。中国严格的疫情防控，很快在恢复经济和保持劳动力市场稳定上取得了成效，中国已经成为世界供应链体系中最稳定和可信赖的环节，对全球经济的恢复和疫情防控发挥着积极的作用。

（二）主要劳动力市场指标伴随经济逐渐恢复

随着疫情的暴发，劳动力市场一度受到较为严重的冲击，2020 年 2 月城镇调查失业率达到了 6.2%，虽然这一失业水平较之世界主要经济体在疫情冲击下的表现已属难得，但该水平是调查失业率正式公布以来的最高点。考虑到时值春节长假，已经有大量农民工返乡，大量企事业单位还采取了延长假期等临时性的措施，因此，实际的经济活动人口减少的程度可能较之调查失业率所反映的程度更大。该失业水平明显低于大多数主要经济体在随后遭到疫情冲击时两位数以上的失业水平。随着疫情逐步得到控制，复产复工进程的推进，城镇调查失业率也在逐步下降。2020 年 4 月以来，城镇调查失业率稳定在 6% 以下，到 2020 年 9 月进一步下降至 5.4%，城镇调查失业率总体上已经达到预期的年度调控目标。随着经济增长状况的逐步好转，预期 2020 年第四季度城镇调查失业率指标将会进一步修复，并基本达到疫情前的正常水平。结合价格水平和经济增长指标看，到 2020 年第四季度有望实现充分就业。

国家统计局还公布了 31 个大城市调查失业率的情况。大城市和全国调查失业率的不同变化轨迹，反映了此次疫情对劳动力市场冲击的主要特点。在疫情暴发初期，各个产业的经济活动遭到了全面冲击，全国的城镇调查失业率从 2020 年 1 月的 5.3% 上升至 2 月的 6.2%，同期大城市的失业率变化相对平缓，从 5.2% 上升至 5.7%。在随后推进复工复产的进程中，制造业得到了快速恢复，而受疫情相对严重影响的部分服务业部门恢复经济活动的过程相对缓慢。大城市是服务业更集中的地区，其劳动力市场的恢复较之其他地区也更缓慢。从 2020 年 5 月开始，大城市的失业水平均高于全国总体的失业水平，但二者的趋同迹象日益明显。

在劳动年龄人口中，25~59 岁人群是劳动参与率最高的群体。根据以往的研究，25~50 岁年龄组人口的劳动参与率在 80% 以上。[①] 因此，25~59 岁人群失业率的下降，能够反映劳动力市场上主要参与群体的变化，也能反映实际经济活动人口的变化情况。如图 1 所示，25~59 岁人群的失业率已经由高点的 5.4% 下降至 2020 年 9 月的 4.8%，接近疫情发生前的平均水平，这表明劳动力市场上最活跃群体的就业状况已经基本得到了恢复。

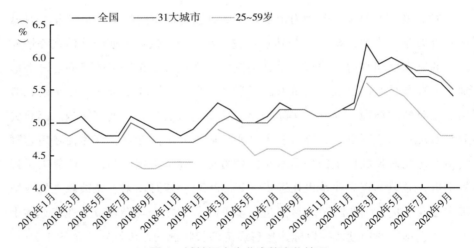

图 1　城镇调查失业率的变化情况

资料来源：国家统计局。

其他反映劳动力市场运行结果的指标近几个月也保持稳定。例如，根据国家统计局的数据，周工作时间从 4 月的 44.3 小时增加到 5 月的 46.1 小时，2020 年 6~9 月连续保持在 46.8 小时。该指标已经达到甚至超过疫情以前的水平，例如，2019 年 6 月的周平均工作时间为 45.7 小时。这说明就业的充分程度不断提升。

① 　都阳、贾朋：《劳动供给与经济增长》，《劳动经济研究》2018 年第 4 期。

（三）部分群体的就业状况仍然值得关注

虽然从总体上看劳动力市场的主要指标已经逐步恢复，但部分群体的就业状况仍然较为严峻，需要就业政策持续予以关注。由于疫情对总需求产生的抑制作用以及对各个部门和行业冲击的差异性，疫情在劳动力市场上对不同群体的影响也体现出差异性。

首先，疫情对 2020 年上半年的经济增长产生了巨大影响，很多企业处于收缩或停止扩张的状态，对新增岗位趋于谨慎。2020 年 10 月，中国制造业采购经理人指数的从业人员指数为 49.3；中国非制造业采购经理人指数中的服务业从业人员指数为 48.7。虽然较之疫情初期已经有明显的恢复，但仍然处于荣枯线以下，体现出企业对于新招聘决策仍然非常谨慎。虽然在经济逐渐恢复的背景下，通过实施"稳就业"政策、落实"保就业"任务，总体的失业率指标逐渐修复，但是，其效果更多的是保护现有的岗位。在这种情况下，新加入劳动力市场的青年群体可能面临更严峻的就业挑战。

从实际情况看，青年群体面临的就业困难的确更大，困难持续的时间也更长。虽然国家统计局没有系统公布青年群体的失业率数据，但根据国家统计局新闻发言人的历次新闻发布，可以看到青年群体的就业，尤其是大学毕业生的就业形势仍然严峻。如图 2 所示，20~24 岁具有大专以上学历的青年劳动者的失业率较上年同期明显升高，2020 年 8 月，较上年同期高出了 5.4 个百分点。[①]2020 年 6 月该群体的失业率达到了 19.3%，此后仍然在升高。可见，大学毕业生应该成为当前就业政策关注的主要群体。

外出农民工是另一个受疫情影响较为严重的群体。从以往的分析看，农民工的流动性强、就业转化率高。较之正规部门就业的劳动者，农民工的失业受周期性因素的影响更加明显。此次疫情对很多行业和部门产生了冲击，并导致了总需求的短期收缩，从劳动力市场看周期性失业的特征非常明显，而外出农民工是受影响最直接、程度最深的群体之一。在复工复产的初期，

---

① 曾湘泉：《疫情冲击下的中国就业市场：短期波动与长期展望》，https://baijiahao.baidu.com/s?id=1679065170991246524&wfr=spider&for=pc，2020 年 9 月 28 日。

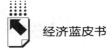

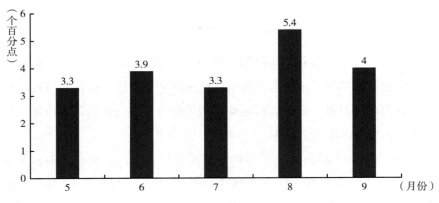

图2　2020年20~24岁大专以上学历者的失业率同比变化

资料来源：根据国家统计局发言人历次新闻发言整理。

疫情防控的客观需要造成了人员跨地区流动的困难，返乡农民工返回工作岗位遇到障碍，也阻碍了他们及时就业；随着国际疫情蔓延，世界经济陷入困境，内需和外需下降的叠加，又使得周期性失业加剧。由于这些因素的综合影响，外出农民工就业数量尚未恢复到正常水平。根据国家统计局公布的信息，2020年第二季度外出农民工总量为1.78亿人，较上年同期减少了493万人。2020年第三季度外出农民工总量为1.80亿人，仍然较上年同期减少384万人，大致相当于2017年同期的水平（见图3）。以反事实的方法加以推测，如果假定没有疫情的影响，2020年外出农民工数量变化维持2014~2019年的平均水平，则到2020年第三季度外出农民工总量应为1.85亿人，这意味着截至2020年9月疫情使外出农民工的就业损失了3个百分点左右，约500万人。

二　疫情对劳动力市场影响的性质

疫情对经济和劳动力运行产生的影响，随着疫情蔓延的范围和程度变化而变化。从其对劳动力市场影响的性质看，判断疫情产生的是冲击性影响还是结构性影响，对我们实施针对性的政策具有重要意义。所谓"冲击"的最重要的含义是指经济体系和劳动力市场遭受外生变量突然变化而引起的波动，其隐

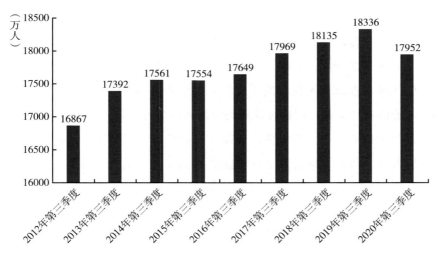

图 3　2012 年至 2020 年第三季度外出农民工总量

资料来源：国家统计局。

含的意思是，"冲击"没有影响经济体系和劳动力市场运行的基本机制，一旦冲击消失，经济和劳动力市场就会通过自发调整的机制重返正常的运转轨迹。而结构性的影响则是指疫情不仅改变了经济和劳动力市场的短期结果，更会在疫情消失后出现结构性的变化，从而衍生出新的就业结构，劳动力市场政策和运行的制度体系也需要进行更深刻的调整与变革。在国内疫情防控常态化、国际疫情的发展形势仍然面临巨大的不确定性的情况下，判断其是冲击性或结构性影响可能为时尚早，但对这两种造成不同结果的因素进行分析，将有助于我们根据形势的变化，采取针对性的应对措施。从疫情影响和劳动力市场的变化情况看，以下几个方面的关系是我们分析这一问题的重要基础。

　　首先，疫情对劳动力市场的影响性质取决于疫情的周期，而疫情的周期又取决于疫情防控的决心、能力和方式。在世界范围内观察疫情蔓延及防控与经济发展的关系可以发现，疫情控制的效果如何直接决定了经济恢复和劳动力市场稳定的程度。此次疫情在中国及世界其他国家渐次蔓延，世界各国也根据各自的具体情况采取了不同的防控策略和措施。但从实际效果看，对疫情采取严肃的态度和严格的管控措施，可能在疫情暴发初期付出较大的代价，但疫情的有效控制可以使社会尽快恢复正常的秩序，经济和劳动力市场也能尽快得到修复。反之，疫情的持续影响则可能对经济和劳动力市场带来持久性、结构性的变化。例如，短期冲击会产生大量的周期性失业，但及时的疫情防控和就业政策不仅有助于从总体上维持劳动力市场的稳定，也有助于减少失业的持续时间。以往在应对突发的冲击事件（如2008年的国际金融危机）影响的经验表明，对短期的周期性失业应对得越及时，因需求冲击而产生的短期失业演化为长期失业的可能性就越低。"大流行"对总需求的影响与金融危机有着相似性，而且，疫情对劳动力市场的影响还叠加了疫情防控是否及时、有效等因素。虽然此次疫情暴发初期造成的周期性失业具有很明显的短期性，但如果仅仅依靠劳动力市场的自发调节机制，而缺乏及时有效的救助政策和疫情防控措施的话，疫情冲击造成的短期的周期性失业也可能演变为长期的结构性失业。

其次，世界其他国家的疫情从需求侧和供给侧渐次影响着中国的劳动力市场。虽然劳动力市场在国际间并没有实现一体化，但疫情在不同国家蔓延的程度和时间的不同，以及各国疫情控制的能力、力度和方式的差异，都会以不同的形式对中国的劳动力市场产生影响。作为全球第二大经济体和最大的贸易国，外需对外向型制造业和服务贸易部门产生着重要影响，而且，通过前向联系和后向联系，供给结构也与国外疫情产生了千丝万缕的联系。图4为中国制造业PMI新出口订单指数的变化情况，直接反映了疫情内外交织以及疫情有效防控对外向型部门的影响。疫情暴发初期，严格的疫情防控措施使出口能力受到了极大的冲击，2020年2月该指数一度陷入历史低谷，降至30以下。随后，复产复工的推进，3月该指数迅速反弹。然而，其他国家的疫情很快暴发，在世界卫生组织宣布疫情的"大流行"后，全球疫情蔓延重创了全球经济，导致外需的急剧萎缩，4月该指数再次降至低水平。但很快中国疫情防控的显著成效，有效地保证了供应链的正常运转，并成为全球供应体系中最为稳定和不可或缺的部分，新出口订单指数又出现了反弹，并于2020年9月开始处于荣枯线以上的水平，10月进一步上升至51。

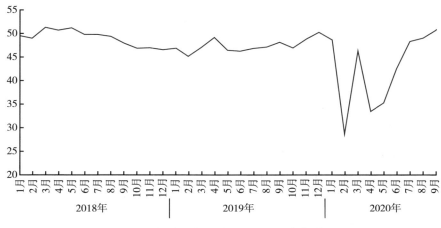

图 4 中国制造业 PMI 新出口订单指数

资料来源：Wind。

　　中国制造业 PMI 新出口订单指数的"W"形变化，反映了"大流行"从需求和供给两个方面改变了不同经济体之间的贸易结构，并最终对劳动力市场产生影响。而中国供给优势的发挥，在很大程度上体现了及时有效的疫情防控的优势。

　　最后，疫情加速了业已出现的劳动力市场结构变迁。在疫情发生之前，中国劳动力市场已经处于迅速的结构变迁进程中。从就业结构看，制造业部门已经成为就业净损失部门，服务业部门成为吸纳就业最主要的部门；由于劳动力成本的不断上扬，资本、技术对劳动力的替代越来越明显；以互联网、数字经济为代表的新经济形态，由于生产率的快速增长，表现出明显的竞争优势，正对传统经济产生替代。

　　从疫情暴发以来的情况看，疫情不仅没有改变上述趋势，反而加速了劳动力市场的结构性变化。疫情期间劳动供给的一度短缺，更加凸显了以机器替代人的现代制造业的优势，使得很多制造业企业加速了向现代制造的转型。数字经济和互联网经济在疫情期间更展示了其竞争优势，数字服务业、信息技术服务、现代物流等新经济形态在疫情期间逆势增长，加速了对传统业态的替代，并成为就业吸纳的主要部门。这些趋势在疫情消失以后也仍然会延续。

三 2021年劳动力市场展望

中国对疫情的及时有效控制，以及在随后局部地区出现疫情时展现的反应和管控能力使我们有理由相信，可以通过疫情的常态化防控为经济活动的恢复创造良好的条件。疫情对中国经济和劳动力市场的影响也终将成为一次冲击性的影响。基于2021年经济增长重返正常运行的轨道，劳动力市场的运行也将重返疫情前的轨迹。以下是对2021年的劳动力市场的展望。

第一，劳动力市场的主要指标将完全修复，劳动力市场运行仍将在总量供求大体平衡、供给偏紧的格局下运行。2018年1月至2019年12月，中国城镇调查失业率的月度平均值为5.04%，标准差为0.15%。可见疫情发生之前，劳动力市场在较长的时间内保持稳定的充分就业状态。从目前的经济恢复态势和劳动力市场运行情况看，2020年10月中国制造业PMI新出口订单指数为51.4，继续保持在荣枯线之上，非制造业PMI新出口订单指数为56.2，复苏步伐明显加快。通过不断丰富常态化疫情防控的经验和手段，2021年经济增长将得以恢复。在这种态势下，我们预期城镇调查失业率将很快回到疫情前的水平，2021年将可以保持月度调查失业率在5.5%以下运行。非农就业总量也将继续保持增长。

第二，部分群体的就业困难可能仍然存在。从前面的分析看到，此次疫情中受到冲击较为严重的群体包括刚进入劳动力市场的青年劳动者以及农民工群体。由于农民工的就业损失有很强的周期性因素，伴随着经济增长逐渐恢复至潜在增长水平，外出农民工的就业总量可望恢复至2019年的水平。相形之下，青年就业群体，主要是大专以上毕业生的就业困难则更为明显。从这一群体的失业性质看，大学毕业生的就业困难更多取决于长期的结构性因素。例如，即便在2019年疫情暴发之前，在7月毕业季，20~24岁大专以上学历的青年群体的失业率也接近20%。再叠加疫情冲击的影响，这一群体的就业困难可能难以在短期消失。他们也是2021年就业政策应该关注的重点群体。

第三，境外疫情的反复仍然可能引起劳动力市场的波动。从目前情况看，一些主要经济体的疫情防控仍然存在巨大的不确定性，疫情何时能得到有效控制仍然是未知数。在国内疫情有效防控、供给保持稳定的情况下，国际疫情的影响将主要集中在需求侧，即外需产生的波动对就业的传导。鉴于此，要在坚持国内、国际双循环的基础上，更加充分地利用国内循环，发挥巨大国内市场的潜力，以稳定的内需作为基本盘，保持就业的稳定。

第四，劳动力市场的结构转型仍将延续。从供给侧看，疫情的影响产生了短暂的冲击，但影响中国劳动力市场结构变化的基本因素并没有发生变化。劳动年龄人口持续减少形成的劳动供给制约将继续发挥作用，并诱致劳动节约型的技术进步持续发生。新经济持续扩张的趋势也将继续成为就业结构变化的主导力量。要充分利用这一变化趋势，把握结构变化的规律，使其成为解决大学生就业的积极因素。

四　政策建议

2021年要围绕疫情防控常态化，把握经济和劳动力市场恢复的特点，根据就业形势变化的规律，合理运用积极的就业政策，努力保持劳动力市场运行和就业形势的稳定。

第一，做好疫情常态化防控，积极为企业提供疫情防控相关的公共产品。前文的分析表明，疫情的发展形势决定了其对经济和劳动力市场影响的程度和性质。疫情的有效防控是经济恢复和劳动力市场稳定的根本前提。需要注意的是，疫情常态化防控不可避免地会增加企业的直接或间接的运营成本，如果成本的增加传导至企业进而提高最终产品或服务的价格，则会降低企业的用工需求，产生岗位损失。因此，政府为疫情防控提供更多的公共产品，可以产生巨大的正外部性，在疫情防控常态化情况下仍然需要继续坚持。保持病毒检测服务和疫苗接种服务的供给能力，不仅把"早发现、早隔离、早治疗"提升到新的水平，更要尽可能分担企业部门的防控成本。

第二，继续加大针对特定群体的就业支持力度。目前，长期的结构性因素与疫情冲击的叠加，使以大学毕业生为主的青年群体就业面临较大的困难。因此，解决这一群体的就业问题也需要短期和长期并举。从长期看，青年就业困难与劳动力市场僵化有很大关系：对现有岗位的过度保护必然降低岗位的流动性，新进入劳动力市场的年轻劳动者获得岗位的难度就会增大，导致青年失业率上升。因此，要不断深化劳动力市场改革，通过增强劳动力市场的灵活性，为青年人就业打开空间。与此同时，也需要在短期根据这一群体的具体情况，采取更具针对性的积极就业政策，帮助他们渡过就业难关。通过创造公共岗位、增加见习机会、帮扶企业扩大招聘等多项措施，切实解决好这一群体的就业问题。

第三，把解决农民工就业问题与深化新型城镇化改革结合起来，塑造更加完整的城市化进程。在疫情的防控及随后的复工复产进程中，户籍人口与常住人口差异造成的不完整的城镇化，增加了社会运行的成本和恢复经济活动的难度。应该以更加彻底的户籍制度改革，使城镇化进程与社会经济发展相协调。一直以来城市化进程以劳动力流动而非全面的人口流动为载体，城市化的过程是不完整的。这种不完整性体现在两个方面：其一，在城市经济中，流动人口主要在供给侧发挥作用，需求侧受到抑制；其二，生产行为和消费行为在空间上的分离，产生了人员的往复流动，增加了劳动力市场和经济社会的运行成本。解决这些矛盾的根本举措是加快推进更加彻底的户籍制度及相关领域的改革，实现流动人口的市民化。在经济运行处于正常状态时，城镇化进程的不完整性，抬高了劳动力市场和整个经济体系的运行成本，损害了经济效率，但这种影响在正常年份难以被察觉，潜在的经济运行成本也难以被测度。此次疫情则使不完整的城镇化产生的负面影响更直接地暴露出来。在遭遇疫情冲击的特殊情况下，不完整的城镇化削弱了劳动力市场调整的弹性，增加了恢复经济活动的难度。实现完整的城镇化进程既是完善社会治理结构的需要，也将对疫情后的经济发展产生推动作用。

第四，要完善劳动力市场政策对冲击的反应机制。长期以来，积极的就业政策体系围绕扩大就业、降低失业做出了大量的努力。近年来，鉴于劳动力市场的供求关系一直平稳，工作的重心围绕治理结构性失业也是非常合理的。而且，中国经济正处于结构转型的关键时期，新技术革命所推动的就业结构转换仍将是就业政策所要关注的主线。然而，正如公共卫生体系需要防范突如其来的疫情冲击一样，"稳就业"的政策储备也需要考虑短期的、突发的周期性失业的政策工具。在国际疫情尚在延续，对中国经济和劳动力市场仍然可能存在负面冲击的情况下，完善"稳就业"体系非常必要。由于周期性失业和自然失业治理手段的差异，需要不同的职能部门进行跨部门的协调，而应对周期性失业的挑战恰恰需要及时、迅速的政策，从政策反应机制和协调机制上，有效地解决这一悖论不仅对应对此次新冠肺炎疫情带来的挑战是必要的，对于未来构建更有效的就业政策体系和实施机制也是必不可少的。

第五，要注重诸如疫情冲击等非常时期就业政策操作的简便性。从疫情冲击的突然性看，有效的政策反应机制不仅包括对失业性质的快速识别和判断、各个组织机构的职能定位与协调，还应该考虑政策在操作层面的简便、高效，以适应冲击产生的失业的特点。应急的反应机制必然需要注重时效性，以正常识别和瞄准程序实施，大大增加政策执行的操作成本和机会成本。结合疫情引起的劳动力市场冲击，借鉴公共卫生应急响应机制的经验，对劳动力市场政策的响应机制进行分级管理，对于疫情期间的劳动力市场调控是非常必要的。

参考文献

都阳：《复工复产的进程与对策》，载蔡昉主编《"大流行"经济学：应对疫情冲击与恢复经济增长》，中国社会科学出版社，2020。

都阳、贾朋：《劳动供给与经济增长》，《劳动经济研究》2018 年第 4 期。

曾湘泉：《疫情冲击下的中国就业市场：短期波动与长期展望》，https://baijiahao.baidu.com/s?id=1679065170991246524&wfr=spider&for=pc，2020 年 9 月 28 日。

B.20
中国国民收入分配形势分析与政策建议

张车伟　赵　文　李冰冰 *

摘　要：2019 年以来，中国加大宏观政策力度，应对经济下行压力，巩固
　　　　和扩展减税降费政策，国民收入分配格局继续调整。资本报酬份
　　　　额和民营企业收入份额提高，劳动报酬份额、政府部门收入份额
　　　　和金融机构收入份额下降。中央和地方分配关系进一步理顺，财
　　　　力进一步下沉，基层公共服务保障能力提升。受疫情影响，居民
　　　　收入增速放缓，中低收入居民受影响更大，居民收入差距有所扩
　　　　大。新形势下，部门之间的收入分配要坚持底线思维，企业、政
　　　　府、居民之间的分配关系要守住保市场主体、保基层运转、保基
　　　　本民生的底线。"十四五"期间需进一步健全科学的工资水平决定
　　　　机制和正常增长机制，完善市场评价要素贡献并按贡献分配的机
　　　　制，加大再分配调节力度。支持慈善事业发展，完善鼓励回馈社
　　　　会、扶贫济困的税收政策。

关键词：收入分配　劳动报酬　收入差距

近年来，为了应对经济下行压力，中国坚持结构调整的战略方向，国民
收入分配关系也随之调整。中国加快建设统一开放、竞争有序市场体系，完

---

* 张车伟，中国社会科学院人口与劳动经济研究所所长、研究员；赵文，中国社会科学院人
口与劳动经济研究所副研究员；李冰冰，中国社会科学院人口与劳动经济研究所助理研
究员。

善要素市场化配置，促进要素自主有序流动，提高要素配置效率，要素之间的分配关系更加合理；通过更大规模减税降费、增加特定国有金融机构和央企上缴利润、中央与地方收入划分改革等一系列举措，调整了国有企业、民营企业、金融机构、中央政府、地方政府和居民之间的分配关系，加强了居民收入增长与经济增长的同步性；通过再分配，改善了低收入群体的收入状况。资本报酬份额和民营企业收入份额提高，劳动报酬份额、政府部门收入份额和金融机构收入份额下降。中央和地方分配关系进一步理顺，财力进一步下沉，基层公共服务保障能力提升。

2020年以来，面对经济下行压力，中国加大宏观政策应对力度。目前，新发展格局正在加快形成，宏观调控跨周期设计和调节正在完善，稳增长和防风险长期均衡将会更好地得以实现。这一形势对国民收入分配格局产生了重要影响。新形势下，部门之间的收入分配要坚持底线思维，企业、政府、居民之间的分配关系要守住保市场主体、保基层运转、保基本民生的底线。本文编制了七部门《资金流量表》，分析国民收入分配的总体形势，重点分析部门之间分配形势，简析疫情暴发以来收入分配格局的变化，在此基础上，提出政策建议。

一　国民收入分配的总体形势

更大规模减税降费后，资本报酬份额提高，劳动报酬份额下降。由于个税减免的原因，劳动报酬中居民可支配部分占国民收入的比重提高。居民收入增长和经济增长实现了基本同步，但收入差距存在继续扩大的趋势。

（一）要素之间的分配关系

1. 更大规模减税降费后，劳动报酬份额下降，资本报酬份额提高

为了应对经济下行压力，2019年实施了更大规模减税降费，包括小微企业普惠性减税、个人所得税专项附加扣除，降低增值税税率和社会保险费率。

2019 年全年减税降费 2.36 万亿元，其中新增减税 1.93 万亿元。[①] 减税降费减轻了企业负担，促进了居民消费，扩大了就业，稳定了市场预期，对国民收入分配格局产生了重要的影响。

国民收入可以分为劳动报酬、资本报酬、生产税净额和混合收入，图 1 显示了四个项目占 GDP 的份额。2019 年，劳动报酬份额约为 36.6%，较 2018 年下降了 1.5 个百分点；资本报酬份额约为 34.6%，较 2018 年提高了 2.6 个百分点；生产税净额份额约为 9.6%，较 2018 年下降了 0.8 个百分点；混合收入份额约为 19.2%，较 2018 年下降了 0.3 个百分点。

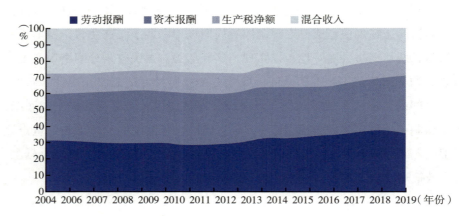

图 1　要素之间的收入分配关系

资料来源：根据住房和城乡建设部《全国住房公积金 2019 年年度报告》、国家税务总局《中国税务年鉴》、国家统计局（data.stats.gov.cn）和财政部 2019 年全国财政决算（yss.mof.gov.cn/2019qgczjs/）数据计算。

2. 个税减免与社保降费对劳动报酬有重要影响

个税减免与社保降费是收入分配领域的重要改革内容。个人所得税方面，建立综合与分类相结合的个人所得税制和引入专项附加扣除是重大税制改革。[②]

---

① 财政部：《关于 2019 年中央和地方预算执行情况与 2020 年中央和地方预算草案的报告》，2020 年 5 月 30 日。
② 参见 2018 年修正的《中华人民共和国个人所得税法》和修订的《中华人民共和国个人所得税法实施条例》。

自 2018 年 10 月实施以来，改革成效逐步显现，[1] 对完善收入分配、增加居民收入、扩大消费发挥了重要作用。

阶段性降低社会保险费率是另一项调整分配格局、减轻企业负担、优化营商环境、完善社会保险制度的重要举措。根据国务院的部署，2016 年和 2018 年两次阶段性降低基本养老保险单位缴费费率和失业保险费率，进一步降低企业成本，增强企业发展活力。[2] 在此基础上，根据 2019 年《降低社会保险费率综合方案》的要求，一些地区进一步降低了城镇职工基本养老保险单位缴费比例，[3] 并继续阶段性降低失业保险、工伤保险费率[4]。

可支配劳动报酬相当于居民可支配收入中的工资性收入。2018 年可支配

图 2　劳动报酬的结构

资料来源：根据住房和城乡建设部《全国住房公积金 2019 年年度报告》、国家税务总局《中国税务年鉴》、国家统计局（data.stats.gov.cn）和财政部 2019 年全国财政决算（yss.mof.gov.cn/2019qgczjs/）数据计算。

---

① 财政部：《关于 2019 年中央和地方预算执行情况与 2020 年中央和地方预算草案的报告》，2020 年 5 月 30 日。

② 《人力资源社会保障部　财政部关于阶段性降低社会保险费率的通知》（人社部发［2016］36 号）、《人力资源社会保障部 财政部关于继续阶段性降低社会保险费率的通知》（人社部发［2018］25 号）。

③ 《国务院办公厅关于印发降低社会保险费率综合方案的通知》。

④ 人社部 2019 年第四季度新闻发布会，http://www.china.com.cn/zhibo/content_75607861.htm。

劳动报酬约为 23.2 万亿元，占当年 GDP 的 25.3%，占劳动报酬总额的比重为 71.8%。2019 年可支配劳动报酬约 25.4 万亿元，占当年 GDP 的 25.6%，占劳动报酬总额的比重为 73%。这表明，个人所得税减免和社保降费对劳动报酬有重要的影响。近年来，劳动报酬的分配中，一个重要的问题是虽然劳动报酬总额不断增长，但增长的部分主要是税费等居民不可支配部分。个人所得税减免直接增加了可支配劳动报酬，社保降费直接提高了工资增长空间，间接提高了工资水平。

（二）居民收入增长和收入差距变化

1. 居民收入增长与经济增长实现基本同步

"十三五"期间，中国城乡居民收入持续增加。"十四五"期间，实现居民收入持续增长的有利条件增多，居民收入增长与经济增长基本保持了同步。"十四五"期间，劳动报酬有三个增长源：供求关系推动雇员工资上涨、自雇就业向雇员就业转变、实际社保费率提高。

疫情影响了工资性收入和经营净收入，预计居民全年可支配收入名义增长 2.1%，实际增长 -0.9%（物价指数预测值为 3%）。随着经济逐渐恢复，2020 年全年名义 GDP 将录得 5%~6% 的增速，均值为 5.6%。因此，2020 年全年居民可支配收入总额占 GDP 的比重约为 42%，是 2013 年以来的最低值。

中低收入居民所受影响更大。中低收入居民对基本消费品的价格更敏感，疫情对中低收入居民的影响更大。2019 年，城镇中低收入群体规模为 3.8 亿人，农村中低收入群体规模为 3.6 亿人，合计 7.4 亿人，占全国居民总数的 53%。从收入水平来看，中低收入群体人均收入约占居民平均收入的 60%。这一比例在 2013~2018 年变化不大，2019 年略有提高，受疫情影响，预计 2020 年会再度下降。

2. 居民收入差距可能扩大

居民收入差距指数显示，中国居民收入差距 2016~2019 年连续扩大。[①]城镇内部收入差距扩大是全国居民收入差距扩大的主要原因。此外，高收入群

---

① 张车伟、赵文：《国民收入分配形势分析及建议》，《经济学动态》2020 年第 6 期。

体的"统计外收入"使得实际收入差距高于统计数据。①2019年,"统计外收入"总额约12万亿元。

疫情造成居民收入差距扩大。2020年上半年,全国居民收入差距指数为1.174,明显高于2017年、2018年和2019年。分城乡来看,也有类似的现象。这说明,在全国层面,2020年上半年居民收入差距有所扩大。城镇个体经济收入下降和农村居民务工收入下降是全国居民收入差距扩大的主要原因。从全国居民可支配收入的结构来看,工资性收入、经营净收入、财产净收入和转移净收入的占比方面,经营净收入占比下降幅度较大。全国居民人均经营净收入由2019年一季度的1486元下降到2020年一季度的1376元,下降了7%,二季度继续下降。这一下降主要是城镇个体经济收入下降的结果。2020年一季度农村居民工资性收入较2019年一季度下降了0.6%,也是收入差距扩大的重要原因。

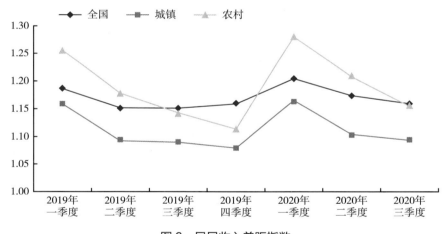

图3 居民收入差距指数

资料来源:根据国家统计局(data.stats.gov.cn)数据计算。

二 部门之间的分配关系

近期的宏观政策深刻地影响了国民收入分配格局,民营企业收入份额提高,

---

① 张车伟、赵文:《国民收入分配形势分析及建议》,《经济学动态》2020年第6期。

政府部门收入份额和金融机构收入份额下降。新形势下，部门之间的收入分配要坚持底线思维，企业、政府、居民之间的分配关系要守住保市场主体、保基层运转、保基本民生的底线。

（一）初次分配和再分配都向企业部门倾斜

2008 年以来，非金融国有企业、非金融民营企业和金融机构三个部门初次分配总收入和可支配总收入的大致比例为 1∶3∶1。2015~2017 年，非金融国有企业初次分配总收入占全国初次分配总收入的比重有明显下降，相应地，金融机构初次分配总收入占全国初次分配总收入的比重明显上升，主要原因是非金融国有企业的利息支出大幅度增加。非金融国有企业的利息支出占初次分配总收入的比重在 2015~2017 年的均值达到 52%，而其他年份为 33% 左右。总体来看，"十三五"时期，国有、民营和外资三种所有制的比例关系已大致稳定，公有制为主体、多种所有制经济共同发展的所有制格局已经基本成熟。[1]

2019 年，为了应对经济下行压力，初次分配和再分配都向企业部门倾斜。初次分配中，企业部门收入份额约 28%。再分配后，企业部门收入份额约 23.9%。2019 年，政府部门的初次分配总收入占比为 13.5%，比 2018 年提高了 0.7 个百分点，再分配后为 16.1%，比 2018 年降低了 2.7 个百分点，这是 2008 年以来最强的再分配力度。

虽然初次分配和再分配都向企业部门倾斜，但对于内部各部门的倾斜程度不同。2019 年，非金融国有企业初次分配总收入占比较 2018 年下降了 0.3 个百分点，可支配总收入占比下降了 0.5 个百分点。非金融民营企业初次分配总收入占比较 2018 年提高了 1.2 个百分点，可支配总收入占比提高了 1.5 个百分点。金融机构初次分配总收入占比较 2018 年提高了 1.1 个百分点，[2] 可支配总收入占比提高了 1.1 个百分点。

---

[1]　中国社会科学院经济研究所课题组:《"十四五"时期我国所有制结构的变化趋势及优化政策研究》,《经济学动态》2020 年第 3 期。

[2]　注：与表中数据有误差，主要是数值修约误差所致，未作机械调整。

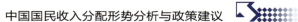

表1 国民收入分配格局变化：初次分配和再分配 单位：%				
初次分配总收入				
年份	非金融国有企业	非金融民营企业	金融机构	政府	居民
2008	4.5	19.1	3.0	14.7	58.7
2009	5.8	15.7	3.2	14.6	60.7
2010	6.9	14.0	3.6	15.0	60.5
2011	6.7	13.6	3.7	15.4	60.7
2012	5.7	13.0	4.0	15.6	61.6
2013	5.2	15.5	3.4	15.2	60.7
2014	4.9	16.4	3.4	15.2	60.1
2015	3.9	15.9	4.4	14.9	60.9
2016	3.3	15.8	5.1	14.5	61.3
2017	4.0	16.4	5.0	14.0	60.6
2018	5.0	17.4	3.6	12.8	61.2
2019	4.7	18.6	4.8	13.5	58.5
可支配总收入				
年份	非金融国有企业	非金融民营企业	金融机构	政府	居民
2008	3.8	16.7	2.2	19.0	58.3
2009	5.2	13.6	2.5	18.3	60.5
2010	6.3	11.6	3.3	18.4	60.4
2011	6.0	10.8	3.2	19.2	60.8
2012	5.0	10.2	3.3	19.5	62.0
2013	4.4	12.8	2.6	18.9	61.3
2014	4.1	13.9	2.5	18.9	60.6
2015	2.8	13.7	3.3	18.5	61.6
2016	2.4	13.6	4.0	17.9	62.1
2017	3.3	13.7	4.2	18.0	60.8
2018	4.4	14.6	2.8	18.7	59.4
2019	3.9	16.1	3.9	16.1	60.1

资料来源：根据住房和城乡建设部《全国住房公积金2019年年度报告》、国家税务总局《中国税务年鉴》、国家统计局（data.stats.gov.cn）和财政部2019年全国财政决算（yss.mof.gov.cn/2019qgczjs/）数据计算。

（二）非金融国有企业收入份额下降

非金融国有企业初次分配总收入占比由 2018 年的 5.0% 下降到 2019 年的 4.7%，可分配总收入占比由 2018 年的 4.4% 下降到 2019 年的 3.9%。划转部分国有资本充实社保基金和增加央企上缴利润是非金融国有企业收入占比下降的主要原因。

划转部分国有资本充实社保基金。[1] 根据近期相关文件的要求和部署，中央和地方划转工作在 2019 年全面推开，并将于 2020 年底前基本完成。划转部分国有资本充实社保基金带来的收入约 2600 亿元。[2]

增加特定国有金融机构和央企上缴利润。2007 年 9 月，国务院发布《关于试行国有资本经营预算的意见》，标志着中国开始正式建立国有资本经营预算制度。党的十八届三中全会的《中共中央关于全面深化改革若干重大问题的决定》提出，"提高国有资本收益上缴公共财政比例，2020 年提高到 30%，更多用于保障和改善民生"。2014 年的《关于进一步提高中央企业国有资本收益收取比例的通知》、2016 年的《中央企业国有资本收益收取管理办法》和 2018 年的《关于完善国有金融资本管理的指导意见》具体化了改革措施。2019 年加大了特定国有金融机构和央企上缴利润的力度，还从中央国有资本经营预算调出更多资金调入一般公共预算用于保障和改善民生。2019 年，全国国有资本经营预算收入 3960.42 亿元，增长 36.3%。调入一般公共预算 1333 亿元。根据 2020 年预算，全国国有资本经营预算收入 3638 亿元。调入一般公共预算 1370 亿元。[3]

（三）调整分配格局改善居民收入的空间仍在

居民部门的初次分配总收入占比为 58.5%，再分配后为 60.1%，两者相

---

[1] 公益类企业、文化企业、政策性和开发性金融机构以及国务院另有规定的除外。

[2] 2018 年，我国非金融国有企业国有资本及权益总额约 58.7 万亿元，金融国有企业国有资产约 17.2 万亿元，行政事业单位净资产约 23.6 万亿元。2019 年到 2020 年两年划拨完成。同期国有企业利润总额约 53034 亿元，因此估计 2019 年带来的收入约 2600 亿元。

[3] 财政部：《关于 2019 年中央和地方预算执行情况与 2020 年中央和地方预算草案的报告》，2020 年 5 月 30 日。

差 1.6 个百分点，这是 2008 年以来对居民部门收入最大力度的倾斜。2012 年之前的一些年份，居民部门的可支配总收入占比要低于初次分配总收入占比，2012 年，再分配开始向居民部门倾斜。居民部门支付的个人所得税、社会保险费规模相对缩小，得到的社会保险福利、社会补助规模相对增大。"十四五"期间调整分配格局改善居民收入的空间仍在，关键在于降低宏观杠杆率和各部门杠杆率，减少利息总规模。①

三　中央政府与地方政府的分配关系

中央和地方分配关系体现在收入划分、财政事权和支出责任划分、转移支付制度三个方面。1994 年，中国实施了分税制改革，奠定了其后二十多年政府间财政关系制度框架的基础，对中国政府间分配关系影响深远。2017 年以来，中央和地方财政关系改革加快推进，更好发挥中央和地方的积极性，为经济发展营造更加良好的环境，为宏观调控和再分配提供坚实的财力保障。

（一）中央和地方财政关系划分进一步明确

中央和地方政府之间的分配格局是指初次分配和再分配后中央和地方政府的收入情况，其中，初次收入分配格局与我国税收制度安排直接有关。1994 年的分税制改革奠定了中国二十多年政府间财政关系的基础。1994 年之前，中国实行财政"大包干"制，地方政府财政收入主要用于地方建设，上缴中央税赋很少，导致中央财政收入增长乏力，无法集中力量办大事，缺乏足够财力转移支付，地区间差距急速扩大。1994 年之前，中央财政收入占财政总收入的比重不断下降，到 1993 年仅占 22%，"中央财政已经到了非常困难的境地了"。②1994 年后，明确划分了中央与地方的税种范围和税收分成比

---

① 赵文：《"十四五"时期我国居民收入增长形势和应对举措》，《中国发展观察》2020 年第 9 期。

② 朱镕基：《深化改革，完善税制，强化征管》，载《朱镕基讲话实录》（第二卷），人民出版社，2011。

例，重新划分了中央与地方的财政支出范围，建立和完善了中央对地方的税收返还和转移支付制度。1994 年分税制改革当年，中央财政收入比重上升到55.7%，并长期维持了这一比重。分税制改革提高了中央政府的财力和宏观调控能力，有利于促进全国统一市场的形成，也为均衡地区间财力差异和推进地区间公共服务均等化提供了财力保障。

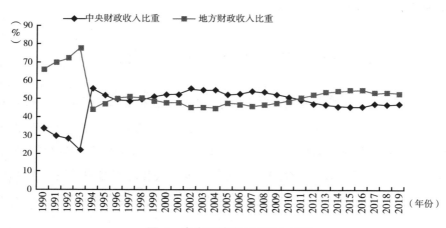

图 4　中央和地方财政收入比重

资料来源：中国财政年鉴及决算报告。

随着经济社会发展和国内外形势变化，中央和地方财政关系仍存在地方税和直接税体系不健全、部分领域中央与地方财政事权划分不清晰、转移支付结构不够合理等一些不相适应的方面。2013 年以来，中国进一步理顺中央和地方分配关系，构建从中央到地方权责清晰、运行顺畅、充满活力的财政保障体系，主要表现在以下几个方面。

一是初次分配环节进一步调整中央和地方收入划分。结合全面推开营业税改征增值税改革，2019 年，《国务院关于印发实施更大规模减税降费后调整中央与地方收入划分改革推进方案的通知》提出进一步调整中央和地方收入划分的方案，包括将增值税中央和地方分享比例从 75∶25 调为 50∶50，将环境保护税作为地方固定收入，调整完善增值税留抵退税分担机制，明确后移消费税征收环节并稳步下划地方等措施。

二是围绕中央和地方财政事权与支出责任划分出台了多项改革方案。2014~2018 年先后印发《深化财税体制改革总体方案》《关于推进中央与地方财政事权和支出责任划分改革的指导意见》《基本公共服务领域中央与地方共同财政事权和支出责任划分改革方案》等多个文件，陆续对义务教育、基本就业服务、基本养老保险等八大类 18 项基本公共服务领域进行事权和支出责任划分改革，逐步出台各领域中央和地方财政事权和支出责任划分改革方案。

三是再分配环节完善转移支付制度。针对专项转移支付项目过多、涉及领域过宽、内部结构不合理等问题，逐步压缩其规模。2019 年新设共同财政事权转移支付科目，以与财政事权和支出责任划分改革相衔接，将已有转移支付中涉及共同财政事权的项目全部列入共同财政事权转移支付，2019 年共同财政事权转移支付占转移支付总额的 43%。自 2018 年 7 月起建立了养老保险基金中央调剂制度，以减轻部分省份企业职工基本养老保险基金负担，2018 年当年社会保险基金调剂资金占中央转移支付比重为 3.29%，到 2019 年增加为 7.67%。

经过多轮调整，中央和地方分配关系不断改善。首先，中央与地方收入划分更加清晰，明确了属于中央和地方固定收入的税种以及中央与地方共享收入的分成比例。其次，基本建立了事权与支出责任相适应的制度，部分领域的中央和地方财政事权和支出责任划分基本明确，如医疗卫生、科技、教育等领域，初步形成了中央和地方财政事权和支出责任划分框架。最后，建立健全了较为规范的转移支付制度，以财政事权和支出责任划分为依据，以一般性转移支付为主体，共同财政事权转移支付和专项转移支付相结合。

（二）财力进一步协调下沉，基层公共服务保障能力提升

政府部门初次分配总收入是各级政府运行中产生的增加值、征缴的间接税、得到的利息收入、国有股权红利、地租，然后扣减各级政府雇员的劳动报酬、缴纳的生产税、各级政府提供的财政补贴和利息支出，生产税是政府部门初次分配总收入的主要来源。2017 年以来，中央政府收入占比下降，地方政府收入占比上升。2019 年中央政府初次分配总收入占比为 44.6%，比2017 年下降 8.3 个百分点。

表2　中央和地方政府间收入分配格局

单位：%

年份	初次分配总收入		可支配总收入	
	中央	地方	中央	地方
2017	52.9	47.1	14.2	85.8
2018	49.2	50.8	9.4	90.6
2019	44.6	55.4	7.9	92.1

资料来源：根据国家统计局和财政部数据计算。

再分配中央政府可支配总收入占比低于地方政府。2019年中央政府可支配总收入占比约7.9%，较初次分配收入占比低36.7个百分点。中央政府可支配总收入占比低于初次分配总收入占比主要源自中央对地方的转移支付。

1994年之后，中央补助地方财政支出占全国一般公共预算财政支出的比重从1993年的11.7%上升到1994年的41.2%，之后长期保持在约30%以上的比例。转移支付占中央一般公共预算财政总支出的比例从1993年的33.8%上升到2019年的67.9%，转移支付收入占地方一般公共预算财政总支出的比例从1993年的16.4%上升到2019年的36.5%。

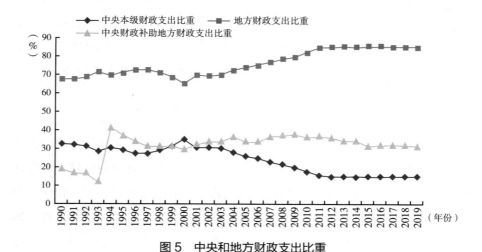

图5　中央和地方财政支出比重

资料来源：中国财政年鉴及决算报告。

图6 中央和地方财政支出比重及转移支付

资料来源：中国财政年鉴及决算报告。

上述转移支付指一般公共预算转移支付，中央对地方转移支付在一般公共预算、政府性基金、国有资本经营预算和社会保险基金中都有体现，其中一般公共预算转移支付占全部转移支付的比重达到90%以上。一般公共预算转移支付包括一般性转移支付和专项转移支付，其中，一般性转移支付主要用于均衡地区间财力，2019年一般性转移支付占比约82%。专项转移支付限定明确用途、保障中央决策落实，2019年专项转移支付占比约9%。

表3 中央对地方转移支付主要项目

单位：亿元，%

项目	金额			比重		
	2017 年	2018 年	2019 年	2017 年	2018 年	2019 年
中央对地方的转移	66272.7	73106.6	81821.4	100.0	100.0	100.0
一般性转移支付	43168.4	46753.6	66798.2	65.1	64.0	81.6
专项转移支付	21883.4	22927.1	7561.7	33.0	31.4	9.2
政府性基金	985.6	932.3	1065.5	1.5	1.3	1.3
国有资本经营	235.4	86.9	122.3	0.4	0.1	0.1
社会保险基金调剂资金	—	2406.8	6273.8	0.0	3.3	7.7

资料来源：根据国家统计局和财政部数据计算。

转移支付制度与中央和地方的财政事权和支出责任划分密切相关，这也是近年来政府间财政关系改革的重点领域。政府间财政事权划分旨在调动各级政府主动履行职责的积极性，实现激励相容，一般遵循以下原则：对区域外其他地方外部性较高的支出，一般由更高级次的政府承担；上级政府信息获取和处理成本越高、信息不对称程度越高的支出，越应由地方特别是基层政府负责。配合财政事权和支出责任划分改革，2019 年中国转移支付科目中新设共同财政事权转移支付，用于履行中央和地方共同财政事权领域需要由中央承担的支出责任，共同财政事权转移支付包括原专项转移支付中学生资助补助经费等 40 多个项目以及原一般性转移支付中的城乡义务教育补助经费、基本养老金转移支付、城乡居民基本医疗保险补助等。与 2018 年相比，专项转移支付金额从约 2.3 万亿元减少为 7561 亿元，一般性转移支付占转移支付总额的比重从 64% 提升到 81.6%，其中，共同财政事权转移支付占一般转移支付的比例为 47.76%。与此同时，专项转移支付中自然灾害防治体系建设补助资金、雄安新区建设发展综合财力补助、工业转型升级资金、大气污染防治资金、水污染防治资金等支出增加较多，以保障中央决策部署的有效落实。

2020 年转移支付预算安排结构进一步优化。根据 2020 年预算，一般性转移支付比 2019 年提高 4.9%，专项转移支付提高 2.5%。一般性转移支付中的均衡性转移支付、县级基本财力保障机制奖补资金、老少边穷地区转移支付增长幅度均达到或超过 10%，这些项目支付额增加主要是按照《国务院关于改革和完善中央对地方转移支付制度的意见》，确保均衡性转移支付增幅高于转移支付的总体增幅，增强地方财政经费保障能力，提高对贫困地区、财政运行困难县的支持力度。共同财政事权转移支付增长 2%，增长幅度较大的项目集中于学前教育和义务教育、基本养老金、优抚对象补助、退役安置补助、军队转业干部补助、目标价格补贴、重要物资储备贴息资金等领域，体现中央在这些领域的责任承担，支出减少的项目集中于农村危房改造、城镇保障性安居工程补助资金等，主要是 2020 年棚户区改造、农村危房改造任务减少。专项转移支付中，基建支出、重大传染病防控经费增长幅度较大，主要是加大对"三农"、创新驱动、生态环保、民生改善、安全保障能力建设等领域的支持力度，其他大部分专项转移支付项目资金均有所减少。

四　疫情发生以来的分配形势的变化

2020 年以来，面对新冠肺炎疫情严重冲击，中国加大宏观政策应对力度，相关政策措施对国民收入分配格局产生了重要影响。[①] 比如，通过将降低工商业电价 5%、免征航空公司民航发展基金和进出口货物港口建设费、减半征收船舶油污损害赔偿基金政策延长至年底，并降低宽带和专线平均资费 15%，连同上半年降费措施，全年共为企业减负 3100 多亿元。小微企业、个体工商户所得税延缓到 2021 年缴纳。为减轻小微企业和个体工商户房租负担，推动对承租国有房屋的服务业小微企业和个体工商户，免除 2020 年上半年 3 个月租金。进一步通过引导贷款利率和债券利率下行、发放优惠利率贷款、实施中小微企业贷款延期还本付息、支持发放小微企业无担保信用贷款、减少银行收费等一系列政策，推动金融系统全年向各类企业合理让利 1.5 万亿元。表 4 列出了 2020 年以来相关政策措施对于资金流量表国民收入分配相关项目的影响方向和金额。

表 4　2020 年以来主要收入分配相关政策及影响			
政策目标	政策措施	影响到的资金流量表项目	资金规模
支持保居民就业	中央财政就业补助资金	住户部门社会补助来源 政府部门社会补助运用	539 亿元
	从失业保险基金结余中提取职业技能提升行动专账资金	住户部门社会补助来源 政府部门社会补助运用	1000 亿元
	稳岗返还资金	住户部门生产税净额来源 政府部门生产税净额运用	636 亿元
	划转国有资本充实社保基金	国有企业其他经常转移运用 住户部门社会保险福利来源	2600 亿元

---

① 《国务院关于今年以来预算执行情况的报告》，2020 年 8 月 10 日。

续表

政策目标	政策措施	影响到的资金流量表项目	资金规模
	新增减税降费	企业部门生产税净额运用 政府部门生产税净额来源	1.5 万亿元
支持保市场主体	将降低工商业电价 5%、免征航空公司民航发展基金和进出口货物港口建设费、减半征收船舶油污损害赔偿基金政策延长至年底，并降低宽带和专线平均资费 15%	企业部门生产税净额运用 政府部门生产税净额来源	3100 亿元
	引导贷款利率和债券利率下行、发放优惠利率贷款、实施中小微企业贷款延期还本付息、支持发放小微企业无担保信用贷款、减少银行收费等	金融机构财产收入利息来源 企业部门财产收入利息运用	1.5 万亿元

根据《国民经济核算制度》（2017），本文编制了 2019 年的《资金流量表》（非金融交易）。在此基础上，将疫情发生以来的措施按照《资金流量表》的编制办法进行核算，得到了最新的国民收入分配格局情况。结果显示，初次分配中，2020年政府部门初次分配总收入占比为 11.8%，较 2019 年下降 1.7 个百分点。这主要是减税的结果。金融机构初次分配总收入占比为 3.2%，较上年下降了 1.6 个百分点。相应地，非金融国有企业初次分配总收入占比提高 0.4 个百分点，达到 5.1；非金融民营企业初次分配总收入占比提高 2.6 个百分点，达到 21.2%（见表 5）。再分配后，2020 年政府部门可支配总收入占比为 14.3%，较 2019 年下降 1.8 个百分点。相应地，非金融国有企业可支配总收入占比提高 0.1 个百分点，约为 4%，非金融民营企业可支配总收入占比提高 2.5 个百分点，约为 18.6%。居民部门可支配总收入占比为 60.6%，较上年提高了 0.5 个百分点。总体来看，在本轮收入分配格局调整中，非金融民营企业部门受益最大，政府收入下降最多，金融机构次之。

表 5　应对疫情的措施对部门分配的影响

单位：%

初次分配总收入					
年份	非金融国有企业	非金融民营企业	金融机构	政府	居民
2019	4.7	18.6	4.8	13.5	58.5
2020	5.1	21.2	3.2	11.8	58.6

		续表		
	可支配总收入			
年份	非金融国有企业	非金融民营企业	金融机构	政府	居民
2019	3.9	16.1	3.9	16.1	60.1
2020	4.0	18.6	2.4	14.3	60.6

资料来源：根据住房和城乡建设部《全国住房公积金2019年年度报告》、国家税务总局《中国税务年鉴》、国家统计局（data.stats.gov.cn）和财政部2019年全国财政决算（yss.mof.gov.cn/2019qgczjs/）数据计算。

五　结论和政策建议

2019年以来，中国加大宏观政策力度应对经济下行压力，巩固和扩展减税降费政策，国民收入分配格局继续调整。资本报酬份额和民营企业收入份额提高，劳动报酬份额、政府部门收入份额和金融机构收入份额下降。中央和地方分配关系进一步理顺，财力进一步下沉，基层公共服务保障能力提升。受疫情影响，居民收入增速放缓，中低收入居民所受影响更大，居民收入差距有所扩大。新形势下，部门之间的收入分配也要坚持底线思维，企业、政府、居民之间的分配关系要守住保市场主体、保基层运转、保基本民生的底线。具体来看，需要从以下几个方面优化部门之间的分配关系。

一是继续坚持提高劳动者报酬在初次分配中的比重。健全科学的工资水平决定机制和合理增长机制，保证工资水平和增长科学反映市场供求关系和企业经济效益。推行企业工资集体协商制度以及行业性、区域性工资集体协商制度。维护劳动者合法权益，健全工资支付保障机制，对拖欠工资问题突出的领域和行业进行重点监控。探索中低收入群体财产性收入增长机制，提高中低收入群体收入。

二是完善就业和社会保障相关政策，加强政府再分配领域的调节作用。加强税收、社会保障、社会补助等调节力度和精准性。完善个人所得税制度，在保护科研创新型人才劳动积极性的前提下，合理调节过高收入。扩大社会

保障覆盖面，提高城乡低保、社会救助、抚恤优待等标准。要扩大对灵活就业者、农民工及其他易受新技术冲击职业群体的失业保险覆盖，加大对这类群体就业转型的扶持力度。

三是进一步落实保市场主体政策，激发各类市场主体活力。巩固和扩展减税降费成效，完善民营企业营商环境。大力发展服务业、小微企业和创新型科技企业，发展新经济和平台经济，支持个体工商户发展，引导和鼓励零工经济健康发展。深化国有企业改革，推进国有企业做强做优。

四是深入推进财税体制改革，增强地方财力。进一步推进分领域中央与地方财政事权和支出责任划分改革，强化中央政府在共同财政事权领域的责任承担。完善转移支付制度，促进财力下沉，保障地方政府基本公共服务供给能力，保障基层运转。健全省级以下财政体制。着力推进税制改革，健全地方税、直接税体系。

五是大力发展慈善事业等社会公益事业，发挥第三次分配的作用。进一步提高对慈善组织的税收优惠力度，提高慈善捐助免税额，扩大税收优惠政策的覆盖范围，适当减少对慈善组织人数和资金规模的限制，改善收入分配格局。

参考文献

财政部:《关于 2019 年中央和地方预算执行情况与 2020 年中央和地方预算草案的报告》，2020 年 5 月 30 日。

中国社会科学院经济研究所课题组:《"十四五"时期我国所有制结构的变化趋势及优化政策研究》，《经济学动态》2020 年第 3 期。

张车伟、赵文:《国民收入分配形势分析及建议》，《经济学动态)2020 年第 6 期。

赵文:《"十四五"时期我国居民收入增长形势和应对举措》，《中国发展观察》2020 年第 9 期。

Abstract

The global epidemic of COVID-19 will hit a historic recession in the world economy in 2020. China took the lead in the global epidemic prevention and control, and achieved double victories in economic and social development. In 2021, the global economy is expected to usher in a general recovery growth, but the negative impact of the epidemic will continue, and the external environment will remain complex and volatile. To do economic work well for 2021, we must closely follow the goals and tasks of the 14th five-year Plan, vigorously promote reform and innovation, and speed up the building of a new pattern of development. We will adopt a proactive fiscal policy to improve the quality and efficiency of public finance, and place greater emphasis on sustainability. We will pursue a prudent monetary policy that is flexible and appropriate, with greater emphasis on being forward-looking, precise and timely. We will continue to give priority to employment, and ensure that we keep stock steady, increase growth and improve quality. In 2021, we will do a good job in the following key tasks: Unimpeded national economic circulation and accelerated the construction of a new pattern of development; Promoted scientific and technological innovation and continued to promote industrial upgrading; Ensured that major reform measures are implemented to invigorate the development of market entities; Opened up to a higher level and create new advantages for international cooperation and competition; Promoted the development of regional economies that draw on each other's strengths

and pursue high-quality development, and promote integrated development of urban and rural areas; Consolidated the achievements in poverty alleviation and improved people's wellbeing.

Keywords: Macro-economy; Reform and Innovation; New Development Pattern

Contents

I General Report

Abstract: The global epidemic of COVID-19 will hit a historic recession in the world economy in 2020. China took the lead in the global epidemic prevention and control, and achieved double victories in economic and social development. In 2021, the global economy is expected to usher in a general recovery growth, but the negative impact of the epidemic will continue, and the external environment will remain complex and volatile. To do economic work well for 2021, we must closely follow the goals and tasks of the 14th five-year Plan, vigorously promote reform and innovation, and speed up the building of a new pattern of development. We will adopt a proactive fiscal policy to improve the quality and efficiency of public finance, and place greater emphasis on sustainability. We will pursue a prudent monetary policy that is flexible and appropriate, with greater emphasis on being forward-looking, precise and timely. We will continue to give priority to employment, and ensure that we keep stock steady, increase growth and improve quality. In 2021, we will do a good job in the following key tasks: Unimpeded national economic circulation and accelerated the construction of a new pattern of development; Promoted scientific and technological innovation

and continued to promote industrial upgrading; Ensured that major reform measures are implemented to invigorate the development of market entities; Opened up to a higher level and create new advantages for international cooperation and competition; Promoted the development of regional economies that draw on each other's strengths and pursue high-quality development, and promote integrated development of urban and rural areas; Consolidated the achievements in poverty alleviation and improved people's wellbeing.

Keywords: Macro-economy; Reform and Innovation; New Development Pattern

Ⅱ   Macroeconomic Situation and Policy Outlook

B.2   China's Economic Outlook: "Double Cycle" and the Reform of Macro-
allocation System of Resources

Zhang Ping / 018

Abstract: Under the impact of COVID-19, China's economy has recovered. Economic growth is projected to be 2.1% in 2020. Looking ahead to 2021, China's global economic growth is projected to be 9%, averaging 5.5% for two years, and the economy will return to its potential growth rate. However, due to the impact of the epidemic, the global economy has contracted, the supply chain has been adjusted, and the global economy has been rebalanced. In response to the changes in the global economy, China has put forward a new development strategy of "Double Cycle". The new trend of strategic transformation stage has appeared, but the reform of the corresponding macro-resource allocation system has not been fully carried out. China's macro-resource allocation system is established on the basis of export-oriented international "Double Cycle" strategy. Therefore, promoting macro-resource system adjustment based on "Double Cycle" development has become the most important reform focus area. Only based on the new development stage and the goal of "Double

Cycle" under the macro resource allocation system reconstruction and reform of the original system, that will promote the success of China's strategic transformation from the mechanism level.

Keywords: "Double Circulation"; Macro-economy; Resource Allocation

B.3   China's Economic Outlook and Policy Suggestions for 2021

Zhu Baoliang / 039

Abstract: In 2020, facing the huge shock of the COVID-19 and complicated severe domestic and international environment, China has coordinated epidemic prevention and economy-society development, implemented a proactive fiscal policy and a prudent monetary policy, vigorously deepened reform and opening up, done a solid job in the work of "six stability", and fully implemented the tasks of "six guarantees". The national economy has shown a steady recovery trend, and the annual economic growth rate is expected to increase by about 2%. Taking into account the base factors, China's economic growth rate is expected to increase by about 8% in 2021. Taking 2020 and 2021 together, the actual economic growth rate is still lower than the potential economic growth rate, the unemployment rate is still high, enterprises are still in difficulties in business operation, and there are good macro data and poor micro perception. We should pay attention to both macro economy and micro economy, focus on economic growth and employment and people's livelihood, look at both year-on-year growth and month-on-month growth, need to increase the driving force and vitality of economic development, and at the same time guard against and defuse economic risks. We will continue to implement a proactive fiscal policy and a prudent monetary policy, maintain the continuity and effectiveness of macro-control policies, continue to deepen reforms and expand opening up, and promote the recovery of stable and healthy development of the national economy.

经济蓝皮书

Keywords: Economic Situation; Economic Difficulties; Economic Countermeasures

B.4 China's Macroeconomic Outlook and Policy Recommendations for 2021

Chen Changsheng, Li Chengjian / 049

Abstract: In 2021, the world economy will generally show a recovery growth trend, but the adjustment of the international division of labor and the political and economic structure are accelerating, the world is in a period of turbulent change, and the external environment continues to be complex and severe. China's economy continues to recovery, but structural problems such as uneven economic recovery, unsmooth economic cycles, and delayed exposure of risks have become prominent. The task of consolidating the economic recovery and enhancing economic development remains urgent. 2021 is the 100th anniversary of the founding of the party, and is also the first year of the "14th Five-Year Plan" and the new journey towards modernization. It is vital to maintain a stable economic recovery and deploy major reforms. In general, it is necessary to orderly adjust the measures of "guarantee", continuously optimize the means of "stability", strive to accelerate the pace of "advance", deepen reform and opening up, break through the difficulties of economic cycle, stimulate social innovation and creativity, and promote formation A new development pattern in which the domestic big cycle is the main body and the domestic and international double cycles promote each other.

Keywords: Economic Situation; Economic Circulation; Economic Work

Abstract: In 2020, China's economy was severely impacted by the COVID-19, and the GDP growth rate in the first quarter was the lowest since statistics. After the epidemic was quickly controlled, China's economy began to recover from the second quarter. The economic recovery presents a rapid but unbalanced structural feature. By the third quarter, the economic supply side repair faster, relatively slow demand side, it is expected that the fourth quarter of the economy will continue the steady repair trend. However, the foundation of current economic growth is still relatively fragile, and there are still many unstable and uncertain factors. Policies need to maintain continuity, flexibility, and further improve pertinence to promote the economy to return to normal as soon as possible. China's economic growth is expected to be about 8% in 2021.

Keywords: Economic Situation; Economic Recovery; Macro Policy

Ⅲ   Financial Operations and Tax Analysis

Abstract: In the first three quarters of 2020, the general public budget revenue decreased by 6.24% and the general public budget expenditure decreased by 1.92% due to the combined effect of COVID-19 and domestic and foreign complex economic factors. The fiscal situation is rather grim. With the effective prevention and control of the epidemic, fiscal revenue began to increase in June, and the fiscal situation has generally improved. Non-tax revenue and land transfer revenue play a

hedging role in the decline of tax revenue, promoting the government fiscal operation. The improvement of fiscal deficit to GDP ratio and the innovation of fiscal policy implementation ensure the effective operation of proactive fiscal policy. Fiscal revenue is still under great pressure in 2021, and the expansion trend of fiscal expenditure remains unchanged. In 2021, China should still implement a proactive fiscal policy, and the fiscal deficit ratio could be set at about 4%. China should pay attention to improving the cross-cycle design and adjustment of macro-control to make proactive fiscal policy more effective. The coordination between fiscal policy selection and fiscal and tax reform should be strengthened. China should attach great importance to local debt risks to promote sound financial operation. To deal with the risk of population aging to do a good job in the government financial reserve.

Keywords: Fiscal Policy; Fiscal Risk; Modern Fiscal System

B.7　Analysis of China's Tax Situation and Outlook for 2021

Zhang Bin / 089

Abstract: In response to the COVID-19, China has issued a series of preferential tax and fee policies to support the prevention and control of epidemic and economic and social development in a timely manner. It is expected to reduce taxes and fees by 2.5 trillion yuan in the whole year, which has reached 2092.4 billion yuan in the first three quarters of the year. Due to the effective control of the epidemic in China within a short period of time, similar to the quarterly change of GDP growth, the growth rate of tax revenue in the first to third quarters was -16.4%, -6.0% and 6.8%, respectively, with a cumulative growth rate of -6.4%. It is expected that the fourth quarter and 2021 will continue to maintain a positive growth trend. 2021 is the first year of the "14th Five-Year Plan", and various tax system reforms should be continued in accordance with the requirements of "improving the modern tax system".

Keywords: Tax Reduction and Fee Reduction; Macro Tax Burden; Tax Reform

B.8   Analysis and Outlook of China's Taxation Situation

Fu Guangjun / 106

Abstract: In 2020, the cumulative growth rate of tax revenue in the first quarter was -18.1%, which was 11.3 percentage points lower than the economic growth rate. The cumulative growth rate in the second quarter was -11.7%, which was slightly smaller than the decline in the first quarter, but still showed a relatively high downward trend, which was lower than the economic growth trend and 10.1 percentage points lower than the economic growth rate. The cumulative growth rate in the third quarter was -6.7%, which was 7.4 percentage points lower than the economic growth rate. Mainly in addition to the securities transaction stamp tax, personal income tax, deed tax, increase on the previous year, most of the rest of the tax revenue growth are negative, coastal key tax sources province, in addition to the Zhejiang growth by smaller, the rest of the provinces are different degrees of negative growth, directly caused the national tax revenue growth presents the negative growth trend. China's macroeconomic situation is also in a negative growth trend in 2020. In addition to the implementation of the tax reduction policy for COVID-19 prevention and control, tax revenues began to pick up slightly in the fourth quarter, but it is highly probable that the growth rate of tax revenues for the whole year will still be lower than the economic growth rate. In 2021, the growth rate of tax revenue is expected to basically keep pace with the economic growth rate.

Keywords: Tax Situation; Tax Income; Tax Revenue

IV　Monetary Policy and Financial Markets

B.9　Monetary and Financial Operations under the Impact of the Epidemic

Liang Bin, Huang Jianyang and Pang Nianwei / 125

Abstract: Under the impact of the epidemic, the global economy has been greatly impacted. The epidemic situation has been well under control in China, and the effective implementation of macro policies has created a better environment for the recovery of the real economy. In the third quarter, China's GDP grew by 4.9% year-on-year, leading other economies in the world to recover first. The growth rate of industrial production continues to pick up, total demand continues to be repaired, and the domestic and international dual cycle continues to accelerate. It is estimated that China's economy will grow by about 2.0 percent and its GDP will exceed 100 trillion yuan. On the whole, finance has effectively served the real economy. The structure of social financing has been continuously optimized, and medium- and long-term corporate loans and loans to small and micro enterprises have grown well. It is expected that some effective structural financial policies in response to the epidemic will be upheld and improved, the quality and efficiency of financial services for the real economy will be further improved, and the money supply will basically match the growth rate of nominal GDP reflecting potential output.

Keywords: Economic Recovery; Counter-cyclical Regulation; Financial Operation

B.10　Macro Leverage Ratio under the Impact of the Epidemic

Abstract: Facing the unprecedented impact of the epidemic in a century, both the world and China have experienced a substantial increase in the macro leverage ratio. However, compared with the global leverage ratio growth of 35 percentage points in 2020, China's leverage ratio growth rate in the first three quarters was 27.7 percentage points, and the growth rate decreased quarter by quarter, showing that the Chinese government has exercised determination and restraint in its expansionism policy without ignoring risks. In terms of trends, as China's economic recovery continues to improve, the leverage ratio in the next few quarters will stabilize, and the rapid rise of the leverage ratio will basically end. However, there are still some risks that deserve attention, such as the risk of credit mismatch with the real economy, and rising bad debts in commercial banks, etc. In the future, promoting smooth circulation of finance and the real economy is the key to achieving stable leverage.

Keywords: Macro Leverage Ratio; Stable Leverage; Finance; The Real Economy

B.11　Review of China's Stock Market and Outlook for 2021

Abstract: In 2020, China's stock market remains generally stable operation, financial regulators fully support listed companies in fighting the epidemic, the vitality of the capital market will continue to improve. The improvement of basic system construction and the quality of listed companies have become the key tasks of financial reform. The high level of two-way opening accelerated. With the support of consumer stocks and technology stocks, long-term institutional funds have received generous returns. Major economies around the world have initiated unconventional

monetary policies. Under the normalized prevention and control of the epidemic, the central government has adhered to the main line of supply-side structural reforms, the monetary policy is flexible and appropriate, and the market-based interest rate cut has achieved remarkable results. In 2021, the positive factors in the fundamentals, capital and policy aspects of the A-share market will continue to increase. It is necessary to be more patient with the development of the capital market, seize the favorable opportunities of the deep integration of the industrial chain and the innovation chain, and grasp the inevitable trend of incremental improvement in quality and expansion of domestic demand. In the medium and long term, China's stock market is still on the upward path.

Keywords: China's Stock Market; Macroeconomics; Financial Regulation; Captial Market

V　Industrial Economy and High-Quality Development

B.12　Situation of China's Agricultural Economy and Prospects for 2021

Li Guoxiang / 175

Abstract: In 2020, China's agricultural economy has overcome the adverse effects of the COVID-19 and natural disasters, and has maintained stable growth overall, with grain harvests, pig production recovery and adequate food supplies. Progress was made in integrated industrial development, poverty alleviation was fully accomplished, rural incomes were better than expected, and the income gap between urban and rural residents was further narrowed. The steady development of agriculture plays an important role in supporting economic and social stability and promoting modernization. Prices of agricultural products and food are relatively high and fluctuate frequently, reflecting that the position of the foundation of agriculture still needs to be consolidated and improved. Looking forward to 2021, there are still many uncertainties facing agricultural development and agricultural product market operations, but the supply and demand relationship of major agricultural products has not fundamentally changed. In view of the general expectation of rising prices of agricultural products, the forces formed by unreal supply-demand relationships sometimes dominate market operations, leading to increased risks of increased price volatility of agricultural products in a short period of time. It is necessary to strengthen the work of stabilizing prices for grain bags and vegetable baskets.

Keywords: Grain; Pig Productivity; Agricultural Product; Food Prices; Rural Income

B.13　Industrial Economic Situation Analysis and Policy Recommendations

Shi Dan, Zhang Hangyan / 188

Abstract: The sudden outbreak of COVID-19 has had a major impact on China's industrial economy. With the implementation of various policies and measures for epidemic prevention and control and economic and social development carried out by the central government in a coordinated manner, the resumption of work and production has been further advanced, industrial production has continued to rebound, and various indicators of the industrial economy have shown a V-shaped reversal trend.At present, the industrial economy is still facing many difficulties and challenges, which are highlighted by the increasing financial pressure on enterprises and sluggish private investment in the manufacturing sector. Due to the COVID-19 outbreak and uncertainties in the external environment, China's industrial economy still faced considerable downward pressure in the fourth quarter of this year.Therefore, for some time to come, China's industrial economic development needs to balance short-term response and medium and long-term development. On the one hand, we should deal with the impact of the epidemic on the industrial economy in the short term, and strive to achieve steady growth of the industrial economy by expanding demand, especially

domestic demand; on the other hand, we should continue to deepen supply-side structural reform and promote high-quality development of the industrial economy.

Keywords: Industrial Economy; High-tech Industry; Consumer Goods Industry

B.14 Industrial Operation Analysis and Development Trend Judgment in 2021

Xie Sanming, Zhang Yali and Zhang Jie / 205

Abstract: Since the second half of 2020, the national economy has continued to recover, and the industrial economy has achieved V-shaped growth, which mainly supports the continuous improvement of the industry, especially the equipment manufacturing industry. The export of industrial products has achieved positive growth, and the decline in the ex-factory price index gradually narrowed. The balanced development of the regional economy has ensured that the industrial growth rate will return to the same period last year in the third quarter. But the benefit of industrial enterprises is still in the state of negative growth, which has a great impact on enterprise investment confidence and expectation. The growth rate of industrial added value is expected to be slightly higher than the growth rate of the national economy (GDP) in 2020, and the rate of industrial growth will be slightly lower or equal to that of GDP in 2021.

Keywords: Industrial Operation; Manufacturing; Industry Enterprise

B.15 Analysis of the Development Situation of the Service Industry, Prospects and Policy Suggestion

Zhang Wei / 215

Abstract: Under the impact of the epidemic, the service industry has shown strong resilience, new driving forces are developing rapidly, new business forms and new models are constantly emerging, investment structure and foreign trade structure are gradually improved, and the role of driving economic growth continues to increase, achieving a positive growth of 0.4% in the first three quarters, the added value of the service industry accounted for 55.4% of GDP. In 2021, with the implementation of various policies and the acceleration of new infrastructure construction, the emerging service industry represented by the digital economy will further accelerate its development. However, it should be noted that the structural unemployment faced by the service industry in the short term is difficult to eliminate, and consumption is showing a trend of marginal slowdown. In this regard, a variety of methods should be adopted to promote employment, increase residents' incomes to consolidate consumption, implement tax and fee reduction measures, accelerate the cultivation of new business models and models of the service industry, and strive to create favorable conditions for the healthy development of the service industry.

Keywords: Service Industry; New Business Forms; Consumption

VI   Investment, Consumption and Foreign Trade

Abstract: In the first three quarters of this year, various ministries and regional governments have done a good job in balancing the work for epidemic prevention and control and the work for economic and social development, as a result of which, investment growth has recovered rapidly, and lead to the recovery of economic growth from downtrend to uptrend. Suppose that there are no unexpected, big changes in the epidemic situation and in the external market, the growth of investment will probably keep the trend of recovering and will be back to its normal growth level next year. For a period of time in the future, effective measures should be adopted to organically

combine the recovery of investment growth with the expansion of investment space, so that to promote the formation of the new development pattern. These measures mainly include: supporting social investment to stabilize the supply and industrial chains, making best use of public investment to consolidate the industrial basis for the smooth circulation, expanding the investment space to provide better macro environment for smoothing the circulation, and deepening the reform to add new investment dynamics for achieving the smooth circulation.

Keywords: Social Investment; Government Investment; New Infrastructure; Marketization of Factor Allocation

B.17 China's Consumption and Outlook in 2021

Wang Wei, Wang Nian / 242

Abstract: Consumption is the fundamental "stabilizer" of economy growth. At the beginning of 2020, the emergence and rapid spread of epidemic affected China's consumption greatly, the short-term consumption demand is suppressed and the consumer market went through huge decline. Since entering in the third quarter, as the advancement of returning to work and reopening of production, national economy continued quick recovery, driving consumption market gradually into recovery especially the online consumption, national brand consumption etc. As the global economy going into recovery phase and China growth going back to a relatively higher growth rate, the domestic consumer market conditions will be improving, which will lead to regained confidence of consumers and more willingness to spend. There is great chance that total retail sales of social consumer goods will remain around 3% growth in in the fourth quarter of 2020, with the total amount close to the same level of 2019. Moreover, consumption will be a greater fuel for economic growth in 2021.

Keywords: Consumption Market; New Consumption; Service Comsuption

Abstract: In 2020, China's foreign trade will show a "V-shaped" trend as a whole, which reflects the continuous optimization of the structure of import and export commodities, the more diversified international market layout, the increasing activity of new foreign trade formats, and the steady increase in international market share. Moreover, Sino-US trade friction and the new covid-19 epidemic, has not changed the product mix of Chinese exports to the US. However, Chinese machinery and transport equipment, miscellaneous manufactured goods exports to the US accounted for US market share in a declining trend needs attention. Taking into account external production, consumption has been restored, China's internal economic situation has improved, is expected China foreign trade will achieve more than 6% growth in 2021. In order to consolidate the steady and positive trend of China's foreign trade, it is recommended to continue to optimize the layout of opening up, focus on accelerating the construction of a strong trade nation, and actively expand the opening up of the service industry on the basis of effectively protecting the foreign trade market entities.

Keywords: Foreign Trade; Sino-US Trade; Opening up; Service Industry

Ⅶ   Employment Situation and Income Distribution

Abstract: Thanks to the successful prevention and control of the COVID-19, China's economy and labor market have entered a rapid recovery track. It is expected that the main control indicators of the labor market will return to normal levels before the outbreak in 2021. Due to long-term factors and the impact of the epidemic, some

groups dominated by university graduates still have obvious employment difficulties, which should arouse the attention of employment policies.

Keywords: Youth Employment; Periodic Unemployment; Labor Market

B.20   Analysis of China's National Income Distribution Situation and Policy Suggestions

Zhang Chewei, Zhao Wen and Li Bingbing / 296

Abstract: Since 2019, China has strengthened its macro policies, responded to the downward pressure of the economy, consolidated and expanded the tax and fee reduction policies, and continued to adjust the national income distribution pattern. The share of capital reward and private enterprise income increased, while the share of labor compensation, government department income and financial institution income decreased. The distribution relationship between the central and local governments has been further changed, and the basic level public service ability has been improved. Affected by the epidemic, the growth rate of residents' income slowed down, and the low-income residents were more affected, and the income gap of residents was widened. Under the new situation, the income distribution among departments should also adhere to the bottom line thinking. The distribution relationship among enterprises, government and residents should adhere to the bottom line of basic living needs, operations of market entities, and the normal functioning of primary-level governments. In the "14th five year plan", we need to further improve the scientific wage level determination mechanism and normal growth mechanism, improve the mechanism of market evaluation factor contribution and distribution according to contribution, and increase redistribution adjustment. We should support the development of philanthropy, and improve the tax policies that encourage giving back to the society and helping the poor.

Keywords: Income Distribution; Labor Compensation; Income Gap

权威报告・一手数据・特色资源

皮书数据库
ANNUAL REPORT(YEARBOOK)
DATABASE

分析解读当下中国发展变迁的高端智库平台

所获荣誉

- 2019年，入围国家新闻出版署数字出版精品遴选推荐计划项目
- 2016年，入选"'十三五'国家重点电子出版物出版规划骨干工程"
- 2015年，荣获"搜索中国正能量 点赞2015""创新中国科技创新奖"
- 2013年，荣获"中国出版政府奖・网络出版物奖"提名奖
- 连续多年荣获中国数字出版博览会"数字出版・优秀品牌"奖

成为会员

通过网址www.pishu.com.cn访问皮书数据库网站或下载皮书数据库APP，进行手机号码验证或邮箱验证即可成为皮书数据库会员。

会员福利

- 已注册用户购书后可免费获赠100元皮书数据库充值卡。刮开充值卡涂层获取充值密码，登录并进入"会员中心"—"在线充值"—"充值卡充值"，充值成功即可购买和查看数据库内容。
- 会员福利最终解释权归社会科学文献出版社所有。

数据库服务热线：400-008-6695
数据库服务QQ：2475522410
数据库服务邮箱：database@ssap.cn
图书销售热线：010-59367070/7028
图书服务QQ：1265056568
图书服务邮箱：duzhe@ssap.cn

社会科学文献出版社 皮书系列
SOCIAL SCIENCES ACADEMIC PRESS (CHINA)
卡号：441517992983
密码：

S 基本子库
SUB DATABASE

中国社会发展数据库（下设 12 个子库）

整合国内外中国社会发展研究成果，汇聚独家统计数据、深度分析报告，涉及社会、人口、政治、教育、法律等 12 个领域，为了解中国社会发展动态、跟踪社会核心热点、分析社会发展趋势提供一站式资源搜索和数据服务。

中国经济发展数据库（下设 12 个子库）

围绕国内外中国经济发展主题研究报告、学术资讯、基础数据等资料构建，内容涵盖宏观经济、农业经济、工业经济、产业经济等 12 个重点经济领域，为实时掌控经济运行态势、把握经济发展规律、洞察经济形势、进行经济决策提供参考和依据。

中国行业发展数据库（下设 17 个子库）

以中国国民经济行业分类为依据，覆盖金融业、旅游、医疗卫生、交通运输、能源矿产等 100 多个行业，跟踪分析国民经济相关行业市场运行状况和政策导向，汇集行业发展前沿资讯，为投资、从业及各种经济决策提供理论基础和实践指导。

中国区域发展数据库（下设 6 个子库）

对中国特定区域内的经济、社会、文化等领域现状与发展情况进行深度分析和预测，研究层级至县及县以下行政区，涉及省份、区域经济体、城市、农村等不同维度，为地方经济社会宏观态势研究、发展经验研究、案例分析提供数据服务。

中国文化传媒数据库（下设 18 个子库）

汇聚文化传媒领域专家观点、热点资讯，梳理国内外中国文化发展相关学术研究成果、一手统计数据，涵盖文化产业、新闻传播、电影娱乐、文学艺术、群众文化等 18 个重点研究领域。为文化传媒研究提供相关数据、研究报告和综合分析服务。

世界经济与国际关系数据库（下设 6 个子库）

立足"皮书系列"世界经济、国际关系相关学术资源，整合世界经济、国际政治、世界文化与科技、全球性问题、国际组织与国际法、区域研究 6 大领域研究成果，为世界经济与国际关系研究提供全方位数据分析，为决策和形势研判提供参考。

法律声明

"皮书系列"（含蓝皮书、绿皮书、黄皮书）之品牌由社会科学文献出版社最早使用并持续至今，现已被中国图书市场所熟知。"皮书系列"的相关商标已在中华人民共和国国家工商行政管理总局商标局注册，如LOGO（▨）、皮书、Pishu、经济蓝皮书、社会蓝皮书等。"皮书系列"图书的注册商标专用权及封面设计、版式设计的著作权均为社会科学文献出版社所有。未经社会科学文献出版社书面授权许可，任何使用与"皮书系列"图书注册商标、封面设计、版式设计相同或者近似的文字、图形或其组合的行为均系侵权行为。

经作者授权，本书的专有出版权及信息网络传播权等为社会科学文献出版社享有。未经社会科学文献出版社书面授权许可，任何就本书内容的复制、发行或以数字形式进行网络传播的行为均系侵权行为。

社会科学文献出版社将通过法律途径追究上述侵权行为的法律责任，维护自身合法权益。

欢迎社会各界人士对侵犯社会科学文献出版社上述权利的侵权行为进行举报。电话：010-59367121，电子邮箱：fawubu@ssap.cn。

社会科学文献出版社